CALPURNIUS SICULUS

BUCOLIQUES

PSEUDO-CALPURNIUS

ÉLOGE DE PISON

COLLECTION DES UNIVERSITÉS DE FRANCE
publiée sous le patronage de l'ASSOCIATION GUILLAUME BUDÉ

CALPURNIUS SICULUS

BUCOLIQUES

PSEUDO-CALPURNIUS

ÉLOGE DE PISON

TEXTE ÉTABLI ET TRADUIT

PAR

JACQUELINE AMAT

Professeur à l'Université de Brest

Deuxième tirage

PARIS
LES BELLES LETTRES
2003

Conformément aux statuts de l'Association Guillaume Budé, ce volume a été soumis à l'approbation de la commission technique, qui a chargé M. Marc Reydellet d'en faire la révision et d'en surveiller la correction en collaboration avec Mme Jacqueline Amat.

95 boulevard Raspail, 75006 Paris
www.lesbelleslettres.com

Première édition 1991

ISBN : 2-251-01351-2
ISSN : 0184-7155

CALPURNIUS SICULUS

Bucoliques

INTRODUCTION

I
L'Homme

Calpurnius Siculus est mal connu des modernes et, pourrait-on dire, méconnu. Si les érudits l'ont parfois situé aux époques les plus divergentes, ils se sont généralement accordés pour le reléguer au dernier rang des poètes mineurs. Seul, E. Cesareo paraît avoir tenté un timide effort de réhabilitation dans son étude sur la poésie de Calpurnius Siculus[1]. Tout ce que nous savons de Calpurnius provient des rares allusions personnelles que l'on trouve dans son œuvre.

Époque et origine

Nous ne savons donc à peu près rien de ce poète qui eut son heure de célébrité et qu'on plaçait, à la Renaissance, assez près de Virgile. On continue à discuter de l'époque à laquelle il vécut. E. Champlain a soutenu, au sein d'une controverse, que les allusions contenues dans l'œuvre de Calpurnius se réfèrent au règne de Sévère-Alexandre[2]. On avait fait également du poète un con-

1. E. Cesareo, *La poesia di Calpurnio Siculo*, Palerme, 1931.

2. E. Champlain, *The life and times of Calpurnius Siculus*, dans *JRS* 68 (1978), p. 95-110 et *History and the date of Calpurnius Siculus*, dans *Philologus*, 1986, p. 104-137, après H. Kraffert, *Beiträge zur Kritik und Erklärung der lateinischen Autoren*, Aurich, 1983, 3, p. 151. Cette opinion a donné lieu à une controverse où intervinrent G.B. Townend, *Calpurnius Siculus and the munus Neronis*, *JRS* 70 (1980), p. 166-174, R. Mayer, *Calpurnius Siculus, technique and date*, *JRS*, 70 (1980), p. 175-176, T.P. Wiseman, *Calpurnius Siculus and the Claudian civil war*, *JRS*, 72 (1982), p. 57-67.

temporain de Gordien III, de Commode ou de Probus[3]. Ces datations tardives paraissent paradoxales et peu soutenables. En effet, certaines allusions des *Bucoliques*, comme la description de l'amphithéâtre de bois ou la mention de la comète, recoupent des événements historiques signalés par les auteurs anciens et désignent clairement le règne de Néron: T.G. Wiseman l'a encore démontré récemment[4]. Les arguments qui reposent sur la stylistique sont moins sûrs, car ils ont été utilisés aussi bien pour que contre une datation néronienne de Calpurnius[5]. Il faut cependant reconnaître que le style de Calpurnius est de facture classique et beaucoup plus proche de la clarté de Tibulle que de l'outrance baroque d'un Claudien.

Il n'est pas jusqu'au surnom de Siculus qui n'ait été mis en doute. Celui-ci ne lui aurait été donné que parce qu'il exprimait le type de poésie illustrée par Théocrite, l'églogue, dont le berceau, même aux yeux de Virgile, est la Sicile[6]. Si on refuse d'y voir la patrie de Calpur-

3. R. GARNETT, *On the date of Calpurnius Siculus*, dans *Journal of Philology*, 16 (1888), p. 216; G. JENNISON, *Polar bears at Rome*, dans *CR*, 36 (1922), p. 73; E. RAYNAUD, *Poetae minores*, Paris 1934, p. 34. L'argumentation de ce dernier est critiqué par G. VALLET, *thèse dact.*, Paris, 1956, p. 38.

4. Voir *supra* n. 2 et A. MOMIGLIANO, *Literary chronology of the Neronian age*, *CQ*, 38 (1944), p. 96-100. Voir aussi F. CASACELI, *Temi letterari e spunti autobiografici nell'opera di T. Calpurn. Sic.*, dans *Civiltà classica e cristiana*, 3 (1982), p. 85-103.

5. Pour R. Mayer, *op. cit. supra*, n. 2, la stylistique de Calpurnius ne peut remonter au IIIe siècle en raison de tours antérieurs à un Juvénal et d'une prosodie caractéristique du Ier siècle. En revanche, D. ARMSTRONG, *Stylistics and the date of Calpurnius Siculus, Philologus*, 1986, p. 10-136, y découvre des raisons pour lesquelles Calpurnius ne saurait être néronien: vocabulaire emprunté au latin populaire et tardif, sémantique parfois non classique, notée aussi par E. MERONE, *Innovazioni linguistiche in Calpurnio Siculo*, Naples, 1967.

6. Cette thèse a été soutenue par E. GLAESER, *Calpurnius Siculus et Nemesianus*, Göttingen, 1842; elle se trouve aussi chez M. HAUPT, *De carminibus bucolicis Calpurnii et Nemesiani*, Berlin 1854, p. 377 et

nius, les autres hypothèses envisagées sont la Lucanie et l'Espagne. La thèse de l'origine lucanienne se fonde sur les vers 16-18 de la septième églogue, où Corydon fait allusion aux «troupeaux de la forêt lucanienne»[7]. Mais il n'est nullement question de patrie; l'expression, hyperbolique, sert seulement de référence à une grande richesse pastorale. Il n'est pas certain non plus que le nom d'Ornytus, «frère» de Corydon, soit d'origine exclusivement lucanienne, comme on l'a parfois soutenu, à partir d'une simple mention chez Horace[8].

L'origine ibère de Calpurnius paraît mieux étayée. Elle a été défendue particulièrement par R. Verdière, qui se fonde sur les vers 36 sq. de la quatrième bucolique: Corydon y souligne que, sans la générosité de Mélibée, il aurait été réduit à garder les troupeaux ibères, plus exactement en Bétique. R. Verdière interprète ce passage comme l'obligation d'un retour au pays natal, identifié comme l'Andalousie, en raison des incursions des Maures. De fait, Corydon ne dit expressément rien de tel et l'allusion à l'Ibérie peut parfaitement se comprendre comme une référence à ces pays lointains et sauvages dont la seule mention faisait frissonner les Romains: proposer d'y accompagner un ami était un thème qui nourrissait déjà chez Catulle les protestations d'amitié un peu excessives; les poètes latins ont tous aimé jouer de cet effet d'exotisme, avec une prédilection, il est vrai, pour les pays les plus barbares, celui des Scythes ou celui des Bretons, mais les Maures ne valaient guère mieux. Le thème de l'exil en pays lointain s'exprimait d'ailleurs

R. Verdière, *T. Calpurnii Siculi De laude Pisonis et Bucolica*, Bruxelles, 1954, p. 16.

7. Sur cette thèse, voir F. Chytil, *Der Eklogendichter T. Calpurnius Siculus und seine Vorbilder*, dans *Jahresbericht des K. K. Gymnasium in Znaim*, Znaim, 1894, p. 8.

8. Horace, *carm.* 3,9,14, cite un Ornytus de Thurii; voir R. Verdière, *op. cit. supra*, p. 16.

dans la première bucolique de Virgile, dont Calpurnius s'inspire[9].

Pour toutes ces raisons, il est bien aventureux de lire dans cette même églogue une allusion précise à un «souvenir de jeunesse», qui serait la campagne de 40 à 45 contre les Maures, ceci à partir du passage où Corydon mentionne les «pâturages de Géryon» soumis à leurs incursions. Il s'agit d'une réflexion générale: à aucun moment Corydon n'évoque une campagne à laquelle il n'aurait pu assister, ayant déjà quitté son pays.

R. Verdière appuie encore son argumentation sur l'épigraphie. L'onomastique de la Tarraconèse témoigne d'un Cabedus Sicculus, où la graphie Sicculus pourrait être une simple faute du lapicide[10]. Le *cognomen* se référerait alors seulement à un ancêtre sicilien. B. Luiselli fait remarquer, à juste titre, que la forme espagnole Sicculus peut fort bien être un diminutif de *siccus*, «sec», *cognomen* attesté, les mêmes *cognomina* se retrouvant un peu partout sous leur forme propre ou sous la forme du diminutif[11]. L'argument épigraphique de R. Verdière n'emporte donc pas non plus l'adhésion.

La meilleure hypothèse semble être la plus simple: celle qui fait de Calpurnius Siculus un Sicilien d'origine[12]. J. Hubaux avait déjà soutenu cette thèse, en croyant reconnaître le poète dans le jeune homme de Trinacrie, évoqué dans le *Catalepton*[13]. C'est peut-être aller un peu loin, mais il est un argument de plus de

9. Virgile, *buc.* 1,64-66: «At nos hinc alii sitientis ibimus Afros/pars Scythiam et rapidum Cretae veniemus Oaxen/et penitus tot diuisos orbe Britannos».

10. R. Verdière, *op. cit. sup.*, p. 16: *CIL*, 2,2863.

11. B. Luiselli, *Note su Calpurnio Siculo*, dans *AFLC*, 28 (1960), p. 137-153.

12. C'était déjà la thèse de E. Cesareo, *La poesia di Calpurnio Siculo*, Palerme, 1931 et *ASS*, 1931, p. 295-353; 1932, p. 265-424.

13. *Catalepton*, 9,17-20 et J. Hubaux, *Les thèmes bucoliques dans la poésie latine*, Bruxelles, 1930, p. 173.

poids, qui a été développé par G. Ferrara[14]. Le *codex Riccardianus* 636 mentionne parallèlement Calpurnius Siculus et Nemesianus Carthaginiensis, ce qui implique une attribution d'origine. On a objecté qu'il était malaisé de savoir si cette attribution n'était pas le fait du copiste, des confusions entre Calpurnius et Théocrite paraissant exister dans certains manuscrits[15]. Mais celles-ci peuvent s'expliquer justement par le fait que ces poètes étaient tous deux d'origine sicilienne. Il faut remarquer enfin, d'un strict point de vue littéraire, que les paysages brûlés de soleil décrits par Calpurnius s'accordent parfaitement avec la Sicile.

Milieu et carrière

Le milieu où vécut le poète est un peu plus facile à cerner que son pays d'origine. Si l'on admet l'attribution, établie par R. Verdière, de la *Laus Pisonis* au jeune Calpurnius, on doit reconnaître que le panégyrique et les *Bucoliques* rendent le même son, assez amer. Le poète nous dit lui-même, à la fin de la *Laus Pisonis* qu'il était de famille modeste, mais honnête et que la fortune de ses parents était fort mince[16]. C'est encore à peu près ce que Calpurnius donne à entendre dans les *Bucoliques*, à travers la fiction pastorale. Sa profonde connaissance des choses de la campagne suggère une enfance rurale, dans un milieu de petits paysans. C'est cette situation sociale difficile qui le pousse à gagner la ville et à rechercher avec ardeur la protection de Pison. Alors, tous les espoirs lui seront permis. Le ton est beaucoup

14. G. Ferrara, *Calpurnio Siculo e il panegirico a Calpurnio Pisone*, Pavie, 1905, p. 40 sq.

15. C.E. Glaeser fonde là-dessus son argumentation qui refuse toute autorité au *cognomen* de Siculus: *Calpurnii Eclogae*, Göttingen, 1847.

16. *Laud. Pis.*, 254.

plus amer dans les *Bucoliques*: elles ne reflètent pas la réussite; Corydon n'attend plus autant de la gloire littéraire; il veut surtout échapper à la pauvreté; il rêve modestement de posséder un petit domaine campagnard, don qu'il ne peut espérer que d'un généreux Mécène — est-ce le mystérieux Mélibée ou Néron[17]? Peu s'en est fallu que, découragé par la condition poétique, il n'ait renoncé aux vers pour faire retour à ses troupeaux[18]. Il fait cette constatation désabusée: ramasser des glands et des cornouilles et aller vendre son lait par la ville permet de vivre mieux que la condition de poète.

L'amertume de Calpurnius est souvent aussi grinçante que celle d'un Juvénal et elle explique complaisances et flatteries à l'égard de puissants protecteurs, là où l'on a trop facilement voulu voir les preuves d'une «flagornerie» éhontée. Clément Marot ira beaucoup plus loin dans la courtisanerie. De tels accents sont l'inévitable rançon de la pauvreté pour un poète ambitieux, qui doit recevoir des subsides pour faire vivre sa poésie.

Le jeune poète semble être attiré d'emblée par le généreux Calpurnius Pison, le futur conspirateur, et essaie de se faire admettre dans son cénacle. La similitude des noms a frappé et on a parfois voulu voir en ce jeune homme pauvre, au mépris de toute logique, le fils adoptif de Pison, ceci d'après un passage de la *Laus Pisonis* où l'auteur souhaite «vivre en compagnie de Pison»[19]. Mais l'expression n'outrepasse pas d'affectueux rapports de clientèle et de mécénat. Cette situation est d'ailleurs confirmée par la distance déférente que le poète a toujours soin de marquer entre lui et son bienfaiteur. Il est plus défendable de voir peut-être en Calpurnius le fils d'un affranchi de Pison, encore que le poète ne fasse jamais aucune allusion de ce genre et qu'il se

17. *Buc.*, 4,153.

18. *Buc.*, 4,23-27.

19. *Laud. Pis.*, 221 «tecum degere»; voir HAUPT, *op. cit.*, n. 6, p. 391.

dépeigne constamment comme un simple *cliens* et même peu connu: il présente sa famille, en soulignant qu'il n'a pas à en rougir[20].

Sur la famille du poète, nous n'en savons guère plus. Cependant, si l'on se livre au jeu, assez discutable et décevant, des pseudonymes, comme l'ont fait plusieurs commentateurs, on s'aperçoit que, dans la première bucolique, Corydon, en qui l'on reconnaît généralement Calpurnius, est doté d'un frère, Ornytus; dans la quatrième bucolique, il présente un second frère plus jeune, Amyntas, qu'il s'efforce de pousser dans la voie poétique, après l'en avoir longtemps détourné, la vie des champs lui paraissant un plus sûr moyen de ne pas mourir de faim. R. Verdière a cru pouvoir identifier le premier «frère» avec le Calpurnius Statura qui fut un ami de Perse[21]. Il se fonde pour cette identification sur les longues jambes et la haute taille qui sont l'apanage d'Ornytus dans la première bucolique, trait qui serait évoqué par le sobriquet de Statura. Pour ingénieuse que soit la conjecture, elle ne convainc pas tout à fait R. Verdière lui-même, puisqu'il suggère également que la parenté de Corydon, Ornytus et Amyntas, pourrait n'être que symbolique, le terme *frater* étant alors purement affectif et faisant partie du cadre même de la pastorale[22]. De fait, on se trouve fatalement dans le domaine des hypothèses les plus aventurées, lorsqu'on

20. Sur ces interprétations, voir H. Schenkl, *Zur Textgeschichte der Eklogen des Calpurnius und Nemesianus*, dans *W.S.* 5 (1883), p. 19; F. Skutsch, *art. Calpurnius*, dans *Pauly-Wissowa RE* (1899), 3,1, 1401.

21. *Vita Persi*, 5: «amicos habuit a prima adulescentia... et Calpurnium Staturam, qui uiuo eo iuuenis decessit».

22. R. Verdière, *op. cit.*, n. 6, p. 18; voir aussi J. Hubaux, *op. cit.*, n. 13, p. 206, qui s'étonne du changement de «frère» et plus encore du nom d'Ornytus qui semble ne pas appartenir à la tradition bucolique. Ceci pourrait être au contraire le tèmoignage de la réelle liberté de Calpurnius à l'égard de ses modèles.

essaie d'identifier tous les personnages des *Bucoliques* à travers leurs pseudonymes[23].

La carrière de Calpurnius s'avère assez brève. Elle débute à peu près certainement par la *Laus Pisonis*, qui se présente comme une œuvre de jeunesse. Le poète nous dit lui-même, en l'achevant, qu'il n'entre pas encore dans sa vingtième année[24]. La datation de ce panégyrique est incertaine[25]. R. Verdière penche pour l'année 52 ou 53, c'est-à-dire à la fin du règne de Claude. De fait, la date pourrait être quelque peu antérieure. A ce moment, les ambitions du jeune poète se limitent à se faire admettre dans le cénacle d'un homme connu par ses brillantes qualités, léger, mais généreux et sociable. Calpurnius ne songe pas encore à se faire connaître de l'empereur, érudit lui-même, mais peu porté au mécénat. Dans la *Laus Pisonis*, la générosité de Pison à l'égard des poètes est plusieurs fois soulignée, générosité que corroborent les témoignages de Martial, Juvénal et Tacite[26]. Tout laisse à croire que le panégyrique de Calpurnius fut suivi d'effet et que le jeune homme acquit, pour un temps du moins, une protection qui le mit à l'abri du besoin.

Nous retrouvons dans les *Bucoliques* un témoignage de reconnaissance pour l'aide apportée par Mélibée, qui sauva le poète de la misère et de la faim. Il est tentant d'identifier ce Mélibée avec Pison. Cependant, malgré ce secours, les plaintes se renouvellent, de plus en plus amères. Il est vrai que les ambitions du jeune homme se sont accrues et qu'il vise désormais la notoriété à l'intérieur même du cercle impérial. D'ailleurs la protection de Pison n'aurait pas été longtemps efficace, puisque la conjuration qu'il entreprit de diriger contre Néron en 65

23. Voir *infra* p. XXIV.

24. *Laud. Pis.*, 261.

25. Voir Introduction du *De laude Pisonis*, p. 71.

26. Voir Introduction du *De laude Pisonis*, p. 77. En revanche, l'indifférence de Claude est notée par H. BARDON, *Les empereurs et les lettres latines...*, Paris, 1940, rééd. 1968, p. 168.

fier de mon cœur et non point de mes vers»[30]. Cette fierté, un peu arrogante, toucherait chez un moderne. On ne l'a sans doute taxée d'effronterie chez Calpurnius que parce qu'il s'adressait à des hommes qui nous paraissent peu dignes d'admiration: Pison, un homme de plaisir et un ambitieux sans scrupules, Néron, dont les monstruosités n'ont pas tardé à faire oublier un début de règne prometteur. Mais il est peu probable que Calpurnius ait été au courant de l'assassinat de Claude. Nous savons par Tacite qu'il fut soigneusement caché. Il était normal que le petit peuple saluât avec joie l'avènement d'un prince depuis longtemps populaire.

Calpurnius acquit à coup sûr une certaine notoriété sous Néron, mais nous ne pouvons juger de ce qu'elle fut auprès des autres poètes en renom, comme par exemple Lucain. Il aura des imitateurs; cependant il semble bien n'être jamais parvenu à conquérir réellement la faveur de Néron. Celui-ci ne lui pardonna peut-être pas la *Laus Pisonis* et d'ailleurs il n'aimait guère les rivaux en poésie. A quoi faut-il attribuer le silence de Calpurnius après les *Bucoliques*? Peut-être mourut-il jeune ou fut-il englobé dans la répression qui suivit, en 65, la conjuration de Pison. Peut-être y avait-il trempé ou, devant une carrière brisée, céda-t-il à la tentation, qui avait été celle de Corydon, de briser ses chalumeaux et de faire retour à ses troupeaux. Les tempéraments passionnés sont sujets à de brusques revirements et Calpurnius en fut certainement capable.

30. *Laud. Pis.*, 215: «animum, non carmina, iacto».

II
L'Œuvre

Présentation

L'espoir que mettait Calpurnius Siculus en la postérité aura été déçu. Le poète n'a pas su charmer les temps modernes. À part un ou deux critiques assez favorables, comme E. Cesareo, les érudits qui se sont penchés sur son œuvre n'ont cessé de lui faire des procès d'intention, de l'étouffer sous la masse des références aux poètes antérieurs qu'il aurait plagiés — ce qui suppose au moins une grande culture — et de lui dénier pratiquement toute inspiration originale. J. Hubaux écrivait des *Bucoliques*: «Elles sont inférieures même à la médiocrité»[31]. De plus, la présentation même des manuscrits leur a souvent nui: les *Bucoliques* sont généralement suivies des poèmes de Némésien, sans précision d'auteur, et, par voie de conséquence, ces quatre nouvelles bucoliques ont été longtemps attribuées à Calpurnius. Seule la critique moderne semble avoir fait le partage. Si bien que l'on en arrivait à ce paradoxe: lorsque Calpurnius était loué, c'était pour des poèmes qui appartenaient de fait à Némésien. La comparaison des deux œuvres n'a pas été non plus favorable à Calpurnius. Même R. Verdière, éditeur de Calpurnius, avoue lui préférer Némésien, tout en reconnaissant que ce dernier a souvent imité servilement Calpurnius[32]. Il reconnaît à celui-ci une grande rigueur métrique, supérieure même à celle de Virgile, soit un «métier» très sûr, «qui témoigne plus de

31. J. Hubaux, *Les thèmes bucoliques dans la poésie latine*, *Mémoires de l'Académie royale de Belgique*, 29, Bruxelles, 1930, p. 204. La présentation de Calpurnius comme un imitateur sans génie est encore celle d'E. Courtney, *Imitation, chronologie littéraire et Calpurnius Siculus*, dans *REL*, 65 (1987), p. 148-157.

32. R. Verdière, *op. cit.*, p. 32.

l'artisan que de l'artiste, excellent élève des rhéteurs»[33]. En somme, un jeune homme talentueux, mais sans génie.

Il va sans dire que la critique est encore plus sévère lorsqu'il s'agit de l'*Éloge de Pison*, genre qui, par nature, paraît artificiel et peu propre à servir de moule à une inspiration sincère et originale. Quoi qu'il en soit, jusqu'à la Renaissance on n'attribuait à Calpurnius que les *Bucoliques* et il connut alors une autre fortune: il passait pour un poète de grande valeur, presque l'égal de Théocrite et de Virgile[34]. Il a été imité par Modoin d'Autun, sous Charlemagne, et il est fort prisé de Pétrarque et de Ronsard. Comment croire qu'ils aient seulement apprécié un versificateur sans inspiration ni originalité? N'est-il pas plus vraisemblable de conclure plutôt que Calpurnius est devenu tout simplement de nos jours un poète méconnu et qu'il faut tenter de lui rendre son rang dans la poésie pastorale de tous les temps?

CHRONOLOGIE DES *BUCOLIQUES*

L'accord est loin de s'être fait sur les dates de composition des *Bucoliques*. R. Verdière pense, avec vraisemblance, que les bucoliques néroniennes, 1,4 et 7 ont été placées dans l'ordre chronologique[35]. De fait, ce sont les plus faciles à dater de façon quasi certaine, en raison des allusions qu'elles contiennent à des événements contemporains.

On a parfois supposé, sans raison suffisante, que le début de la première bucolique manquait, parce qu'on

33. R. VERDIÈRE, *op. cit.*, p. 22.

34. Voir en particulier E. BAEHRENS, *Die Eklogen des Calpurnius im Mittelalter*, dans *Rheinisches Museum*, 30 (1875), p. 628 sq., et W.P. MUSTARD, *Later echoes of Calpurnius and Nemesianus*, dans *AJPh* 37 (1916), p. 73 sq.

35. R. VERDIÈRE, *op. cit.*, p. 32.

était frappé du caractère assez abrupt des premiers vers: mais cela ne nuit nullement à l'effet littéraire. Le poème s'ouvre en effet sur l'évocation d'un été tardif. Après B. Luiselli, on n'a pas manqué de rapprocher les motifs de cette première églogue et cette peinture de l'automne d'une mention analogue dans l'*Apocolocyntose* de Sénèque[36]. La mort de Claude se produisit effectivement le 13 octobre 54. Que Calpurnius se soit inspiré de Sénèque, que ce soit l'inverse ou qu'il s'agisse d'une simple coïncidence, il semble logique de penser que la première bucolique date des premiers mois du règne de Néron et qu'elle a pu être légèrement antidatée pour des raisons littéraires. Le glorieux automne de Calpurnius paraît en effet un meilleur symbole d'un règne nouveau que la saison déjà hivernale dépeinte par Sénèque, cadre parfait pour la triste fin d'un empereur détesté.

On a remarqué également que le *uaticinium* de Faunus représentait l'ensemble du programme de Néron pour sa première année de règne: justice, liberté, sécurité et paix, programme qu'il exposait dans le discours du trône mentionné par Tacite et qui reflète les idées de son précepteur Sénèque, particulièrement dans le *De clementia*[37].

L'argument le plus fort en faveur d'une datation à la fin de l'année 54 est aussi celui qui a le plus divisé la critique. Il s'agit de la mention de la fameuse comète de 54, signalée par Suétone, Pline et Dion Cassius, qui fut

36. B. Luiselli, *L'Apocolocyntosis senecana et la prima Bucolica di Calpurnio*, dans *A & R*, 8 (1963), p. 44-52, cite l'*Apocolocyntose* 2,1: «et deformis hiemps gratos carpebat honores/diuitis autumni iussoque senescere Baccho/carpebat raras serus uindemitor uuas». Voir aussi en ce sens A. Momigliano, *Literary chronology of the Neronian age*, dans *CQ*, 1944, p. 96-100. J. Toynbee, *Nero artifex: the Apocolocyntosis reconsidered*, dans *CQ*, 1942, p. 83 sq., a soutenu que l'*Apocolocyntose* était postérieure aux *Bucoliques*.

37. Ce programme est évoqué par Tacite, *ann.* 13,4 et Dion Cassius, 61,3,1, cités par A. Momigliano, *op. cit. supra* note 4.

interprétée comme l'annonce de la mort de Claude[38]. J. Hubaux a déployé beaucoup d'ingéniosité pour démontrer que la comète était en réalité celle de 60; il a été suivi par H. Bardon[39]. Calpurnius écrit: «Voyez-vous comme, pour la vingtième nuit déjà, brille un ciel pur où paraît une comète rayonnant d'une lumière paisible?» La comète de 54 fut visible au cours des mois de juin, juillet et peut-être d'août. De même qu'il avait quelque peu retardé la venue de l'automne, Calpurnius peut fort bien avoir également différé l'apparition de la comète, pour lui conférer un caractère exclusivement bénéfique, en y déchiffrant après coup un signe: l'annonce du règne prometteur du jeune Néron. Cette lecture symbolique des événements est bien dans la manière de Calpurnius.

Il paraît très difficile de proposer une date de composition plus tardive, allant jusqu'en 60, ceci en raison de l'allusion du vers 45 au plaidoyer de Néron en faveur de «ses aïeux maternels les Iules». Cette activité de Néron à l'égard d'Ilion se situe en 53 et, comme l'a bien vu R. Verdière, il eût été de très mauvais goût de faire ainsi

38. Suétone, *Claud.*, 46; Pline, *nat. hist.*, 2,92; Dion Cassius, 60, 35,1. Sur cette comète, voir J. Postgate, *The comet of Calpurnius Siculus*, dans *CR*, 16 (1902), p. 38 sq.

39. J. Hubaux, *Les thèmes bucoliques dans la poésie latine*, *op. cit.*, p. 206 sq. La comète de 60 est mentionnée par Tacite, *ann.*, 14,22; Suétone, *Ner.*, 36; Sénèque, *nat. quaest.*, 7,17,2; 21,3; 29,2. La thèse de J. Hubaux, soutenue aussi par H. Bardon, *Les empereurs et les lettres latines d'Auguste à Hadrien*, Paris, 1940, p. 226, a été réfutée par L. Hermann, *Réflexions sur la comète de Calpurnius*, dans *RBPh*, 10 (1931), p. 145 sq. Celui-ci soutient que la comète décrite ne peut être que celle de 54, la première bucolique ayant été composée entre 55 et 59, date de l'assassinat d'Agrippine. R. Verdière est revenu sur ce point: *La date de l'action de la première bucolique calpurnienne*, dans *AC*, 37 (1968), p. 524-539; il attribue le jeûne sexuel à des motifs rituels qui pourraient avoir des rapports avec les *Matronalia*, célébrées le 11 octobre, soit deux jours avant la mort de Claude. Il est inutile d'évoquer ici l'hypothèse de Garnett, *op. cit. sup.* note 3, qui croit reconnaître la comète annonçant la proclamation de Gordien III en 238.

mention d'Agrippine après son assassinat, qui eut lieu en 59[40]. En effet le sénat était allé jusqu'à mettre son anniversaire au nombre des jours néfastes[41]. Or Calpurnius achève justement son églogue par l'espoir de se faire écouter des oreilles du prince. Peut-on croire alors qu'il se serait rendu coupable d'une telle maladresse? Tous les indices paraisssent donc concorder pour suggérer plutôt une date de composition vers la fin de l'année 54.

La deuxième et la troisième bucoliques, qui sont de forme plus traditionnelle, ne fournissent aucun argument pour une datation quelconque. Ce sont des idylles qui s'inscrivent dans la meilleure tradition de Théocrite et de Virgile — pour E. Cesareo, la plus belle est la troisième — mais ces pièces ne se réfèrent aucunement à l'actualité. Calpurnius y cède à sa véritable nature et elles ont pu être composées bien avant la publication du recueil.

La quatrième bucolique a été composée, selon G. Ferrara, au début de 55, selon R. Verdière, entre 55 et 57, et plus probablement en 56, en raison de six passages où le critique croit avoir découvert des allusions à des événements de 55[42]. Il faut avouer que ces allusions sont peu explicites. Le thème de l'âge d'or qui transparaît dans tout le poème de façon latente suggère, il est vrai, les tout débuts du règne de Néron, tels qu'ils étaient évoqués dans la première bucolique. La quatrième buco-

40. Cet argument paraît assez fort pour contrebalancer la thèse de B. Luiselli, *Note su Calpurnio Siculo, op. cit. supra* n. 11, pour qui la description de la comète calpurnienne coïncide avec la direction de la comète de 60, telle que la décrit Sénèque, *nat. hist.*, 7,21,3; elle se serait dirigée du nord au midi, tandis que celle de Claude allait du nord à l'orient: «Ille enim a septentrione in uerticem surgens orientem petiit ... hic ab eadem parte coepit sed in occidentem tendens ad meridiem flexit». Le discours de Néron en faveur des Troyens est situé par Suétone, *Ner.*, 7,7 un peu avant et par Tacite, *ann.*, 12,58, un peu après son mariage avec Octavie.

41. Tacite, *ann.*, 14,12,1.

42. R. Verdière, *op. cit.*, p. 36.

lique paraît donc avoir été composée peu de temps après la première.

La seule allusion qui pourrait être datable est celle des vers 127-131, où il est fait clairement mention d'une nouvelle législation qui rend la jouissance d'un trésor à celui qui l'a découvert. L'accord se fait à peu près sur ce point: Néron rapportait sans doute ainsi une mesure de confiscation prise par Claude, vraisemblablement dans l'esprit des lois Julia et Papia Poppéa, visant à restreindre les héritages; mais la nouvelle loi de Néron n'a pas laissé de trace; elle reste impossible à préciser et à dater, même si elle semble faire partie de l'ensemble des mesures sociales présentées par Suétone[43]. En se fondant sur une identification de Mélibée avec Sénèque, B. Luiselli croit pouvoir reporter la composition de l'églogue jusqu'à l'année 62, époque où Sénèque est encore en faveur. Mais cela paraît bien tardif, car l'état de grâce que reflète le poème de Calpurnius semble difficilement avoir duré jusque-là.

Avec la cinquième et la sixième bucoliques, on est de nouveau transporté dans l'intemporalité de la pastorale. En revanche, la datation de la septième bucolique paraît indiscutable. L'accord devrait se faire sur l'année 57, ou peu après, puisque c'est la date à laquelle sont édifiées les fondations et la charpente de l'énorme amphithéâtre de bois que Néron fit élever au Champ de Mars, édifice mentionné par Tacite et Suétone, et manifestement ad-

43. Voir sur ce passage J. Hubaux, M. Hicter, *Le fouilleur et le trésor*, dans *Mélanges de Vischer, RIDA* 2 (1949), p. 425-437, après B. Bonfante, *La vera data di un testo di Calpurnio Siculo e il concetto romano del tesoro, Mélanges P. Girard*, Paris 1912, qui se fonde en fait sur la date proposée par M. Haupt pour les *Bucoliques*. J. Hubaux et M. Hicter attirent l'attention sur le vers 111 qui évoque le miracle de l'arbre qui reverdit; ils le rapprochent d'un prodige analogue signalé par Tacite, *ann.*, 13,58, concernant le figuier Ruminal qui passait pour avoir abrité Romulus et Rémus, prodige qui eut lieu en 58. Sur les mesures du début du règne, voir Suétone, *Ner.*, 10,2.

miré par Corydon[44]. De fait, on a souvent voulu repousser cette date jusqu'en 63, parce que l'églogue, aux vers 28-29, semblait assigner des places réservées aux chevaliers romains, conformément à une loi prise par Néron en 63[45]. Mais R. Verdière fait remarquer, avec raison, que des lois de ce genre ont été prises à maintes reprises — sans doute n'étaient-elles pas appliquées — et que celle de Néron, que mentionne Suétone, concerne le cirque et non l'amphithéâtre; d'ailleurs, le texte de Calpurnius n'est nullement explicite en ce sens. Il ne parle nullement de places réservées, mais au contraire d'une cohue où chevaliers et tribuns se placent où ils peuvent.

Il paraît donc légitime de penser que les *Bucoliques* ont été composées dans les premièrs années du règne de Néron, entre 54-55 et 57-58[46] et sont à peu près contemporaines de l'*Apocolocyntose* de Sénèque, ainsi que du *De clementia*. Le recueil est aussi très proche des deux *Carmina Einsidlensia*, avec lesquels il offre tant de parentés et dont l'attribution à Lucain est la plus généralement soutenue[47].

Les personnages

Parce qu'elles s'inspiraient de celles de Virgile, les *Bucoliques* de Calpurnius ont souvent été comprises comme des poèmes à clés, masquant des contemporains: leur identité devait exercer l'ingéniosité des commenta-

44. L'édifice est décrit par Tacite, *ann.*, 13,31,1. Voir aussi Suétone, *Ner.* 12.

45. J. Hubaux, M. Hicter, *op. cit. supra* n. 43, p. 431, qui s'appuient sur Tacite *ann.*, 15,32 et K. Latte, *Randbemerkungen*, 4, *Phil.* 87 (1932), p. 268 sq. Voir aussi H. Bardon, *op. cit. supra* n. 39, p. 243.

46. Ce qui correspond à la chronologie de R. Verdière et de A. Momigliano.

47. Sur ces rapports, voir en particulier R. Verdière et M.L. Palladini, *Osserviazoni a Calpurnio Siculo, Latomus*, 15 (1956), 330-346; 521-531.

teurs, avides de percer le mystère des pseudonymes. Ce type d'explication n'est pas sans intérêt, mais l'appliquer de façon systématique, c'est dénier toute liberté au poète. C'est ainsi que plusieurs critiques, en cherchant à le faire entrer de force dans un cadre strict, celui de la bucolique idéale, contestent le début un peu abrupt de la première églogue, ou s'étonnent, avec J. Hubaux, que Calpurnius ait pu, en appelant Ornytus un de ses bergers, se servir d'un nom qui ne figure pas sur la liste traditionnelle de la poésie pastorale. Vouloir procéder à une identification de tous les personnages de Calpurnius relève d'une exégèse artificielle et vouée à l'échec. Plusieurs ne sont sans doute que des déguisements poétiques.

Cependant, dès sa première bucolique, Virgile se mettait lui-même en scène, de façon transparente, sous le nom de Tityre. Il est vrai, tant ce genre de déguisement est complexe, qu'il prêtait aussi quelques-uns de ses traits à Mélibée. Fort de cet exemple, Calpurnius s'est, semble-t-il, dépeint essentiellement sous les traits de Corydon: ses aspirations, désir d'échapper à la pauvreté et de se faire un nom, sont manifestement celles de l'auteur. Il ne se prive d'ailleurs pas de comparer sa situation à celle de Tityre-Virgile, protégé de Mécène[48]. C'est Corydon qui célèbre le nouvel âge d'or dans la quatrième bucolique et qui exprime l'enthousiasme politique de Calpurnius, dans la première comme dans la quatrième bucolique. C'est encore lui qui visite Rome et assiste aux spectacles de l'amphitéâtre, dans l'espoir peut-être d'approcher Néron[49]. Mais cette ambition est déçue, car il est revêtu du manteau de la pauvreté, réflexion amère qui semble dénoter une rancœur personnelle.

48. *Buc.* 4,160. L'allusion est explicitée dans la *Laus Pisonis*, 236.

49. L. Hermann, *op. cit.* note 50, identifie le berger avec un Corydon évoqué par Columelle comme un riche personnage, ce qui ne correspond guère à l'image des *Bucoliques*.

Hors de Corydon, l'incertitude règne; il n'est pas jusqu'à Tityre-Virgile qui ne soit contesté[50]. Il paraît pourtant bien reconnaissable dans le *uates sacer*, rival d'Orphée, qui est décrit dans la quatrième bucolique, aux vers 62-67.

Le personnage qui intrigue le plus est sans doute le mystérieux protecteur, Mélibée, à qui Corydon adresse de suppliantes et respectueuses requêtes. Les interprétations les plus diverses se sont fait jour. Sarpe et Morelli, puis B. Luiselli, ont songé à Sénèque. Haupt, Schenkl, puis L. Hermann et E. Cizek, y ont reconnu Calpurnius Pison, le dédicataire de la *Laus Pisonis*. J. Hubaux pense qu'il s'agit de Valerius Messala Corvinus, collègue de Néron au consulat en 58[51]. La balance est presque égale entre Sénèque et Pison; ce dernier pourrait l'emporter, s'il n'y avait les vers 53 à 57 de la quatrième bucolique: ce passage, si discuté qu'il soit, indique bel et bien que le protecteur du poète s'occupait de sciences naturelles, ou au moins de prédictions météorologiques, aussi bien que de théâtre; la première préoccupation paraît convenir mieux à Sénèque qu'à Pison. Le point de la controverse est fait par R. Verdière[52]. Celui-ci finit par trancher pour Pison, en expliquant l'allusion litigieuse par l'appartenance de Pison au collège des frères Arvales, chargés de veiller sur le beau temps, ce qui est loin d'emporter

50. Pour J. Hubaux, *op. cit.*, p. 179, il y a deux Tityre, dont l'un est un contemporain. Pour L. Hermann, *Les pseudonymes dans les Bucoliques de Calpurnius Siculus, Latomus*, 11 (1952), p. 27-44, Tityre représente Lucain.

51. Sur les diverses identifications, voir G. Sarpe, *Quaestiones philologicae*, Rostock, 1819, p. 34; C. Morelli, *Nerone poeta, Athenaeum* 2 (1914), p. 121; B. Luiselli, *op. cit. supra* n. 11, p. 149; Haupt, *De carminibus bucolicis Calpurnii et Nemesiani*, Berlin, 1854, p. 382; H. Schenkl, *op. cit. supra* n. 20, p. 11; H. de la Ville de Mirmont, *Calpurnius Piso et la conspiration de l'an 818/65, REA*, 15 (1913), p. 405; L. Hermann, *op. cit. supra* n. 50, p. 28; E. Cizek, *L'époque de Néron et ses controverses idéologiques*, Leyde, 1973, p. 372-373.

52. R. Verdière, *Qui est le Mélibée de Calpurnius?, RPh*, 51 (1977), p. 15-21.

l'adhésion. On peut également soutenir que le personnage léger, aux multiples facettes, qui est dépeint dans la *Laus Pisonis* pouvait fort bien avoir aussi touché aux sciences.

Cet exemple montre, s'il en était besoin, à quelles difficultés on se heurte pour identifier les personnages principaux des *Bucoliques*, peut-être recouverts à dessein d'un voile poétique. Aussi ne peut-on qu'exprimer des conjectures devant les deux «frères», réels ou littéraires, Ornytus et Amyntas, qui accompagnent Corydon dans deux églogues et dont l'un, au moins, partage ses ambitions poétiques[53]. Les autres personnages sont encore plus mystérieux, si tant est qu'ils n'appartiennent pas simplement à l'univers poétique. Parmi les identifications proposées, citons, pour Lycidas Perse[54], pour Iollas Annaeus Cornutus, Sénèque ou même Lucain[55], pour Astylus le fabuliste Phèdre, pour Mnasylle L. Junius Silanus Torquatus, pour Thyrsis Silius Italicus; Micon et Canthus seraient respectivement Sénèque et Columelle, si le premier n'est pas déjà Mélibée; Lycotas serait Caesius Bassus[56]. Il n'est pas jusqu'au jeune Mopsus, dont les mœurs voluptueuses ne soient identifiées à celles d'Annaeus Serenus, préfet des vigiles sous Néron. Quant à Alcon, le jeune poète vainqueur de Nyctilus, pour R. Verdière, c'est le portrait de Néron lui-même. Cette conjecture est audacieuse, si l'on songe aux injures mordantes que Lycidas ne craint pas de déverser sur le jeune berger. On penserait plutôt à Lucain.

En somme, si l'on se laisse aller à ce jeu des pseudony-

53. Sur ces «frères», voir *supra*, p. XIII. L. HERMANN, *op. cit.*, p. 36, identifie Amyntas avec un berger évoqué par Martial, 11,41, qui cacherait un rhéteur contemporain de Quintilien, M. Calpurnius Flaccus.

54. L. HERMANN, *op. cit.*, p. 37.

55. L. HERMANN, *op. cit.*, p. 38, opte pour Annaeus Cornutus, J. HUBAUX, *op. cit.*, p. 219, pour Sénèque, R. VERDIÈRE, *op. cit.*, p. 58, pour Lucain.

56. L. HERMANN, *op. cit.*, p. 42 sq.

mes, il faudrait en conclure que Calpurnius Siculus a fait figurer dans ses pastorales à peu près toute l'élite littéraire de son temps. Ceci reste à démontrer, même si, comme tout poète, il a pu s'inspirer de caractères contemporains. La même exégèse hasardeuse ne s'est pas, il est vrai, appliquée aux femmes, que l'on laisse ainsi à l'anonymat poétique des femmes aimées.

III
La poésie de Calpurnius

Bucolique et politique

Les nombreux détracteurs de l'œuvre de Calpurnius se sont particulièrement acharnés sur les bucoliques néroniennes, et surtout sur les bucoliques 1 et 4. G. Vallet écrit: «Son œuvre est le plus parfait symbole de la poésie officielle»[57]; poésie «engagée», pourrait-on dire plutôt, mais mal engagée. Ce que les modernes reprochent au fond à Calpurnius, c'est que les *Bucoliques* gravitent autour de la figure odieuse de Néron. On oublie que la flatterie s'étale encore plus dans L'*Apocolocyntose* de Sénèque et dans les *Bucoliques d'Einsiedeln*, dont l'auteur est peut-être Lucain. Celui-ci n'a rien à envier à Calpurnius en matière de flagornerie. Tel est manifestement le climat du temps.

Le désir d'introduire la politique à l'intérieur de la poésie pastorale ne peut être un sujet de reproches. La condition modeste du poète, unie à son «arrivisme», le condamnait inévitablement à l'adulation des puissants. Il le rappelle constamment[58]. En outre, la poésie politique apportait la consécration, bien mieux que la poésie légère. Elle s'inspirait des accents nationaux dont tous

57. G. Vallet, *Calpurnius Siculus, Les Bucoliques*, Paris, 1956, introduction, p. 24.

58. Voir *supra*, p. XII.

les poètes légers, de Properce à Horace, eurent la nostalgie à Rome. Comme il le suggère lui-même, Calpurnius ne faisait que suivre l'illustre exemple de Virgile, dans la quatrième bucolique[59]. C'est ce qu'il appelle «chanter les divinités de la puissante Rome»[60], exercice poétique qui s'apparente naturellement à l'épopée et à l'hymnologie: le *uaticinium* de Faunus fait suite à la prophétie de Cumes chez Virgile. On ne saurait donc faire grief à Calpurnius d'avoir voulu ennoblir son sujet en le haussant au niveau du prince, de la vie de la cité, et en donnant à deux de ses poèmes des accents de célébration nationale. Horace en avait fait autant dans ses *Odes*.

Il est également abusif de lui dénier toute sincérité. La fin du règne de Claude ne laissait pas de bons souvenirs: n'est-il pas honni de Tacite, et même de Suétone? Le règne s'était achevé dans le sang, que ce fût en raison de l'inconscience ou de la cruauté du prince. Claude n'épargnait pas les têtes les plus hautes: il fit exécuter «trente cinq sénateurs et trois cents chevaliers romains», aux dires de Suétone[61]. L'aristocratie ne pouvait manquer d'accueillir le changement de règne avec un soulagement que reflète la première bucolique, d'autant plus qu'Agrippine avait veillé à rendre le jeune Néron populaire dès son plus jeune âge, bien plus populaire que Britannicus. Selon un discours du trône prometteur, le jeune prince annonçait qu'il voulait régner «d'après les principes d'Auguste», et se montrait modeste et déférent à l'égard du sénat[62]. Tacite et Suétone s'accordent à le

59. La dette de Calpurnius à l'égard de Virgile a été définie par D. Joly, *La bucolique au service de l'Empire*, dans *L'idéologie de l'impérialisme romain*, Paris, 1974, p. 42-65.

60. *Buc.* 4,10: «magnae numina Romae... cantari».

61. Suétone, *Claud.* 29.

62. Suétone, *Ner.* 10: «ex Augusti praescripto imperaturum se professus». Il avait établi un traitement annuel confortable pour les sénateurs sans fortune.

reconnaître. Calpurnius s'identifie avec les aristocrates, ce qui peut paraître naturel, si l'on admet qu'il fréquentait alors le cercle de Pison[63]. D'ailleurs, Néron n'oubliait pas non plus le peuple dans ses gratifications et ses mesures de clémence. Enfin, on connaissait déjà ses talents poétiques.

Comment ne pas être tenté d'exprimer la satisfaction générale, en empruntant le motif cher aux poètes latins, celui de l'âge d'or, que Virgile lui-même avait utilisé, sans de meilleures raisons peut-être? Avec un bon sens et un réalisme dignes du dieu campagnard Faunus, Calpurnius ne s'étend guère sur les *mirabilia* dont Virgile avait orné cette époque bénie. Il évoque plutôt la Paix qui va rayonner sur le monde. L'âge d'or prend la forme d'un renouveau printanier particulièrement éclatant.

L'allusion à la fin des guerres civiles a surpris[64]. Mais il n'est pas obligatoire qu'elle se réfère à un passé récent; cette mention reste l'expression de la hantise des Romains après Pharsale, du refus de revivre cette époque maudite. Néron s'annonçait comme un nouvel Auguste; par lui la lignée des Iules remontait sur le trône; par sa race prestigieuse, il était le chaînon qui reliait la dynastie aux règnes mythiques de Numa et de Saturne; on attendait de lui que, comme Auguste, il mît fin aux discordes et aux guerres. Dans l'ignorance des circonstances exactes de la mort de Claude, la façon rapide dont Néron

63. Comme l'a bien vu E. Cizek, *Aspecte ideologice in literatura latina a epochi lui Nero*, *Studii Clasice*, 1962, p. 221-240. Calpurnius exprime les mêmes aspirations que Sénèque, *clem.* 1,1,8: «securitas alta... ius supra omnem iniuriam positum... ad summam libertatem nihil deest nisi pereundi licentia».

64. T.P. Wiseman, *Calpurnius Siculus and the claudian civil war*, *JRS* 67 (1982), p. 57-67, signale sous Claude la rébellion d'Arruntius Camillus Scribonianus. De plus, à chaque changement de règne, sous Caligula ou Claude, la guerre civile avait été une possibilité, car il y avait plusieurs candidats: voir Tacite, *ann.* 1,42: «plures bellum pauescere, alii cupere». Pour T.P. Wiseman, la prophétie de Faunus révèle une conception du règne de Claude comme usurpation.

avait été proclamé empereur devait aussi avoir été un soulagement pour tous ceux qui redoutaient les passations de pouvoir et les querelles dynastiques; c'est ce que Calpurnius paraît bien suggérer, lorsqu'il évoque obscurément l'espoir d'assister désormais à l'étroit enchaînement du couchant et de l'aurore d'un règne[65]. Il n'était donc pas besoin d'une si grande courtisanerie pour suivre l'exemple de Virgile et chanter, à travers la prophétie de Faunus et par des chants amébées, ce nouvel âge de Paix, dont Corydon-Calpurnius attendait aussi pour lui-même richesse et célébrité.

La septième bucolique est très différente. On ne saurait plus parler d'hymne à la gloire du prince, comme dans la quatrième bucolique. Pourtant, cette pièce a surtout été louée, faute de mieux, pour avoir su intégrer la description des jeux de l'amphithéâtre à l'intérieur d'une bucolique. Ce n'est nullement un paradoxe. Dès ses origines, la bucolique de Théocrite pouvait fort bien insérer dans un cadre pastoral des scènes urbaines curieuses ou plaisantes. Calpurnius connaît les *Syracusaines*. Les jeux offerts par Néron sont tout à fait comparables à ce qu'étaient les fêtes d'Adonis pour le petit peuple; c'est son admiration naïve que Calpurnius va choisir d'exprimer devant l'amphithéâtre géant décoré avec un luxe éblouissant, digne de la *Domus aurea*. Mais — nous sommes en 57 — Calpurnius se fait infiniment plus retenu dans l'apologie du prince, dont, pour toute qualité, il n'évoque plus que la beauté[66]. C'est là un don généralement reconnu au jeune Néron, mais c'est une grande discrétion chez un poète que l'on a dépeint si courtisan.

Tout laisse donc à penser que les églogues néroniennes sont bien rangées par ordre chronologique, mais cet

65. Il espère que ce sera la règle pour les règnes à venir: *buc.*, 1,87-88.

66. *Buc.*, 7,84.

ordre pourrait bien aller de l'espoir à la déception. Déception personnelle sans doute de Calpurnius-Corydon qui n'a pas vu son attente comblée: insatisfait du cercle de Pison, et malgré l'appui d'un familier de la cour (Mélibée), il n'a pas réussi à retenir l'attention de Néron; déception politique aussi peut-être, puisqu'au lieu de chanter les mérites du jeune dieu, comme il l'annonçait dans la quatrième bucolique, il se contente de décrire un spectacle, avec une admiration non dénuée d'ironie: l'ébahissement du campagnard Corydon est un peu ridiculisé par le citadin. En réalité, dans cette pièce, Calpurnius refuse de se mêler de politique. Il fait retour à un certain type de poésie pastorale, à laquelle il réussit à intégrer cette scène urbaine, en la dépeignant à travers le regard du berger médusé et dépaysé.

De plus, même s'il ne s'identifie pas entièrement avec Corydon, dont l'admiration est celle d'un homme du peuple, Calpurnius clôt cette dernière bucolique par une remarque désabusée: il n'a même pas pu voir l'empereur de près. Avec ce poème, Calpurnius prend ses distances à l'égard de la poésie nationale, à laquelle il avait voulu s'essayer, sans résultats tangibles, et il revient à un type d'*ekphrasis*, où il retrouve la tradition humoristique et pittoresque de Théocrite plus que de Virgile.

Imitation et création

Il est indéniable que Calpurnius s'est souvent inspiré de très près des *Bucoliques* ou des *Géorgiques* de Virgile. Il ne plaçait personne au-dessus du *uates sacer*[67]. Aussi la critique s'est-elle livrée à l'envi au jeu stérile et destructeur qui consiste à retrouver systématiquement tel passage de Virgile derrière chaque image ou chaque expression calpurnienne. On a même parfois prétendu

67. *Buc.*, 4,63-64.

rétablir le texte de Calpurnius à partir de tel terme virgilien qu'il aurait obligatoirement démarqué.

Et s'il ne s'agissait que de Virgile! En effet, la culture poétique de Calpurnius n'a jamais été mise en doute[68]. Elle est sans limites: Tibulle, Properce, Horace, Ovide, mais aussi Théocrite et, sans doute, Hésiode, Callimaque et bien des poètes de l'*Anthologie*. Innombrables sont les références, plus ou moins lointaines, qui, dans la plupart des éditions critiques, prétendent ainsi expliquer chaque vers des *Bucoliques*[69]. On est parfois allé jusqu'à ajouter à cette liste des poètes comme Martial et Stace, pour en tirer argument, Calpurnius ne pouvant être que l'imitateur, en faveur d'une datation post-néronienne du poète[70].

Dans ces conditions, il devient bien difficile de trouver quelque originalité aux poèmes de Calpurnius et particulièrement aux poèmes pastoraux. R. Verdière s'écrie: «Quel crêve-cœur de le voir se contenter d'une mouture de Virgile, de Théocrite et d'autres encore»[71]. Pareil aveuglement étonne. De fait, s'il puise des thèmes, Calpurnius ne fournit jamais de véritable mouture de ses prédécesseurs. Seule une lecture fragmentaire et superficielle peut en donner l'impression. Comme l'avait déjà noté E. Cesareo, il emprunte telle vue d'ensemble, tel détail, mais il les repeint. Il pratique certes l'imitation, mais jamais servilement; d'ailleurs, il ne fait ainsi que se conformer à l'habitude de la plupart des poètes latins qui se plaisaient à enrichir leurs œuvres de références rassurantes à leurs devanciers: Catulle a servi de modèle

68. R. Verdière, *op. cit.*, p. 24. Voir aussi: *La bucolique post-virgilienne, Eos*, 56 (1969), p. 161-185.

69. Voir, par exemple l'édition de D. Korzeniewski, Darmstadt, 1971.

70. E. Courtney, *op. cit. supra*, note 31. L'auteur se fonde sur cette «règle», à savoir qu'un «poète mineur» ne saurait avoir été imité par un ou plusieurs «grands poètes», comme Martial ou Stace.

71. R. Verdière, *op. cit.*, p. 25.

à Tibulle et à Properce. Leur originalité s'exprime par un climat qui leur est propre, ou par les images. L'originalité de Calpurnius passe par l'imaginaire du poète; elle peut être toute en nuances et en variations de langage, soit en un art subtilement classique de peindre ou de «placer la balle» autrement, comme le définissait déjà Pascal.

On reconnaît habituellement à Calpurnius une grande maîtrise dans la technique du vers. La perfection métrique de son hexamètre l'emporterait même sur celle de Virgile. Il faut également concéder à cet habile artisan la frappe d'expressions et d'images originales. Ainsi, le poète compare le duvet léger qui ombrage la joue d'un jeune homme aux «coings cireux qui luisent sur l'arbre sous leur léger duvet»[72]. On s'empresse de noter que Virgile a déjà parlé des «prunes cireuses»[73]. On peut également évoquer le «duvet des coings» de Martial, qui n'est peut-être qu'une simple coïncidence[74]. Calpurnius, par sa touche sensuelle et lumineuse, reste le seul à peindre le «détail» d'une image des jardins.

Chez lui, le choix des adjectifs est presque toujours commandé par un grand sens pictural des lignes et des formes, qu'il peigne le taureau à l'ombre, «affalé de tout son long» ou les vaches étendues à l'horizontale «sous le genêt hérissé»[75]. Les qualités de Calpurnius se manifestent particulièrement dans la peinture de la nature au rythme des saisons. Certes, il s'agit parfois de croquis rapides, à la manière des poètes de l'*Anthologie*, et l'on

72. *Buc.* 2,91: «cerea sub tenui lucere cydonia lana».

73. Virgile, *buc.*, 2,53: «cerea pruna»; sur toutes les références possibles, voir l'édition de D. Korzeniewski.

74. Martial, 10,42,3: «celantur simili... Cydonea lana».

75. *Buc.* 3,12: «spatiosus»; 1,5: «sub hirsuta latus explicuere genista». Sur l'originalité des images calpurniennes, voir notre article, *La révélation d'un artiste méconnu: l'imaginaire de Calpurnius Siculus*, dans *l'Imaginaire de l'espace et du temps chez les Latins, Cahiers de l'Univ. de Perpignan*, 5 (1988), p. 75-90.

peut regretter qu'ils n'aient pas plus d'étendue[76]. Mais Calpurnius n'imite pas, lorsqu'il évoque les choses de la campagne avec cette sensualité qui lui est propre: au premier plan, les images de la vendange, «le fouleur à demi-nu qui saute sur les raisins qui éclatent», les «pressoirs qui pèsent sur les grappes juteuses» et «le moût écumant qui bouillonne avec un rauque murmure»[77]; le fromage frais est aussi une de ses «natures mortes» favorites, avec «les corbeilles où caille un lait frissonnant»[78]. Il sait aussi orchestrer ses notations en un tableau, lorsqu'il célèbre le retour du printemps, avec une vigueur digne de Lucrèce: les agneaux qui batifolent, la forêt qui se régénère et les cosses des pois qui s'emplissent mystérieusement[79].

Les images rustiques ne sont pas les seules à manifester les dons de peintre de Calpurnius. Tous les critiques se sont penchés sur la comète décrite dans la première bucolique pour discuter de sa datation, d'après sa direction même[80]. On a essayé d'établir une filiation littéraire entre les diverses comètes évoquées, par exemple, par Calpurnius, Lucain et Silius[81]. En réalité, la confrontation des différents passages prouve la supériorité poétique de Calpurnius qui seul, par un entre-croisement inattendu d'adjectifs antithétiques, impose la vision maléfique et originale des comètes qui «éclaboussent les

76. R. Verdière lui reconnaît quelques qualités fugitives, *op. cit.*, p. 25. Un effort de réhabilitation est tenté par E.W. Leach, *Corydon revisited*, dans *Ramus*, 2 (1973), p. 53-97. Pour lui, les bucoliques politiques représentent l'histoire d'une déception du poète.

77. *Buc.*, 1,2.

78. *Buc.*, 2,75.

79. *Buc.*, 4,100 sq.

80. *Supra*, note 40.

81. Calpurnius, 1,80-81: «numquid utrumque polum, sicut solet, igne cruento/spargit et ardenti scintillat sanguine lampas»; Lucain, 1,532: «sparso sanguine lampas»; Silius, 1,461: «sanguineum spargens ignem... scintillat sidus». Pour E. Courtney, *op. cit. supra* note 31, la filiation ne saurait être que Lucain-Silius-Calpurnius.

deux pôles d'un feu sanglant», telles des «flambeaux qui scintillent d'un sang brûlant». Quel que soit le sens de l'imitation, s'il y a eu imitation en ce passage précis, Calpurnius ne plagie pas mais recrée.

C'est avec la même intuition poétique qu'il dépeint la canicule qui s'abat sur la campagne: le soleil qui rétrécit les ombres et l'eau courante qui rafraîchit les paysages torrides; son gazouillement, la vapeur légère qui monte du ruisseau et le spectacle, cher à Horace, du tournoiement de l'eau lorsqu'elle heurte ses rives[82]. Point n'est besoin de chercher de véritables «sources» à ces images, même lorsque certains groupements de termes sonnent comme déjà entendus. Saurait-il en être autrement chez un jeune poète? Peu importent les éléments empruntés. Comme ceux des poètes baroques, les paysages de Calpurnius vivent d'une vie parfois insolite, comme ce crépuscule encore brûlant, où la brise fait bruire les feuilles sur la terre assoiffée, comme cette forêt étrangement immobile où l'on écoute le silence[83]. Calpurnius s'y révèle comme un homme de la campagne, à l'écoute des champs et des bois, mais aussi comme un poète capable de créer son propre univers poétique.

Pastorales et scènes de genre

On peut s'étonner que les pastorales de Calpurnius n'aient pas recueilli plus de suffrages que ses pièces politiques, car elles sont éminemment variées; pièces champêtres, pastorales proprement dites et pièces amoureuses. Cette variété est celle des *Idylles* de Théocrite plus que de Virgile et les poèmes sont plus rustiques que les *Bucoliques* virgiliennes. Calpurnius met en scène ses personnages comme un paysan habitué aux bêtes et aux

82. *Buc.* 2,56-57; 4,168-169; 6,62-63.
83. *Buc.* 2,95; 4,96-100.

plantes. Il peint superbement la vendange, le printemps[84], mais aussi la traite des brebis et, plus minutieusement, les travaux pénibles ou plaisants du jardinage, qu'il compare avec bonheur, dans la deuxième bucolique, aux soins à donner aux troupeaux. Il n'est pas jusqu'à la cinquième bucolique, si souvent décriée, qui n'ait une saveur de terroir, lorsque Calpurnius décrit les soins de «vétérinaire», parfois répugnants, qui, tout au long de l'année, attendent le pasteur. Certes, le souvenir de la troisième géorgique est patent et Calpurnius a sans doute puisé également chez Varron. Cependant, l'énumération des multiples conseils et leur précision un peu tatillonne reçoit sa saveur des accents bégayants et nostalgiques du vieux berger Micon[85]. L'ensemble ne va pas sans humour. Calpurnius possède une véritable et affectueuse connaissance de ces gens de la campagne attachés à leurs bêtes et à leurs jardins et qui parfois, plus pauvres que le Simylus du *Moretum*, doivent se nourrir de faînes, vivent dans de pauvres huttes de branchages et savent pourtant lancer des chants joyeux et sonores[86].

L'originalité poétique de Calpurnius se manifeste encore à travers ses personnages. Ils n'ont pas l'élégance des bergers de Virgile, mais une rudesse ou une violence brutale, parfois teintée d'un humour sec, plus conforme à la tradition de Théocrite, mais tout à fait personnel. Ainsi, Corydon plaisante un peu lourdement sur les longues jambes d'Ornytus[87]. Pour E. Cesareo, la pièce la plus réussie du recueil est la troisième bucolique, en raison de la passion qu'elle révèle. Dans la deuxième

84. *Supra*, p. XXXV.

85. Les «emprunts» de Calpurnius à Virgile ont été relevés par M. Marchio, *Un componimento georgico sulle orme di Virgilio: l'ecloga 5 di Calpurnio Siculo*, *GIF*, 10 (1957), p. 301-314. Point n'est besoin pour sentir l'originalité du poème d'identifier Micon à Claude, comme le fait R. Verdière.

86. *Buc*. 4,36; 7,41; 1,39.

87. *Buc*. 1,35.

bucolique, la rivalité amoureuse s'était plaisamment traduite par des chants amébées à la gloire des jardins et des troupeaux. Ici, nous rencontrons un des caractères les plus fortement marqués des *Bucoliques*, — qui ne doit rien à Virgile — ce Lycidas à l'humeur sauvage et intraitable, dévoré de jalousie à la fois amoureuse et poétique. Dans la sixième bucolique, celle-ci se déchaîne avec une telle violence que le malheureux Mnasylle, épouvanté, récuse son rôle d'arbitre, tant il craint de voir les rivaux en venir aux mains. Lycidas ne craint pas d'injurier ses interlocuteurs avec un humour féroce[88]; il ignore tout de l'amour courtois que pratiquait Tibulle et exige le paiement de ses soins amoureux; ivre de passion jalouse, il déchire la tunique de sa maîtresse et la bat, non sans un certain sadisme, «sur sa poitrine nue»[89]. Pourtant ses accents savent émouvoir, lorsque, maigre comme un lièvre ou une grive affamée, il peint son désespoir d'être abandonné. Dans une sorte d'incantation, il l'exprime par une image naïve et violente qui renouvelle la topique des *adunata*: sans Phyllis, «les lis paraissent noirs»[90]; les sources n'ont plus de goût, le vin devient amer.

Le jeune Mopsus, rival heureux de Lycidas, ne doit pas grand chose non plus aux habituels *delicati* de la poésie latine. Séducteur de bergères, mais aussi de bergers, c'est un adolescent raffiné qui chante en duo avec

88. Par ses comparaisons injurieuses, 6,6-7, ou ses calembours mordants, en jouant sur le terme «improbus»: 6,18; 6,20.

89. *Buc.*, 3,30. Ce passage contredit R. Verdière, lorsqu'il parle de la «pudeur» de Calpurnius en matière amoureuse, pudeur qu'il attribue à des goûts homosexuels, comme ceux de Virgile. En réalité, l'allusion à Alexis est des plus discrètes. L'étrangeté du caractère de Lycidas a été soulignée par R.W. Garson, *The eglogues of Calpurnius Siculus; a partial apology*, dans *Latomus*, 33,3 (1974), p. 668-672.

90. *Buc.*, 3,53-54. L'image est qualifiée par R. Verdière, *op. cit.*, p. 245, d'«antithèse par trop stupide». Elle serait plutôt «nervalienne» avant la lettre et préfigure aussi la topique médiévale du monde renversé. Némésien s'en est inspiré, 2,44-49.

Phyllis et qui obtient par sa poésie ce que d'autres ne parviennent pas à gagner par des offrandes de fruits ou de fromages. Il est extrêmement pauvre. Est-ce une autre image du jeune Calpurnius? Parfois contraint aux larcins, il se contente la plupart du temps de lupins et de légumes; une orge grossière est son seul luxe[91]. Pourtant, sa pauvreté a plus de charme que l'aisance cossue de Lycidas. Par son arrogance, celui-ci est trop pareil à certains «coqs de villages», même si son caractèe passionné peut fort bien montrer un autre visage de l'auteur.

Il ne faut pas s'étonner de la place réduite de l'élément féminin dans cette galerie de portraits. Elle n'était guère plus importante chez Théocrite et surtout chez Virgile, le maître de Calpurnius. Il n'est point besoin d'en conclure, comme on l'a fait parfois, à partir d'une allusion au bel Alexis, que Calpurnius avait des tendances homosexuelles[92]. Ces tendances littéraires sont inhérentes à la poésie bucolique et élégiaque latine. Peut-être, d'ailleurs, ce tout jeune homme n'avait-il pas encore acquis une expérience véritable du cœur féminin. Aussi s'en tient-il à la psychologie traditionnelle de la femme changeante, ingrate et volage, même lorsque — c'est le cas de Phyllis — elle a de bonnes raisons de changer.

Portraitiste de valeur, Calpurnius se plaît aussi à brosser des scènes de genre, dans lesquelles il organise en tableaux une succession d'images vives: outre les scènes agrestes, il sait aussi croquer avec amusement, par des périphrases pittoresques, les silhouettes incongrues des animaux exotiques de l'amphithéâtre[93]. Il apparaît par-

91. *Buc.*, 3,82-85. R. Verdière, *op. cit.*, p. 60, à la suite de L. Hermann, est un peu trop sévère pour Mopsus, «ce prototype de Jésus la Caille, cet adolescent impur au service des hommes et des femmes». Pareil jugement ne se fonde que sur les affirmations d'un Lycidas dévoré de jalousie.

92. *Buc.*, 4,75; voir *supra* note 89.

93. *Buc.*, 7,55-65.

faitement rompu aux techniques de l'*ekphrasis*, lorsqu'il décrit la splendeur barbare de l'amphithéâtre lui-même, avec un luxe de détails précieux que ne désavouerait pas Claudien. Ces détails viennent rehausser le panorama qu'il a su dessiner avec une sûreté de rhéteur.

Il fait songer au meilleur Apulée, et plus encore aux poètes français du début du XVIe siècle, lorsqu'il présente, en un style contourné et, pour une fois, un peu obscur, la grotte «où pend une mousse verdoyante qui dégoutte d'humidité», sous les roches «qui se courbent en une arche creuse, formant une conque pareille à une carapace rongée»[94]. Ce n'est pas la grotte d'une nymphe littéraire. Plus encore qu'Ovide, elle évoque la peinture hellénistique et surtout les excavations rocheuses d'un paysage calcaire, fréquent en Italie et en Sicile. Calpurnius la dessine par un savant jeu de courbes, atténuées par des contrastes de matière et de couleur. Par ces sensations multiples, rugueuse et toute suintante, la grotte procède de ces paysages d'eau et de rochers dont Saint-Amand et Théophile de Viau sauront exprimer le charme.

L'*ekphrasis* la plus développée est celle du cerf apprivoisé de la sixième bucolique, particulièrement peu appréciée. Cette description ne correspond pas tout à fait à vrai dire, aux canons du «bon goût» de l'art classique; de plus, elle rappelle un portrait analogue de Virgile, dans l'*Enéide*[95]. Il est possible que le tableau de Calpurnius soit composite: il a puisé le thème chez Virgile et il a emprunté quelques détails à Théocrite et à

94. *Buc.*, 6,65 sq. Les critiques, en relevant les images une par une, ont découvert des images voisines chez Ovide. Mais cela ne rend nullement compte de la vision originale de la grotte elle-même. L'esthétique évoque celle de Claudien, *nupt. Honor.*, 149 sq. et l'image du triton qui se fait parasol: «umbratura deam retro sinuatur in arcum bellua».

95. Virgile, *aen.*, 7,483 sq.

Ovide[96]. Son art est de les disposer en un tableau où les touches de lumière viennent relever les couleurs: au brillant du front répond l'éclat des «boules de verre transparent» qui alternent pour décorer la sangle[97]. Des guirlandes de roses, prises à Virgile, s'entrelacent mollement aux bois du cerf et soulignent la préciosité de cette peinture. Un détail un peu insolite la relève: «une défense de sanglier rehausse son poitrail d'un croissant de lune, blanc comme neige»[98]. Le cerf merveilleux est digne d'un bestiaire mythique; il pourrait figurer dans le cortège de Vénus, tel que l'ont dépeint Apulée ou les peintres hellénistiques. On peut reprocher à cette description sa surcharge, sa préciosité, ou plutôt son maniérisme, étranger à Virgile, mais à coup sûr pas sa platitude. Calpurnius manie ici un type d'esthétique hérité des alexandrins, que l'on retrouvera chez Apulée. Elle peut déconcerter parce qu'on ne s'attend pas toujours à la rencontrer chez un poète latin.

On ne saurait expliquer les *Bucoliques* de Calpurnius par la seule compilation. Leurs qualités sont multiples. Elles sont surtout l'œuvre d'un peintre, qui sait voir et dont on comprend qu'il ait su charmer un Ronsard par la sensualité et la rusticité de ses images. Leur fraîcheur poétique est indéniable dans les tableaux des champs. L'accord peut être moins unanime, lorsque Calpurnius

96. E. Courtney, *op. cit.*, p. 154, écrit: «le passage est un tissu de réminiscences». M. Lenchantin de Gubernatis, *La natura in Tito Calpurnio Siculo*, dans *Classici et neolatini*, 8 (1912), p. 79-87, compare le cerf de Calpurnius avec ceux de Virgile et d'Ovide. Il faudrait aussi évoquer, auprès du cheval de Calpurnius, la description du cheval d'Honorius par Claudien, *epigr.* 21.

97. *Buc.*, 6,41.

98. *Buc.* 6,45. Un détail analogue se trouve chez Stace, *Theb.*, 9,688, ou il s'applique à un cheval. Mais ceci ne saurait prouver que Calpurnius est l'imitateur. Stace ne peint guère: «iactantur niueo lunata monilia». Il peut s'êtrte inspiré, assez platement, de Calpurnius: «dens sedet et niuea distinguit pectora luna».

essaie de brosser une *ekphrasis* de facture baroque, maniérée, mais profondément originale.

IV
Les manuscrits et les éditions modernes

La tradition manuscrite des *Bucoliques* de Calpurnius Siculus a été particulièrement étudiée par G. Giarratano, R. Verdière et L. Castagna[99]. Dans ces manuscrits, les poèmes de Calpurnius sont suivis des *Bucoliques* attribuées à Némésien. On distingue les manuscrits entiers des extraits ou *florilegia*. Parmi les premiers, certains sont perdus et n'ont guère laissé de témoignages.

Les manuscrits perdus

A – Germanicus Thadaei Ugoleti. Son existence est attestée dans le *Riccardianus* 636 par deux notes de Niccolo Angeli: l'une fait suite aux *Bucoliques* de Calpurnius, l'autre aux *Bucoliques* de Némésien: «*ex uetustissimo codice e Germania allato hic est transcriptus titulus finis bucolicorum Calphurnii Aurelii Nemesiani*» et «*contuli ego Nicolaus Angelius hunc codicem cum multisque aliis et cum illo uetustissimo codice quem nobis Thadaeus Ugoletus pannonniae regis bibliothecae praefectus e Germania allatum accomodauit in quo multa carmina sunt reperta anno salutis MCCCCLXXXXII*».

99. C. Giarratano, *Calpurnii et Nemesiani Bucolica*, Naples 1910; R. Verdière, *T. Calpurnii Siculi De Laude Pisonis et Bucolica et M. Annaei Lucani De Laude Caesaris, Einsidlensia quae dicuntur carmina*, Bruxelles, 1954; L. Castagna, *I bucolici latini minori, una ricerca di critica testuale*, Firenze, 1976. Il faut y joindre M.D. Reeve, *The textual tradition of Calpurnius Siculus and Nemesianus*, *CQ*, 12 (1978), qui réduit à seize le nombre des manuscrits ne dérivant pas d'éditions et qui attire l'attention sur la parenté de *V* et de *P*. Ces études modifient quelque peu la classification de H. Schenkl, *Zur Textesgeschichte der Eklogen des Calpurnius und Nemesianus*, *WS*, 5 (1883), p. 281-283.

En l'absence de ce manuscrit, on doit se reporter aux leçons du *Riccardianus* 636, portées par Angeli. On constate qu'elles concordent généralement avec les leçons des manuscrits *N* et *G*. Ils doivent donc remonter au même archétype; ils appartiennent à la première famille. Cependant, d'autres leçons données par Angeli concordent avec les *codices Urbinas* 353, *Vaticanus* 3152 et *Ambrosianus* 074, ainsi qu'avec l'*editio Veneti* de *1472*.

H – codex Boccacii. Son existence est attestée par une note qui figure à la suite des *Bucoliques* de Némésien dans le *codex Harleianus* 2578, du XVe siècle (Londres, British Museum, Harley): «*collatus accuratissime hic codex cum illo uetustissimo quem Thadaeus Ugoletus pannoniae regis bibliothecae praefectus e Germania secum attulit et cum illo quem Iohannes Boccacius propria manu scripsisse traditur bibliothecae Sancti spiritus florentini et cum plerisque aliis: ubi titulum et operis diuisionem multa etiam carmina reperimus*». Cette mention fait donc du *Harleianus* un manuscrit composite, où les leçons de la seconde famille se mêlent à d'autres leçons. Il est écrit soigneusement; les mots difficiles sont souvent expliqués en marge, de la main du rédacteur. C. Giarratano estime logiquement que les leçons qui n'ont pas été collationnées par Angeli dans le *codex Riccardianus* remontent à ce manuscrit perdu de Boccace, qui appartient aussi à la première famille. Selon R. Sabbadini, celui-ci serait même à l'origine de *N* et de *G*. Sans aller aussi loin, il faut reconnaître qu'il y a certes des parentés entre les leçons du *codex Harleianus* et celles du *codex Neapolitanus*.

Les manuscrits existants

Les manuscrits existants sont nombreux, plus de vingt-cinq, et de valeur inégale. La plupart datent du XVe siècle. Tous les éditeurs s'accordent à y reconnaître trois familles.

1) *Première famille*

N – Neapolitanus VA8 (Naples, Biblioteca Nazionale Vittorio Emmanuele III). C'est un parchemin du début du XVe siècle. Sa rédaction en est soigneuse. Le copiste devait avoir une grande habitude du latin, car il évite presque toujours les lacunes et les leçons absurdes ou peu claires. Il s'est corrigé lui-même (N^1) et une deuxième main (N^2) a participé à la correction, sensiblement à la même époque, en s'inspirant tantôt des manuscrits de la seconde famille, tantôt de ses propres interprétations, ce qui n'a pas toujours amélioré les leçons. Il faut regretter de surcroît que le texte actuel soit parfois très altéré et que l'usage systématique des abréviations soulève quelques ambiguités. Ce manuscrit a généralement obtenu les suffrages des éditeurs modernes, depuis Burmann et Baehrens. C. Giarratano en a fait une collation et, à sa suite, R. Verdière est presque toujours fidèle aux leçons du *codex Neapolitanus*[100].

G – Gaddianus Laurentianus Plut 90 12 inf (Florence, Biblioteca Lorenziana). Il est écrit sur papier et date du début du XVe siècle. Le copiste est un peu moins soigneux que celui de *N*. Il y a des négligences et des omissions. Ce manuscrit, signalé par Glaeser et Haupt, fut examiné par Baehrens puis décrit par Giarratano. Il y a de nombreuses corrections, presque toutes de la main du copiste lui-même; celles qui se situent à l'intérieur du texte concordent souvent avec les leçons de *N*. Giarratano a démontré la parenté de ces deux manuscrits, mais défend, avec Schenkl et contre Baehrens, la prééminence de *N*. *G* est en effet écrit avec plus de négligence.

2) *Deuxième famille*

Cette deuxième famille, que l'on appelle *V*, est repré-

100. R. Verdière, *T. Calpurnii Siculi De Laude Pisonis... op. cit. supra*, p. 83; C. Giarratano, *op. cit. supra*, p. 73-97.

sentée par au moins vingt-cinq *codices* et six *florilegia*, qui dérivent d'un archétype aujourd'hui perdu.

a – *Ambrosianus* 074 *sup* (Milan, Biblioteca Ambrosiana). Écrit sur papier, il est daté du XVᵉ siècle et a été particulièrement examiné par C. Giarratano. Il semble s'écarter assez peu de l'archétype.

b – *Ambrosianus* I 26 *sup* (Milan, Biblioteca Ambrosiana). Manuscrit également sur papier et du XVᵉ siècle.

On trouve ensuite six manuscrits conservés à la Bibliothèque Vaticane de Rome.

c – *Vaticanus* 2110 (Rome, Biblioteca Vaticana). Écrit sur parchemin, il date du XVᵉ siècle. L'écriture manque parfois de clarté et les fautes sont nombreuses.

d – *Vaticanus* 3152 (*ibid.*). Manuscrit écrit sur papier et daté du XVᵉ siècle. L'écriture n'en est pas très soignée. Il y a des lacunes.

e – *Vaticanus Urbinate* 353 (*ibid.*). Écrit sur parchemin, il date du milieu du XVᵉ siècle. L'écriture en est soignée mais les fautes sont assez nombreuses.

f – *Vaticanus Ottobonianus* 1466 (*ibid.*). Écrit sur papier, il date du XVᵉ siècle. L'écriture en est soignée et l'alternance des personnages clairement notée.

f' – *Vaticanus Latinus* 5123 (*ibid.*). Incomplet, il date du XIVᵉ siècle, selon M.D. Reeve.

g – *Vaticanus Palatinus* 1652 (*ibid.*). Écrit sur parchemin, il date du XVᵉ siècle. L'écriture en est assez soignée. Quelques corrections, faites par deux mains différentes, n'améliorent pas le texte, mais celui-ci semble assez proche de l'archétype.

h – *Vaticanus Reginensis* 1759 (*ibid.*). Écrit sur parchemin, il date du XVᵉ siècle et ne renferme que les *Bucoliques* de Calpurnius et de Némésien. L'écriture est très soignée. Il y a peu de leçons absurdes. Certains termes sont repris en marge. Ces annotations ne semblent pas toutes de la même main, mais le texte paraît assez fidèle.

On rencontre ensuite deux manuscrits de Florence:

i – *Laurentianus Plut* 37,14 (Florence, Biblioteca Medicea Lorenziana). Manuscrit écrit sur parchemin, daté du XVe siècle.

j – *Laurentianus Bibl. Aed* 203 (Florence, Biblioteca Nazionale Centrale). Manuscrit écrit sur parchemin, daté du XVe siècle.

k – *Leidensis Vossianus* Q 107 (Leyde, Bibl. der Rijksuniversität). Manuscrit écrit sur papier, daté de la fin du XVe siècle; il comporte beaucoup d'omissions et de leçons fautives.

l – *Sloanius* 777 (Londres, British Museum, Sloan). Vélin de la moitié du XVe siècle, écrit, comme le précédent, avec une grande négligence.

n – *Riccardianus* 724 (Florence, Biblioteca Riccardiana). Écrit sur parchemin et daté du XVe siècle, il est trés proche de *h*.

o – *Riccardianus* 974 (*ibid.*). Écrit sur parchemin, daté du XVe siècle.

p – *Quirinianus* CVII 1 (Brescia, Bibl. Quiriniana). Écrit sur parchemin au XVe ou XVIe siècle, il semble particulièrement proche de l'archétype.

q – *Corsinianus* 43F5 (Rome, Bibl. Corsiniana e dei Lincei). Écrit sur parchemin, il date du début du XVe siècle.

r — *Redhigeranus* I,4,10 (Bratislava, Bibl. de l'Administration municipale). Écrit sur papier et parchemin, date du XVe siècle.

s – *Redhigeranus* I,4,11 (*ibid.*). Écrit sur papier, date du XVe siècle et semble assez proche de l'archétype.

t – *Gothanus* II 55 (Gotha Landesbibliothek). Écrit sur parchemin, date de la fin du XIVe siècle.

u – *Riccardianus* 636, *olim* LIII 14 (Florence, Biblioteca Riccardiana). Écrit sur parchemin, il date du XVe siècle. Déjà mentionné, il n'apparaît pas fondamentalement différent des autres manuscrits de la même famille, mais il présente la particularité de témoigner des leçons du manuscrit perdu *A*, transcrites par N. degli Angeli. Il porte aussi de multiples corrections de plusieurs mains, qui sont souvent judicieuses.

v – *Monacensis* 302 (Munich, Bayerische Staatsbibliothek). Écrit sur papier, il porte une subscription qui date le manuscrit de 1465. Il est écrit avec négligence.

w – *Monacensis* 19699 (*ibid.*). Écrit sur papier et daté par une subscription de 1510. Ce manuscrit pourrait être une copie de la deuxième *editio Daventriensis*.

x – *Bruxellensis* 20428 (Bruxelles, Bibl. Royale). Écrit sur papier, il date du XVe siècle. Le manuscrit est incomplet, mais la suite se trouve sur le *Bruxellensis* 20589, terminé en 1490. Selon R. Verdière, ces deux manuscrits auraient été copiés sur l'*editio Daventriensis prior* (La Hage, Koninklijke Bibliothek).

y – *Vindobonensis* 305 (Vienne, Österreichische National Bibl.). Écrit sur papier, date du XVe siècle. L'écriture en est élégante et claire, mais le manuscrit comporte de nombreuses fautes et peu de corrections. Il est très proche de *v*.

z – *Holkhamiensis* 334 (Bibl. du comte de Leicester). Écrit sur papier, date du XVe siècle. Il est écrit avec négligence.

L. Castagna ajoute encore à cette liste:

Magliabechianus 7 1195 (Florence, Bibl. Nat. Cent.).

Laurentianus conv. sop. 440 (Florence, Bibl. Lorenziana)[101].

Patavinus 598 (Bibl. del seminario arcivescovile di Padua). Manuscrit du XVe et XVIe siècle.

Oxoniensis Bodl. Canon class. lat. 126 (Oxford, Bibl. Bodleiana)[102].

Ces deux derniers manuscrits, composites, reflèteraient la tradition de la première famille, *N* et *G*, comme le *Riccardianus* 636 et l'*Harleianus*.

101. L. Castagna, *Per un edizione delle egloghe di Calpurnio e Nemesiano. Due nuovi testimoni manoscritti, Prometheus*, 1975, p. 80-87.

102. L. Castagna, *Ancora due manoscritti per la tradizione di Calpurnio e Nemesiano, Prometheus*, 1981, p. 247-253.

Malgré le nombre des manuscrits, une assez grande uniformité caractérise les leçons de la seconde famille, qui a pourtant été dévalorisée par la plupart des éditeurs modernes: ils ont généralement préféré les leçons de *N* et *G*, par suite d'une tendance à estimer que les fautes de *N* et *G* sont le fruit de mauvaises lectures, alors que celles de *V* seraient plutôt le fait d'un interpolateur; d'où une préférence systématique pour *N* en cas de divergence[103]. Il nous est arrivé parfois de rompre avec cette tradition, surtout lorsque les leçons de *V* concordaient avec celles de *H*, privilégié à juste titre par les éditeurs anglais.

Les florilèges

Un certain nombre de florilèges contiennent également de courts extraits des *Bucoliques* de Calpurnius et de Némésien, ces dernières étant attribuées à Calpurnius. Ces extraits se trouvent dans les manuscrits suivants:

Fn – *Parisinus* lat. 17903, ancien *Nostradamensis* (Paris, Bibl. nat.), qui date du XIIe au XIIIe siècle.

Ft – *Parisinus lat.* 7642, ancien *Thuaneus* (*ibid.*), qui date du XIIIe siècle.

Fa – *Atrebatensis* 64 (Bibl. d'Arras), du XIVe au XVe siècle.

Fe – *Escorialensis* QI 14 (Bibl. Escurial), du XIIIe au XIVe siècle.

Fb – *Berolinensis* Diez B. Santen 60 (Bibl. Berlin), du XIVe siècle.

β – Le *Bononiensis* 83, du XVe au XVIe siècle, collationné par C. Giarratano, ne contient que *Buc.*, 3,90.

Ces fragments procèdent du même archétype que les manuscrits des deux familles; les cinq premiers, supérieurs au sixième, concordent la plupart du temps avec

103. C. Giarratano écrit, *op. cit. supra*. Préface, p. 28: «codices secundae familiae non omnino neglegi possunt, sed cautissime adhibendi».

les leçons de la seconde famille. Aussi ne sont-ils pas très riches d'enseignements pour l'établissement du texte.

3) *Troisième famille*

Cette troisième famille n'est représentée que par un seul manuscrit :

P – *Parisinus* 8049, du XIIe au XIIIe siècle, décrit par Bücheler[104]. C'est le manuscrit le plus ancien, mais il est incomplet. De plus, le copiste s'avère très mauvais latiniste; cependant, il arrive qu'il ait conservé la bonne leçon, alors qu'elle était corrompue dans tous les autres manuscrits.

Cette répartition des manuscrits en trois familles a été faite par C. Giarratano. Elle est encore confirmée par L. Castagna[105].

Stemma codicum

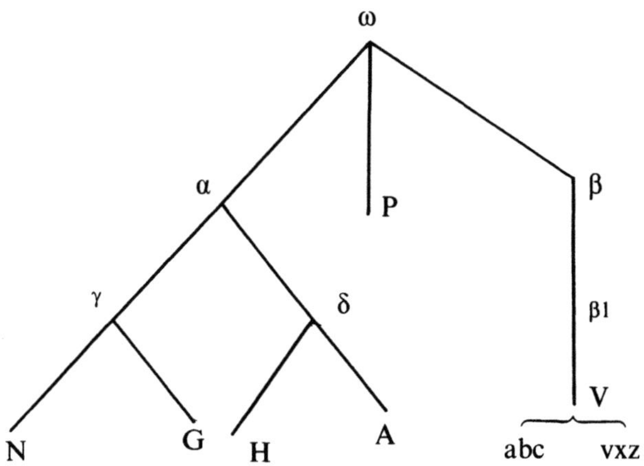

104. Dans une édition de Pétrone, Berlin, 1862.

105. L. Castagna, *I bucolici latini minori. Una ricerca di critica testuale*, Firenze, 1976.

Chaque éditeur proposant un schéma différent, on ne peut guère tabler que sur des conjectures. Cependant, une vision synthétique de ce type est tout à fait vraisemblable; elle est très proche du schéma proposé par L. Castagna. L'ensemble des manuscrits remonte à un archétype perdu ω. ayant lui-même donné naissance à trois types, α, β, et le *Parisinus*. Du type α descendraient *N* et *G*, par l'intermédiaire d'un apographe γ et *H A*, par l'intermédiaire de δ, le *codex Germanicus* perdu. De β descendent tous les manuscrits de la famille *V*, par l'intermédiaire d'un apographe perdu β_1.

Les éditions anciennes

Les éditions anciennes ont généralement suivi les leçons des manuscrits de la seconde famille[106]. Telles sont l'*editio princeps* parue à Rome, en 1471, sans nom d'auteur, l'édition de Venise de 1472 et les deux éditions *Daventrienses* (l'une de 1491, l'autre sans date), l'édition de Nordheim vers 1494, à Cologne, l'*editio Ascensiana*, à Paris, en 1503. Elles dérivent toutes de l'*editio princeps* et sont peu utiles à l'établissement du texte.

Une nouvelle étape est marquée par l'édition de Angeli Ugoleti, vers 1493, à Parme. Il connaissait le *codex Germanicus*, et il distinguait pour la première fois les œuvres de Calpurnius de celles de Némésien. Au XVe siècle, les éditions sont nombreuses. On peut mentionner les éditions de Bologne, en 1504, de Florence, en 1504 et en 1590, de Vienne, en 1514, de Venise, en 1518, de Haguenau en 1519 (*Brassicana*), de Steyner (dite *Augustana*) à Augsbourg en 1534, de Zurich (dite *Tigurina*) en 1537, de Lyon (dite *Gryphiana*) en 1537, de Bâle (dite *Oporiniana*) en 1546. L'édition de Titius (Florence 1590) reposait sur des *codices* aujourd'hui tout à fait inconnus. Quant à l'édition de Pithou (*Pithoeana*), elle donnait une

106. On trouvera la liste des éditions dans R. VERDIÈRE, *op. cit. supra*, p. 7-10 et dans L. CASTAGNA, *I bucolici... op. cit. supra*, p. 10 sq.

version reposant sur les manuscrits de la seconde famille, complétés par des leçons du *codex Germanicus*. C'est cette version qui fut reprise par les éditions de Barth en 1613, d'Ulitius en 1653, de Havercamp en 1728.

L'édition de Burmann à Leyde en 1731 fut la première à mentionner le *codex Germanicus*; cependant, cette édition, comme celles de Wernsdorf en 1780 et de Beck en 1803, ne diffère guère des éditions anciennes. En France, on trouve les éditions de N.E. Lemaire, dans *Poetae latini minores*, Paris 1824 et de M. Cabanet-Dupaty, dans *Bibliothèque latine française*, *Poetae minores*, Paris, 1842.

Les éditions modernes

La première édition critique moderne fut celle de Glaeser, parue à Göttingen en 1842, qui, pour la première fois, donna la préférence au *codex Neapolitanus* pour l'établissement du texte. Baehrens (Leipzig, 1880) accorda une plus grande importance au *codex Gaddianus* qu'il avait collationné. Les éditions de Schenkl et de Keene (Leipzig, 1885 et Londres, 1887) s'appuient de nouveau sur le *codex Neapolitanus*. Les éditions de C. Giarratano (Naples 1910, 1924, 1939, 1943, rééd. 1951) ne rompent pas avec cette tradition. Elles sont de tout premier ordre et tous les éditeurs postérieurs s'en inspireront de très près. Pourtant l'édition française d'E. Raynaud (*Poetae minores*, Paris 1931) paraît reposer essentiellement sur une collation de *V*. Si J.W. et A.M. Duff (*Poetae minores*, Londres 1961) se souviennent à la fois de Giarratano et de Glaeser, ce dernier n'apparaît pas dans les éditions de J. de Sipio (Catane 1935) et de R. Verdière (Bruxelles, 1954). Cette dernière édition sera elle-même suivie, sans modifications notables, par G. Vallet (thèse dactylographiée, Paris, 1956) et D. Korzeniewski (Darmstadt, 1971).

Ainsi donc, toute édition doit désormais être redevable aux travaux de C. Giarratano et ne peut en différer que sur des points de détail. Après ses collations et celles de R. Verdière, on ne peut prétendre à établir un texte vraiment nouveau. Cependant, la recension attentive de la majorité des manuscrits *V* et des manuscrits *N H* nous a amenée à réhabiliter en quelques passages les leçons de *V* et de *H*, lorsqu'elles paraissaient avoir été écartées à la légère. Les leçons de *N* et de *G* sont souvent plus littéraires, il est vrai, à l'instar des corrections anciennes, mais, chez un auteur parfois diffus et qui ne recherche guère les mots rares, ce n'est pas toujours une preuve d'authenticité.

Les éditeurs modernes ont déployé des trésors d'ingéniosité pour améliorer le texte de Calpurnius. L'édition de R. Verdière fournit la liste complète des corrections qui ont été proposées de tel ou tel passage. Nous n'avons signalé dans l'apparat critique ces conjectures souvent hasardeuses que lorsqu'elles paraissaient graphiquement justifiées, ou lorsque leur présence signalait un problème de compréhension. De même, plusieurs éditeurs modernes ont supposé, en divers endroits, des lacunes qui n'apparaissent dans aucun manuscrit. Notre édition ne tient aucun compte de ces suppositions et choisit le parti le plus sûr, celui de la plus grande fidélité aux manuscrits.

SIGLA

Bucolica

codices

N = Neapolitanus V A 8 V, saec. XV.
N^1 = prima manus se corrigens ipsa.
N^2 = secunda manus.
G = Gaddianus Laurentianus plut. 90 12 inf., saec. XV.
P = Parisinus 8049, parte deficit, saec. XII/XIII.
A = cod. Germanicus, ut uidetur Th. Ugoleti, deperditus, cuius lectiones in mg. cod. Riccardiani 636 (*u*) N. Angeli enotauit.
H = cod. Harleiani lectiones, saec. XV, quae ex cod. Boccacii aut ex cod. Th. Ugoleti excerptae esse uidentur.
V = cod. a b c ...z consensus.
a = Ambrosianus 074 sup., saec. XV.
b = Ambrosianus I 26 sup., an. 1463.
c = Vaticanus 2110, saec. XV.
d = Vaticanus 3152, saec. XV.
e = Vaticanus Urbinate 353, saec. XV.
f = Vaticanus Ottobonianus 1466, saec. XV.
f' = Vaticanus Latinus 5123 saec. XIV.
g = Vaticanus Palatinus 1652, an 1460.
h = Vaticanus Reginensis 1759, saec. XV.
i = Laurentianus plut. 37,14, saec. XV.
j = Laurentianus bibl. Aed. 203, saec. XV.
k = Leidensis Vossianus Q 107, saec. XV/XVI.
l = Sloanius 777, saec. XV.
n = Riccardianus 724, saec. XV.
o = Riccardianus 974, saec. XV.

p = Quirinianus CVII 1, saec. XV/XVI.
q = Corsinianus 43 F 5, saec. XV.
r = Redhigeranus I 4 10, saec. XV.
s = Redhigeranus I 4 11 saec. XV.
t = Gothanus II 55, saec. XIV.
u = Riccardianus 636, saec. XV.
v = Monacensis 302, an. 1465.
x = Bruxellensis 20428 et 20589, an. 1490.
y = Vindobonensis 305, saec. XV.
z = Holkhamiensis 334, saec. XV.

florilegia

F = florileg. consensus.
Fa = Atrebatensis 64, saec. XIV/XV.
Fb = Berolinensis Diez B. Santen 60, saec. XIV.
Fe = Escorialensis Q I 14, saec. XIII/XIV.
Fn = Parisinus lat. 17903; saec. XII/XIII.
Ft = Parisinus lat. 7642, saec. XIII.
β = Bononiensis 83 52, II N.1, saec. XV/XVI.

editiones et uaria

Ang. = Niccolo degli Angeli, cuius lectiones in cod. *u* redire uidentur ad cod. *A* deperditum.
Asc. = ed. Ascensiana (Josse Bade), Paris, 1503.
Aug. = ed. Augustana, Augsbourg, 1534.
Baehr. = Baehrens, ed. des *Poetae latini minores*, Leipzig, 1881.
Barth = Barth, ed. des *Bucoliques*, Hanovre, 1613.
Beck = Beck, ed. des *Bucoliques*, Leipzig, 1803.
Brass. = ed. Brassicana (C. Köhl), Haguenau, 1519.
Bur. = Burmann, ed. des *Poetae latini minores* 1, Leyde, 1731.
Cast. = Castiglioni.
Dav.[1] = prim. ed. Daventriensis, Deventer, s.d. (1488?).
Dav.[2] = sec. ed. Daventriensis, Deventer, 1491.

Duff = J.W. Duff et A.M. Duff, *Poetae latini minores*, Londres 1934.
El. = Ellis.
Fries. = Friesemann.
Giar. = Giarratano, ed. des *Bucoliques* de Calpurnius Sic. et de Némésien, Naples, 1910.
Glaes. = Glaeser, ed. des *Bucoliques*, Göttingen, 1842.
Gron. = Gronov.
Gryph. = ed. Gryphiana, Lyon, 1537.
Hart. = Hartel.
Haupt = Haupt, ed. des *Bucoliques* de Calpurnius Sic. et de Némésien, Leipzig 1875.
Heins. = Heinsius, in edd. Wernsdorff.
Her = Herrmann.
Hous. = Housmann.
Jac. = Jacoby.
Keene = Keene, ed. des *Bucoliques* de Calpurnius Sic. et de Némésien, Londres 1887.
Kemp. = Kempfer.
Korz. = Korzeniewski, ed. des *Bucoliques*, Darmstadt, 1971.
Lev. = Levy.
Maeh. = Maehly.
Mod. = Modius (de Maulde).
Opor. = ed. Oporiniana, Bâle, 1546.
Phil. = Phillimore.
Pith. = ed. Pithoeana, Paris, 1590.
Post. = Postgate.
Ro. = de Rooy.
Saum. = Saumaise.
Scal. = Scaliger.
Schenkl = Schenkl, ed. des *Bucoliques* de Calpurnius Sic. et de Némésien, Leipzig, 1885 et 1906.
Tig. = ed. Tigurina, Zurich, 1537.
Tit. = Titius (R. Titi), ed. Florentina, 1590, cuius lectiones redire uidentur ad ignotos codices.
Ugol. = Angeli Ugoleti, ed. Parmensis, vers 1493.

Ulit. = Ulitius (J. van der Vliet), ed. Leidensis, 1645.
Ven. = ed. Veneta, Venise, 1472.
Verd. = Verdière, ed des *Bucoliques*, Bruxelles, 1954.
Vien. = ed. Viennensis, Vienne 1514.
Wern. = Wernsdorf, ed. des *Poetae latini minores* 1, Altenburg, 1780, rééd., Paris, Lemaire, 1824.
Will. = Willamowitz.

BUCOLIQUES

Bucolique I

L'églogue s'ouvre par un chant à la gloire de l'automne (1-7). Ce début abrupt a surpris. J. Hubaux est persuadé que les trois premiers vers sont, en réalité, les trois derniers d'une bucolique précédente[1]. Sans adopter tout à fait cette suggestion, R. Verdière n'en est pas moins déconcerté lui aussi: il estime que nous n'avons pas le véritable début de cette première bucolique et il suppose une lacune de plusieurs vers. A vrai dire, celle-ci ne s'impose nullement du strict point de vue littéraire. Cette introduction crée en effet l'atmosphère éclatante qui baigne le *vaticinium* de Faunus. La prophétie se détache sur des images de vendanges et de moût bouillonnant qui surclassent celles d'un Tibulle[2]. Elles vont tout naturellement susciter l'image du bétail qui s'affale à l'ombre des buissons, tandis que les bergers, écrasés de chaleur, gagnent la fraîcheur de l'ombre (7-18). Ils découvrent le *vaticinium* de Faunus, gravé sur l'écorce d'un hêtre (28-32).

Cette peinture d'un automne tardif particulièrement chaud a paru susceptible de dater la bucolique (voir Introduction). B. Luiselli a particulièrement rapproché ce passage de deux vers analogues dans l'*Apocolocyntose* de Sénèque, qui peignent, il est vrai, l'automne beaucoup plus hivernal qui a vu la mort de Claude[3]. Mais chez

1. J. Hubaux, *Les thèmes bucoliques ..., op. cit.*, p. 454, se fonde sur l'existence supposée de dix bucoliques qui, à l'instar de celles de Virgile, débuteraient toutes par un ou plusieurs noms attestés dans la tradition pastorale.

2. Tibulle, 1,5,23-24.

3. B. Luiselli, L'*Apocolocyntosis senecana e la prima bucolica di Calpurnio*, *A & R*, 8 (1963), p. 44-52, pense que Calpurnius a pu s'inspirer de Sénèque. Pour G. Vallet, *op. cit.*, p. 10, c'est bel et bien Sénèque qui a imité Calpurnius; la première bucolique serait antérieure à *l'Apocolocyntose*.

Calpurnius, cet automne exceptionnel sert de glorieux prélude à l'avènement du jeune dieu. Celui-ci est annoncé par la prophétie de Faunus. Corydon plaisante sur la haute taille de son frère Ornytus qui lui permet d'approcher sans peine de l'inscription (24-27). Cette note d'humour un peu lourd, conforme à la tradition de Théocrite plus que de Virgile, est surtout caractéristique de la manière «paysanne» de Calpurnius.

Faunus se présente comme l'antique dieu campagnard (32-35) et annonce une prophétie qui illustre son caractère oraculaire et divinatoire, comme l'avait déjà mentionné Virgile dans l'*Énéide* 7,81-95. Il invite d'emblée les peuples à se réjouir de la sécurité retrouvée (36-41). Il célèbre ainsi implicitement un nouvel âge d'or (42-45), thème qui était explicitement utilisé par Virgile ou Tibulle pour glorifier, ou, au contraire, maudire l'époque contemporaine. Comme à l'époque d'Auguste, l'âge d'or se manifeste d'abord par la Paix: Bellone sera enchaînée, les guerres seront emprisonnées au Tartare; Rome ne connaîtra jamais plus les désastres civils (46-53). L'allégation a surpris. Il faut la replacer dans le sentiment d'horreur que les Romains éprouvent devant les guerres civiles depuis Pharsale, sentiment qui s'exprime si clairement chez Horace. Même s'il n'avait pas été marqué, à proprement parler, par des guerres civiles, la fin du règne de Claude était susceptible d'avoir développé un sentiment d'insécurité. On avait pu craindre d'ailleurs que l'existence même de Britannicus donnât naissance à une menaçante rivalité.

L'éloge de la Paix exprime ce soulagement: c'est une Paix véritable et totale (53-59). Plus de massacres de sénateurs et de citoyens romains (60-63). Ceux-ci avaient ensanglanté en effet la fin du règne de Claude. On voit poindre un nouveau règne de Saturne, un nouveau règne de Numa (64-70), références aux premiers temps de Rome, normalement entraînées par le thème quasi allégorique de l'âge d'or. La référence suivante se rapporte davantage à l'actualité, puisqu'elle exprime l'espoir de voir le droit tout entier restauré (71-73). La joie générale peut éclater (74-76).

Sur presque tous les points, ce panégyrique correspond au discours du trône prononcé par Néron et inspiré par Sénèque, dont Tacite nous a transmis la teneur (voir Introduction). C'est un argument de plus pour dater au moins cette bucolique du tout début du règne de Néron.

Dans ces conditions, la comète qui est apparue ne saurait être que bénéfique (76-81). Sur sa datation exacte, les avis divergent (voir Introduction). On hésite surtout entre 54 et 60[4]. Calpurnius s'attache surtout, par une image originale, à distinguer cette comète rayonnante de l'astre sanglant qui annonça la mort de César (83-84) et que Virgile avait mentionné dans les *Géorgiques*. La prophétie s'achève sur une espérance où l'actualité l'emporte de plus en plus sur le thème traditionnel: Calpurnius exprime, de façon un peu obscure il est vrai, l'espoir que les changements de règne se feront désormais sans troubles (85-88). Ce souhait de voir assurées une stabilité et une continuité dynastique paraît répondre à une aspiration profonde du peuple romain et expliquer la façon dont il avait accueilli le «passage» de Claude à Néron. Grâce aux précautions d'Agrippine, il avait dans son ensemble été tenu dans une totale ignorance des véritables circonstances de la fin de Claude, telles que nous les rapportent Tacite et Suétone.

Pleins d'enthousiasme, les bergers décident de chanter eux-mêmes cette prophétie, en espérant la voir porter par Mélibée jusqu'à d'augustes oreilles (89-94). L'identification de ce Mélibée pose un problème (voir Introduction), mais ce ne peut être qu'un familier de l'empereur.

4. L. Hermann, puis R. Verdière reconnaissent la comète de 54, mentionnée par Suétone, Pline et Dion Cassius, voir Introduction note 38. J. Hubaux penche pour la comète de 60. Il a été suivi par H. Bardon.

Le poème s'achève sur l'espoir, vivement exprimé par Ornytus, de se voir tirer de l'ombre. On peut rapprocher cette fin un peu abrupte et brutale des derniers vers du *De laude Pisonis* où s'exprime avec la même franchise une attente analogue.

I

(Corydon, Ornytus)

Corydon

Le[1] déclin de l'été ne calme pas encore les chevaux du soleil[2], pourtant les pressoirs pèsent sur les grappes juteuses et le moût qui fermente se couvre d'écume avec un rauque murmure[3]. Vois-tu comme les vaches que le père nous a données à garder, Ornytus, ont mollement étendu leur flanc au pied du genêt hérissé? Pourquoi ne pas aller, nous aussi, nous abriter dans l'ombre voisine? Pourquoi ne protéger nos visages brûlants que par nos bonnets de peau[4]?

Ornytus

Gagnons plutôt ce bois, mon frère Corydon, ces grottes du vénéré Faunus, là où la forêt de pin épaissit sa chevelure gracile et dresse la tête pour barrer la route à l'impétuosité du soleil, là où le hêtre couvre de son ombre l'eau qui bouillonne au pied de ses racines et entrelace les ombres de ses rameaux errants.

1. R. Verdière suppose en ce début une lacune d'une dizaine de vers.

2. La leçon *decliuis* paraît préférable au *declinis* retenu généralement par les éditeurs. Cette dernière leçon est celle du seul manuscrit *N* et encore semble-t-elle douteuse. Par ailleurs, Pline emploie l'expression imagée *aetate decliuis*, *ep.* 8,18,8.

3. J. Hubaux, *op. cit.*, p. 194 sq., estime que ces deux vers constituent la fin d'une bucolique précédente. Il se fonde pour cela sur ce qu'il croit être une règle du genre bucolique: toute églogue devrait commencer par un vers renfermant des noms propres appartenant à la tradition bucolique. C'est, il est vrai, une habitude virgilienne, mais il faudrait d'abord démontrer que Calpurnius s'est livré à l'imitation servile et formelle de Virgile.

4. Selon Servius, *Aen.*, 2,683, le *galerus* est un *pileum ex pelle hostiae caesae*. Il s'agit donc d'un bonnet de peau ou de cuir, de forme pointue, sans doute confectionné avec les dépouilles des bovidés.

I

(Ornytus, Corydon)

Corydon

Nondum Solis equos decliuis mitigat aestas,
quamuis et madidis incumbant prela racemis
et spument rauco feruentia musta susurro.
Cernis ut ecce pater quas tradidit, Ornyte, uaccae
molle sub hirsuta latus explicuere genista?
Nos quoque, uicinis cur non succedimus umbris?
Torrida cur solo defendimus ora galero?

Ornytus

Hoc potius, frater Corydon, nemus, antra petamus
ista patris Fauni, graciles ubi pinea denset
silua comas rapidoque caput leuat obuia soli,
bullantes ubi fagus aquas radice sub ipsa
protegit et ramis errantibus implicat umbras.

1 C. *GPA*: O. *dey om. N* ||decliuis *GHV*: -liuus *Pt* -linis *NA* || 5 molle sub *PV*: molliter *NGAH* molle per *Schenkl* || hirsuta *codd.*: -tam *Schenkl* || explicuere *NAHfu*: -care *cdey* || genista *codd.*: -tam *Schenkl* || 6 umbris *codd.*: ulmis *Tit.* || 8-9 antra… ista *NG*: ista… antra *PV* || 9 graciles *NGP*: -lis *V* || denset *GPAH*: -sent *N* -sat *V* || 10 rapidoque *codd.*: rabid- *Baehr.* || 11 ubi *NPAV*: ut *G* || 12 errantibus *NPAV*: -tes *G*.

Corydon

Où que tu m'appelles, je te suis, Ornytus: car Leucé, mon amour, en me refusant les étreintes et les plaisirs de la nuit, m'a permis l'accès du sanctuaire de Faunus porteur de cornes[5]. Tire donc ton chalumeau et, si tu tiens quelques chants en réserve, tu pourras compter sur mon pipeau, ce pipeau que l'habile Ladon m'a taillé naguère dans un roseau bien mûr.

Ornytus

Et nous voici déjà arrivés tous les deux dans l'ombre que nous recherchions. Mais quelles sont donc ces lignes inscrites sur le hêtre sacré, que je ne sais qui vient de graver à rapides coups de serpe? Vois-tu comme les lettres gardent des entailles encore vertes et ne baillent pas encore en des crevasses desséchées?

Corydon

Ornytus, regarde de plus près: toi tu peux déchiffrer plus vite les vers inscrits en haut de l'écorce; car tu as des jambes assez longues, cadeau d'un père généreux, et une taille élevée, cadeau d'une mère qui ne lésinait pas[6].

Ornytus

Non, ce n'est pas un berger, ce n'est pas un passant écrivant comme on le fait dans les carrefours, c'est un dieu qui chante ainsi; il ne fait point entendre des chansons d'étable et les ritournelles des montagnards n'entrecoupent pas ces vers sacrés[7].

Corydon

Quo me cumque uocas, sequor, Ornyte: nam mea Leuce,
dum negat amplexus nocturnaque gaudia nobis,
peruia cornigeri fecit sacraria Fauni.
Prome igitur calamos, et si qua recondita seruas,
nec tibi defuerit mea fistula, quam mihi nuper
matura docilis compegit arundine Ladon.

Ornytus

Et iam captatae pariter successimus umbrae.
Sed quaenam sacra descripta est pagina fago,
quam modo nescio quis properanti falce notauit?
Aspicis ut uirides etiam nunc littera rimas
seruet et arenti nondum se laxet hiatu?

Corydon

Ornyte, fer propius tua lumina: tu potes alto
cortice descriptos citius percurrere uersus;
nam tibi longa satis pater internodia largus
procerumque dedit mater non inuida corpus.

Ornytus

Non pastor, non haec triuiali more uiator,
sed deus ipse canit; nihil armentale resultat,
non montana sacros distinguunt iubila uersus.

13 sequor *GHV*: -quar *N* || leuce *NGPAegh*^{2}: leute *ahln* lene *birtu* lance *cdq* lauce *psv* lente *l* lerne *k* || 15 peruia *NGAHV*: pre- *P* || 17 mea *NGAH*: noua *fikrt* || 18 docilis *codd.*: -li *aut* -lem *Beck* || ladon *NGAH*: lyd- *cdfhirst* lid- *bgnpqu* lygd *eu*^{2} ligd- *al* || 19 O. *PV*: *om.* *NG* || et *codd.*: en *Maeh.* || 20 sacra *NHV*: -ro *Gps* -ri *y* || descripta *N*^{2}*PV*: depicta *N*^{1}*g* dip- *N* || 21 quis *PHV*: qui *N* || 23 arenti *N*^{2}*GHV*: arena *N*|| 24 propius *PV*: -prius *NG* || alto *PV*: -tos *NGe* || 25 cortice *NPV*: codice *GA* || descriptos *NPV*: -strictos *G* || percurrere *NPAH*: -cutere v || 28 O. *GPV*: C. *N* || haec *NGP*: hoc *HV* || triuiali *N*^{2}*PHV*: tibi uili *NG* || 30 non *AH*: non *aut* nec *V* nec *NP* || iubila *NGV*: -lia *P* sibila *Heins.*

Corydon

Tu me stupéfies! Mais ne tarde pas davantage; suis des yeux et lis nous tout de suite jusqu'au bout le poème divin.

Ornytus

«Moi qui protège monts et forêts, Faunus, né de l'éther[8], je chante pour les peuples les événements à venir. J'aime graver sur un arbre sacré des vers joyeux qui révèlent les destins[9]. Vous surtout, réjouissez-vous, habitants des bocages, réjouissez-vous mes peuples. Tous les troupeaux peuvent vagabonder, gardés en toute sécurité, et le berger n'a pas besoin de clore ses parcs la nuit par un treillis de frêne: aucun pillard n'ourdira des pièges contre les bergeries et ne fera se sauver les bêtes en détachant leur licol. L'âge d'or renaît avec la sécurité de la paix[10]; elle revient sur terre, Thémis la bienfaisante, en rejetant enfin les haillons poussiéreux de son deuil[11] et des siècles de bonheur accompagnent le jeune homme qui a gagné sa cause pour ses aïeux maternels les Iules[12]. Aussi longtemps que, dieu lui-même, il gouvernera les peuples, l'impie Bellone se laissera attacher les mains derrière le dos; privée de ses traits, elle tournera ses dents furieuses contre ses propres entrailles et ces guerres civiles que naguère elle a répandues dans le monde entier, elle les mènera contre elle-même; jamais plus Rome ne pleurera de Philippes[13], jamais plus en captive elle ne mènera de triomphes[14]; toutes les guerres seront forcées de rester dans la prison du Tartare; elles plongeront la tête dans les ténèbres et elles craindront la lumière. Radieuse, la Paix sera là, et pas seulement celle dont le visage seul est radieux, comme on la vit souvent,

Corydon

Mira refers; sed rumpe moras oculoque sequaci
quam primum nobis divinum perlege carmen.

Ornytus

«Qui iuga, qui siluas tueor, satus aethere Faunus,
haec populis uentura cano; iuvat arbore sacra
laeta patefactis incidere carmina fa*t*is.
Vos o praecipue nemorum gaudete coloni,
uos populi gaudete mei. Licet omne uagetur
securo custode pecus nocturnaque pastor
claudere fraxinea nolit praesaepia crate,
non tamen insidias praedator ouilibus ullas
afferet aut laxis abiget iumenta capistris.
Aurea secura cum pace renascitur aetas
et redit ad terras tandem squalore situque
alma Themis posito iuuenemque beata sequuntur
saecula, maternis causam qui uicit Iulis.
Dum populos deus ipse reget, dabit impia uinctas
post tergum Bellona manus spoliataque telis
in sua uesanos torquebit uiscera morsus
et modo quae toto ciuilia distulit orbe,
secum bella geret; nullos iam Roma Philippos
deflebit, nullos ducet captiua triumphos;
omnia Tartareo subigentur carcere bella
inmergentque caput tenebris lucemque timebunt.
Candida pax aderit, nec solum candida uultu,
qualis saepe fuit, quae libera Marte professo,

31 C. *GPV*: O. *N* || oculoque *PHV*: -losque *N* || sequaci *NPHV*: sagaci N^2 || 33 O. *PV*: C. G *om.* *N* || satus *NPHV*: fa- *l* || 35 fatis *Ulit*: -gis *codd.* || 43 redit *NHV*: -ddit *P* || 45 uicit *NGP*: lusit *V* || iulis *NGPV*: in ulnis *A* || 46 uinctas *NAV*: uic- *GP* || 48 uesanos *GPHV*: -no *N* || 49 quae *NHV*: quaque *G* que *del.* G^1 || 52 subigentur *NGcdehy*: -guntur *P* subdentur *V cett.* || 53 timebunt *NGPHV*: tenebunt *l* || 55 quae *codd.*: cum *Mod.* ceu *Baehr.* || professo N^2PV: -fuso *NGAH*.

et qui, libre d'une guerre déclarée, d'un ennemi vaincu au loin[15], n'en répand pas moins, tandis que les armes rôdent, la discorde publique, tout en dissimulant son fer[16]. La Clémence a ordonné que s'éloignent toutes les tares d'une fausse paix et elle a brisé les épées démentes. Jamais plus le funèbre cortège du sénat enchaîné ne lassera les mains des bourreaux, on ne verra plus, tandis que la prison déborde, la curie infortunée compter ses rares sénateurs[17]. Il règnera une parfaite quiétude, qui, ignorant le fer qu'on dégaîne, ramènera au Latium un second règne de Saturne, un second règne de Numa[18]; c'est lui qui, le premier, aux armées criant leur joie du massacre et brûlantes encore des campagnes de Romulus, enseigna l'œuvre de paix et ordonna que, dans le silence des armes, les trompettes résonnassent au milieu des cérémonies sacrées et non plus des guerres[19]. Désormais, le consul n'achètera plus l'apparence d'une dignité, il ne recevra plus sans rien dire de vains faisceaux et un tribunal illusoire; mais, avec les lois restaurées, tout le droit sera de retour, il rendra au forum son ancienne coutume et son ancien visage et un dieu meilleur effacera le souvenir d'une époque d'affliction[20]. Qu'exultent tous les peuples, ceux qui habitent tout en bas, là où gît le Notus, ceux qui habitent les régions élevées de Borée et ceux qui s'étendent au levant ou au couchant ou qui brûlent sous l'éther en son milieu. Voyez-vous comme, pour la vingtième nuit déjà, brille un ciel pur où paraît une comète rayonnant d'une lumière paisible[21]? Comme

15. Il s'agit sans doute d'une allusion à la pacification de la Bretagne, conquise sous le règne de Claude.

16. Il faut comprendre *discordia* comme le pluriel neutre de *discordium*, forme rare.

quae domito procul hoste, tamen grassantibus armis
publica diffudit tacito discordia ferro.
Omne procul uitium simulatae cedere pacis
iussit et insanos Clementia contudit enses.
Nulla catenati feralis pompa senatus
carnificum lassabit opus, nec carcere pleno
infelix raros numerabit curia patres.
Plena quies aderit, quae stricti nescia ferri
altera Saturni referet Latialia regna,
altera regna Numae, qui primus ouantia caede
agmina Romuleis et adhuc ardentia castris
pacis opus docuit iussitque silentibus armis
inter sacra tubas, non inter bella, sonare.
Iam nec adumbrati faciem mercatus honoris
nec uacuos tacitus fasces et inane tribunal
accipiet consul; sed legibus omne reductis
ius aderit moremque fori uultumque priorem
reddet et afflictum melior deus auferet aeuum.
Exsultet quaecumque Notum gens ima iacentem
erectumque colit Boream, quaecumque uel ortu
uel patet occasu medioue sub aethere feruit.
Cernitis ut puro nox iam uicesima caelo
fulgeat et placida radiantem luce cometem

56 quae *codd.*: quum *Beck* || grassantibus *P*: grasan- *N* cras- *GV* ces- *Heins.* || 57 publica *codd.*: iubila *Her.* uulnera *Leo* fulmina *Schenkl* lubrica *Phil.* || diffudit *NGP*: -fugit *V* -findit *Schenkl* confodit *Maeh.* || discordia *codd.*: praecor- *Maeh.* || 59 contudit *NGPHVchg*: condidit *d*^{2}*efikruwz* truderit *N*^{2} || 61 lassabit *N*^{2}*V* -auit *v* -abis *N* laxabit *GPgp* || 62 numerabit *NG*^{1}*PHV*: -auit *G* narrabat *l* || 64 referet *NG*^{1}: -ferent *G* reuocet *PHV* || 68 inter...inter *NPV*: intra...inter *H*^{1} intra...intra *GAH*^{2} || 70 uacuos *codd.*: uanos *v Bur.* || et inane *NGPH*: etiamne *aut* -amue *V* nec inane *wx* || 75 erectumque *NGHV* -tumue *Baehr.* ereptumque *P* euectumque *Heins.* || quaecumque *NPHV*: quac- *G* || 76 patet *codd.*: tepet *Post.* || medioue *codd.*: -oque *Kemp.* || feruit *GPA*: ser- *NV* feruet *Tit.* || 78 et placida radiantem *NG*: et -dam -tem *P* ut -dum -ti *H* et -dam -ti *egh*^{1}*inqu*^{1} ut -da -tem *Pith.*

l'astre limpide scintille sans blesser[22]? Est-ce que par hasard, comme d'habitude, il éclabousse les deux pôles d'un feu sanglant, et ce flambeau brille-t-il de l'éclat d'un sang brûlant? Il n'en était pas ainsi naguère, après que César eut été ravi, lorsqu'il annonça aux malheureux citoyens de funestes combats. Oui, c'est un dieu en personne qui prendra dans ses bras puissants ce pesant fardeau qu'est Rome et cela sans l'ébranler, si bien qu'en changeant de prince le monde ne résonnera d'aucun fracas de tonnerre, et Rome ne décrétera sur leurs mérites que les défunts sont devenus des dieux pénates que lorsque le couchant d'un règne aura pu voir derrière lui se lever l'aurore»[23].

Corydon

Ornytus, depuis un moment, comme si j'étais possédé par la divinité elle-même, je suis secoué et pénétré d'une terreur mêlée de joie. Mais vénérons la bienfaisante divinité de l'éloquent Faunus.

Ornytus

Ces vers que le dieu lui-même nous a offerts pour que nous les chantions, récitons-les et accompagnons-les d'une mélodie sur la flûte bien ronde: peut-être Mélibée les portera-t-il jusqu'à d'augustes oreilles[24].

22. Les éditeurs traduisent généralement *sine uulnere* «sans montrer de blessure». Le sens objectif «sans causer de blessure» correspond mieux au caractère inoffensif de l'astre que Calpurnius entend démontrer en ce passage. De même, la leçon des manuscrits *nutet*, littéralement «fait signe», suggère une image, celle d'un clignotement lumineux, et paraît bien supérieure à la correction d'Ulitius *niteat*, généralement adoptée par les éditeurs. Dans la bucolique 2,77, Calpurnius emploie encore le verbe *nutare* pour peindre le lait caillé qui tremblote.

proferat? Vt liquidum nutet sine uulnere sidus?
Numquid utrumque polum, sicut solet, igne cruento
spargit et ardenti scintillat sanguine lampas?
At quondam non talis erat, cum, Caesare rapto,
indixit miseris fatalia ciuibus arma.
Scilicet ipse deus Romanae pondera molis
fortibus excipiet sic inconcussa lacertis,
ut neque translati sonitu fragor intonet orbis
nec prius ex meritis defunctos Roma penates
censeat, occasus nisi cum respexerit ortus».

Corydon

Ornyte, iam dudum, uelut ipso numine plenum
me quatit et mixtus subit inter gaudia terror.
Sed bona facundi ueneremur numina Fauni.

Ornytus

Carmina, quae nobis deus obtulit ipse canenda,
dicamus teretique sonum modulemur auena:
forsitan augustas feret haec Meliboeus ad aures.

79 proferat *GPHV*: -ferret *N* || nutet *Hairt*: -tat $edhl^{2}qu^{2}$ mutat $NGhl^{1}nu^{1}$ mutet *f* mittat *Pps* micat *c* niteat *Ulit.* micet ac *Leo* nictet *Barth* || uulnere *codd.*: sidere *Bur.* || 80 numquid *Gdem*: non quod *Peghinpqs* non per *fir* non qui *lv* || solet *NGPH*: sole *z* || cruento *NGPH*: cremato *V* comato *Barth* || 84 scilicet $N^{2}GPV$: sedis *N* sed deus *Glaes.* || 85 excipiet *NHV*: -pient *P* accipiet *G* || 87 prius ex *codd.*: patrios *Diels Lev.* || ex meritis $N^{2}Pghijnruk$: a meritis *NG El.* et meritis *Aabcelq* emeritis *ps* -tos *Bur.* ut meritis *Leo* || defunctos *codd.*: -cti *Bur.* || 88 occasus *codd.*: -sum *Kemp.* || respexerit *codd.*: as- *Gron.* sus- *Haupt* des- *Leo* || 89 C. *om. G* || plenum *NGP*: -nus *HV* || 90 quatit *PV*: querit *N* petit *G* ferit *Baehr.* || 91 facundi *NGHV* fecundi *ez* || 92 O. *om. codd.* || ipse *PV*: -sa *N om. G* || 93 dicamus *codd.*: disc- *Barth* || teretique *GPHV*: territ- *N* || 94 augustas *GPV*: ang- *Nv* || haec *NGV*: hoc *P* || aures *uel* -ris *NGV*: -ras *Pv.*

Bucolique II

La deuxième bucolique, composée de chants amébées, est peut-être celle qui s'inscrit le plus parfaitement dans la tradition de l'idylle. On y trouve le thème classique de la joute poétique entre rivaux «d'égale force dans le chant», qui semble être repris de la troisième ou de la septième bucolique de Virgile[5]. De fait, Calpurnius se rapprocherait davantage de la septième et surtout de la cinquième idylle de Théocrite, où l'on assiste à un concours de chant entre chevrier et berger qui se renvoient la balle, distique après distique. Mais ici l'alternance se fait par quatrains et Calpurnius a choisi avec bonheur des rivaux aux talents bien distincts, un jardinier et un pastoureau, ce qui garantit la variété des répliques. Le règne animal s'oppose ainsi au règne végétal, ce qui est sans précédent chez les devanciers de Calpurnius.

De plus, dès les premiers vers, il en fait des rivaux amoureux, qui aspirent à se faire aimer de la jeune Crocalè (1-4). Cette rivalité amoureuse va nourrir l'ardeur de leur débat et le caractère parfois acéré des répliques. Comme dans la première bucolique, Calpurnius situe le cadre de la lutte dans un climat de chaleur et de quête de l'ombre, caractéristique de l'idylle, mais qui peut évoquer la Sicile. Les rivaux promettent des gages (5-8) et, sous l'arbitrage de Thyrsis, la nature tout entière et les divinités champêtres se disposent à participer au spectacle (10-20). L'humour léger n'est pas absent de l'évocation de ce rassemblement de divinités, plus pittoresques que religieuses: Faunus et les Satyres cornus, sans oublier les Dryades au pied sec et les Naïades au pied mouillé. Mais le calme soudain, les bêtes qui dressent l'oreille et l'abeille qui cesse de butiner élargissent la scène en soulignant l'insertion profonde dans ce

5. Virgile, *buc.*, 7,5.

cadre naturel de ces deux hommes de la nature. Thyrsis campe une figure de vieux berger bougon, pénétré de ses prérogatives, sans pourtant se départir de la familiarité qui est de règle dans l'idylle (20-25). On joue à la mourre celui qui débutera (25-27). À partir de ce moment, les couplets se répondent avec un grand parallélisme, qui n'est pas sans trouvailles.

Idas et Astacus se recommandent l'un de Silvain, l'autre de Flore et de Pomone (28-35). Les couplets suivants portent sur l'habileté technique que chacun des rivaux possède dans son propre domaine: Idas sait faire muter son troupeau, comme Astacus transforme ses arbres à volonté (37-43). Les répliques entrecroisent habilement les pronoms *me* et *mihi*, ce qui accentue la vivacité du rythme. Idas évoque les soins qu'il apporte à nourrir ses jeunes agneaux sevrés et Astacus riposte en dépeignant l'attention que nécessite le repiquage ou le bouturage de jeunes plants (44-51). Le passage baigne dans le souvenir latent des *Géorgiques* ou celui de Varron, mais l'imitation n'est jamais littérale.

À ce moment, le rythme change et s'intensifie, tandis qu'apparaît l'image de Crocalè. Plein d'exaltation, Idas supplie les dieux de la lui accorder et promet en échange la dédicace d'un bois sacré. Astacus répond par un cri de passion et fait une promesse analogue: offrande d'un arbre ou d'une coupe de bois (52-60). Idas poursuit par un mouvement d'amour-propre devant le mépris qu'il redoute: il est loin d'être un grossier paysan et il a souci de sacrifier aux dieux. Astacus présente lui aussi ses offrandes champêtres et souligne qu'elles valent bien un bouc immolé (61-67). Après l'argument religieux, celui de la richesse. Idas vante ses vaches tarentines et son fromage; il achève son couplet par une invitation à Crocalè qui sera exactement reprise par Astacus, faisant état de ses fruits et de ses légumes en toutes saisons. Le parallélisme de la supplication à Crocalè est conforme à la tradition des refrains bucoliques; il correspond ici à un mouvement de passion où les rivaux tentent de se dérober leurs armes en renchérissant l'un sur l'autre: l'un offre l'année tout entière, l'autre le jardin tout entier (68-75). Les quatrains suivants sont consacrés à l'énumération des présents. Idas offre du lait caillé, alléchant de fraîcheur, et des toisons. Astacus promet des figues, des châtaignes et des noix (76-83). On peut reconnaître ici les «châtaignes et les noix» que le berger virgilien offrait à Amaryllis[6]. Cependant, l'image des châtaignes bien mûres qui font éclater leurs bogues a une saveur rustique propre à Calpurnius.

L'inquiétude saisit les rivaux. L'indifférence de Crocalè serait-elle due à leur apparence? Idas se rassure en passant la main sur son visage quasi imberbe, où le duvet est celui d'un adolescent[7]. Astacus renchérit sur ce thème de la jeunesse au visage duveteux, mais en introduisant une variation teintée d'humour: renouvelant le thème de Narcisse, il évoque, reflété dans la source, un visage pareil aux coings duveteux qu'il cultive (84-91). La nuit tombe et les rivaux prennent conscience qu'il est temps de retourner à leurs occupations respectives. L'un songe à rentrer ses troupeaux, l'autre à irriguer son jardin, par une opposition qui conclut naturellement toutes celles des quatrains amébées (91-97).

C'est alors qu'intervient le juge Thyrsis, un peu oublié depuis le début du poème. Il renvoie les rivaux dos à dos, en quelques vers, à vrai dire, assez plats, qui fournissent au poème une conclusion attendue; mais elle convient au ton pacifique et quelque peu suffisant qui était celui du vieillard (98-101). La conclusion analogue de la troisième bucolique de Virgile n'était pas plus originale.

6. Virgile, *buc.*, 2,52.

7. Un tel visage est conforme aux canons de la beauté masculine antique, qui apparaît toujours dans sa prime jeunesse chez bucoliques et élégiaques. On peut évoquer le duvet doré du Daphnis de Théocrite, 6,3, la joue lisse de Cratidas, 5,91, ou le Marathus de Tibulle, 4; 8; 9.

II
(Idas, Astacus, Thyrsis)

La chaste Crocalè fut aimée longtemps du jeune Astacus et du jeune Idas: Idas, maître d'un troupeau laineux, et Astacus d'un jardin, beaux l'un et l'autre, et de force égale quand ils faisaient entendre leur voix[25]. Un jour que l'été accablant brûlait les terres, ceux-ci se retrouvent par hasard auprès d'une source fraîche, sous les mêmes ormes, et ils s'apprêtent à rivaliser ensemble de chants mélodieux et de gages; ils décident que l'un offrira sept toisons et que l'autre, s'il est vaincu, renoncera à la récolte de son jardin; et c'était une grande compétition sous l'arbitrage de Thyrsis. Y assistèrent toutes sortes de troupeaux, toutes sortes de bêtes sauvages et tout ce qui bat les hauteurs de l'air de ses ailes vagabondes. Se rassemblèrent tous ceux qui, sous l'ombrage de l'yeuse, font paître les brebis paresseuses, et le vénéré Faunus et les Satyres à double corne. Y assistèrent les Dryades au pied sec, les Naïades au pied humide, et les fleuves qui se hâtaient retinrent leur cours; les vents d'est cessent de se précipiter sur les feuillages tremblants et ils firent un profond silence par toutes les montagnes. Tout s'arrêtait, les taureaux foulaient leurs pâtures dédaignées, et même, pendant cette joute, l'industrieuse abeille osa suspendre la visite des fleurs pleines de nectar[26]. Déjà, dans l'ombre d'un arbre chargé d'ans, Thyrsis s'était assis entre eux: «Mes enfants», dit-il, «si

25. Voir le Pseudo-Théocrite, 8,4; Virg., *buc*. 7,5; Nem. *buc*. 2,16. La lutte entre bergers rivaux est le thème même de la pastorale.

II
(Idas, Astacus, Thyrsis)

Intactam Crocalen puer Astacus et puer Idas,
Idas lanigeri dominus gregis, Astacus horti,
dilexere diu, formosus uterque nec impar
uoce sonans. Terras hi cum grauis ureret aestas,
ad gelidos fontes et easdem forte sub ulmos
conueniunt dulcique simul contendere cantu
pignoribusque parant: placet hic ut uellera septem,
ille sui uictus ne messem uendicet horti;
et magnum certamen erat sub iudice Thyrsi.
Affuit omne genus pecudum, genus omne ferarum
et quaecumque uagis altum ferit aera pennis.
Conuenit umbrosa quicumque sub ilice lentas
pascit oues, Faunusque pater Satyrique bicornes;
affuerunt sicco Dryades pede, Naiades udo,
et tenuere suos properantia flumina cursus;
desistunt tremulis incurrere frondibus Euri
altaque per totos fecere silentia montes.
Omnia cessabant, neglectaque pascua tauri
calcabant, illis etiam certantibus ausa est
d*a*edala nectareos apis intermittere flores.
Iamque sub annosa medius consederat umbra
Thyrsis et «o pueri, me iudice, pignora», dixit,

1 crocalen *adpqwx*[1]: -lem *GPVZ* crotalem *N* || 3 nec *A*: neque *l* sed *NGPHV* || 4 terras hi cum *HV*: hy cum terras *NG* hic *P* hi cum terras *Glaes.* || 5 ulmos *PV*: umbras *NG* || 7 ut *NGPHV* cum *l* ne *Baehr.* || 8 (h)orti *codd.*: orni *Heins.* || 10 pecudum *NG*[1]*PHV*: -corum *G Muel.* || 11 quaecumque *NGPHV*: quodcum- *jh* ||altum *NGPik*: alit- *deopqu*[2]*vwxz* auium *j* || 12 lentas *NGPV*: -tus *Hhnu*[2] laetas *Tit.* || 14 affuerunt *Hdefghinpru*: -rant *NGPV cett.* || 20 intermittere *NPV*: intramit- *G* interuisere *k* || 21 annosa *NGP*: umbrosa *HV* || umbra *NGPV*: ulmo *fg*[2]*ikvotu* || 22 iudice *NHV*: indice *P* || dixit *NGPV*: dicit *bcghilqnz*.

je suis juge, je vous avertis que les gages sont inutiles; que l'on se contente de cette récompense: remporter, vainqueur, des éloges, vaincu, des critiques. Et maintenant, pour pouvoir mieux répartir l'alternance de vos chants, jetez chacun les mains par trois fois en les ouvrant brusquement»[27]. Sans tarder, ils s'en remettent au jugement des doigts. Le premier à commencer est Idas.

Idas

C'est moi que Silvain aime[28], il me fait don de dociles chalumeaux et il me couronne les tempes de vertes branches de pin. C'est lui qui m'a dit, alors que j'étais encore petit, ce vers prophétique qui n'était pas parole légère: «Que désormais pour toi une flûte légère croisse dans le roseau penché».

Astacus

Mais c'est pour moi que Flore colore sa chevelure d'herbes fécondes[29], c'est pour moi que, bien mûre, Pomone joue sous les arbres[30]. «Accepte», ont dit les nymphes, «accepte, mon enfant, ces sources: maintenant tu peux nourrir ton jardin irrigué par ces canaux».

Idas

C'est à moi que Palès en personne enseigne l'art d'élever un troupeau[31], pour que le noir mari d'une blanche brebis change la toison de l'agnelle qui naît, de façon qu'elle ne puisse conserver l'apparence de parents distincts et qu'elle rappelle l'un et l'autre par sa couleur mêlée.

27. C'est le jeu de la mourre, où l'on déploie brusquement les doigts et où il faut deviner le nombre de doigts qui apparaissent. Ici, le gagnant est celui qui, sur trois coups, donne les meilleures réponses.

«irrita sint moneo; satis hoc mercedis habeto,
si laudem uictor, si fert opprobria uictus.
Et nunc alternos magis ut distinguere cantus
possitis, ter quisque manus iactate micantes».
Nec mora decernunt digitis. Prior incipit Idas.

Idas

Me Siluanus amat, dociles mihi donat auenas
et mea frondenti circumdat tempora taeda.
Ille etiam paruo hoc dixit mihi non leue carmen:
«iam leuis obliqua crescat tibi fistula canna».

Astacus

Et mihi Flora comas parienti gramine pingit
et matura mihi Pomona sub arbore ludit.
«Accipe», dixerunt Nymphae, «puer, accipe fontes:
iam potes irriguos nutrire canalibus hortos».

Idas

Me docet ipsa Pales cultum gregis, ut niger albae
terga maritus ouis nascenti mutet in agna,
quae neque diuersi speciem seruare parentis
possit et ambiguo testetur utrumque colore.

23 hoc *VF*: hic *NGH*^{2} hac *P* hinc *Glaes.* || habeto *NP*^{1}*VF*: -bento *Gehknrw* -bete *Dav.*^{1} || 24 uictus *NGV*: -tor *Pk* || 26 possitis *codd.*: -imus *Bur.* || quisque *NPHV*: quique *G* || 27 *om. cdz* || decernunt digitis *NG*: discer- *PV* discreuit digitus *HAae* || 30 etiam *NGV*: cera *P* || paruo hoc dixit *V*: paruo dixit hoc *H* paruo dixit *NGP* || 31 crescat *NGP*: -cit *HV Haupt* -cet *Maeh.* || 32 et *PVA*: at *NG* || parienti *codd.*: pallenti *Ro.* || gramine *codd.*: germ- *Bur.* || pingit *NGPAH*: sparg- *V* fundit *lmg.* iung- *Glaes.* cing- *Haupt Leo* || 33 matura *codd.*: -tuta *Asc. Baehr.* || pomona *N*^{3}*GH*: poma *N* per amena *aut* -moena *V* || arbore *NGHV*: ardore *P* || 35 iam *NGP*: nam *V* || irriguos *NGA*: -guis *PV* || nutrire *NGPAH*: mutare *V* || 36 docet *NGPV*: dec- *G* || 37 mutet *NPV*: -tat *Gz* misceat *Maeh.*

Astacus

Ce n'en est pas moins par mon habileté que l'arbre changeant revêt des frondaisons inconnues et des fruits d'une espèce étrangère[32]. Mon habileté tantôt combine la poire à la pomme et tantôt contraint les pêches greffées à prendre subrepticement la place des prunes hâtives.

Idas

J'aime émonder de tendres saules ou des oliviers sauvages et porter les branches aux jeunes troupeaux, pour qu'ils apprennent à brouter le feuillage et à tondre l'herbe de leurs premiers coups de dent; ainsi les petits repoussés ne se mettront pas en quête de leurs mères vagabondes[33].

Astacus

Pour moi, lorsque je plante des racines rousses dans un terrain aride, j'arrose le carré grâce à la source qui l'irrigue et je le gorge d'eau; ainsi les jeunes plants ne languiront pas en changeant de sol et ne regretteront pas leur sève précédente.

Idas

Oh! Si un dieu m'amenait Crocalè! Je proclamerai que lui seul règne sur la terre et sur les étoiles; je lui vouerai un bois sacré et je dirai: «sous cet arbre, il y aura une divinité; éloignez-vous — c'est un lieu consacré — éloignez-vous, profanes»[34].

Astacus

Non minus arte mea mutabilis induit arbos
ignotas frondes et non gentilia poma.
Ars mea nunc malo pira temperat et modo cogit
insita praecoquibus subrepere persica prunis.

Idas

Me teneras salices iuuat aut oleastra putare
et gregibus portare nouis, ut carpere frondes
condiscant primoque recidere gramina morsu,
ne depulsa uag*a*s quaerat fetura parentes.

Astacus

At mihi cum fuluis radicibus arida tellus
pangitur, irriguo perfunditur area fonte
et satiatur aqua, succos ne forte priores
languida mutata quaerant plantaria terra.

Idas

O si quis Crocalen deus afferat! Hunc ego terris,
hunc ego sideribus solum regnare fatebor;
decernamque nemus dicamque: «sub arbore numen
h*a*c erit; ite procul — sacer est locus! — ite profani».

40 mutabilis *NGV*: mira- *P* || 41 gentilia *Haetwx*: genitalia *NGPdf-hy* || 45 nouis *NG*: -uas *PV* || 46 gramina *PV*: germ- *N* || 47 uagas *Scal.*: -gos *codd.* || 48 at *NGH*: et *PV* || arida *NGAHa*: altera *PV* || 49 pangitur *NGPH*: pandi- *V* || 54 decernamque *NGPH*: dicam namque *V* discern- *Glaes.* secern- *Gron.* || 55 hac *Ulit.*: hoc *codd.*

Astacus

Je brûle pour Crocalè! Si l'un des dieux entendait mes vœux, pour lui seul, là où le ruisseau scintillant écoule ses ondes verdoyantes et dirige à travers les lis sa course tremblante, parmi les ormes couverts de pampres, je déposerais une coupe de hêtre[35].

Idas

Ne méprise pas ma chaumière et mon toit de berger: Idas est un paysan, je l'avoue, mais ce n'est pas en plus un barbare. Souvent, sur un autel de tourbe fumante un agneau palpite pour mon offrande, souvent tombe une agnelle dédiée aux fêtes de Palès[36].

Astacus

Nous aussi, nous avons l'habitude d'offrir aux Lares les prémices de notre jardin rempli de fruits et de pétrir pour Priape des gâteaux sacrés[37]. Nous offrons aussi des rayons ruisselants de gouttes et du miel liquide. Et ces offrandes ne sont pas moins agréables que si un bouc imprégnait de son sang les autels.

Idas

Nous faisons paître mille agnelles qui bêlent sous les pis et autant de mères tarentines me fournissent leurs toisons[38]. Pendant toute l'année, je presse un fromage de neige: viens seulement Crocalè, et l'année tout entière sera à ton service.

35. *Faginus* peut être substantif ou adjectif substantivé. En ce cas, il s'agit d'un objet de hêtre, vraisemblablement d'une coupe, R. Verdière pense qu'il s'agit plutôt d'une statue. Le sens de «coupe de hêtre» rappelle davantage Tibulle, 1,10,8: «faginus astabat cum scyphus ante dapes», ainsi que Théocrite, 5,58-59: «Στασῶ δ' οκτὼ μὲν γαυλὼς τῷ Πᾶνι γαλάκτος». Mais il n'est pas impossible non plus de concevoir qu'Astacus, le jardinier, promet au dieu un hêtre qui deviendra un arbre sacré, comme celui de Faunus dans la Bucolique I.

Astacus

Urimur in Crocalen! Si quis mea uota deorum
audiat, huic soli, uirides qua gemmeus undas
fons agit et tremulo percurrit lilia riuo,
inter pampineas ponetur faginus ulmos.

Idas

Ne contemne casas et pastoralia tecta:
rusticus est, fateor, sed non et barbarus Idas.
Saepe uaporato mihi caespite palpitat agnus,
saepe cadit festis deuota Palilibus agna.

Astacus

Nos quoque pomiferi Laribus consueuimus horti
mittere primitias et fingere liba Priapo,
rorantesque fauos damus et liquentia mella;
nec sunt grata minus quam si caper imbuat aras.

Idas

Mille sub uberibus balantes pascimus agnas
totque Tarentinae praestant mihi uellera matres.
Per totum niveus premitur mihi caseus annum:
si uenias, Crocale, totus tibi seruiet annus.

57 soli *NGH*: similis *acdepqsu*^{2}*xwz* solidi *Vien.* || 61 et *NGPl*: est *V cett.* || 63 perfundens aras diuorum sanguine largo *in loco uersus 63 in wx edd. Dau.* || deuota *codd.*: -uecta *Gryph.* || palilibus *HV*: parili- *P* paliri- *NG* || 65 fingere *Tit.*: figere *NGPAH* fundere *V* || 66 fauos *NGPHyfwxk*^{1}: fagos *V cett.* || liquentia *NGPV*: rorantia *H* || 67 sunt *NGPl*^{2}: fore *aut* fere *V cett.* || 68 balantes *NGAH*: pallentes *deywxz* palantis *gku* patentes *c* || agnas *NPV*: -nos *P* || 71 uenias *NGPHfh*: -nies *V cett.* || seruiet *NGV*: -uiat *P* || annus *NGV*: -nis *P* ornus *fk* hornus *Tit.*

Astacus

Qui voudrait compter combien de fruits je ramasse sous mes arbres aura plus vite fait de compter les grains de sable minuscules. Sans cesse je récolte des légumes, sans que l'hiver ni l'été m'en empêche: viens seulement, Crocalè, et le jardin tout entier sera à ton service.

Idas

Bien que le champ aride dessèche les herbes languissantes, reçois pourtant ces corbeilles où caille un lait frissonnant[39]. Je te donnerai des toisons dès que le temps ensoleillé se lèvera, dès que l'on fera la tonte à partir des tièdes Kalendes[40].

Astacus

Mais moi, que même un été torride comble de dons, je te donnerai mille figues de Chios à la peau luisante[41] et autant de châtaignes, lorsque au soleil de novembre leurs noix bien mûres font éclater leurs vertes bogues épineuses[42].

Idas

S'il te plaît, te paraîtrais-je laid, chargé d'années? Est-ce que je m'abuse dans mon malheur lorsque ma main touche un très doux visage et que, plein d'incertitude, je cherche les traces d'une première barbe en fleur? Est-ce que mes doigts se trompent en sentant un fin duvet?

Astacus

Chaque fois que je m'aperçois dans les sources limpides, je suis moi-même saisi d'admiration: car mon visage est revêtu de la fleur de la jeunesse, comme, je l'ai souvent remarqué, les coings cireux luisent sur l'arbre sous leur léger duvet[43].

Astacus

Qui numerare uelit quam multa sub arbore nostra
poma legam, tenues citius numerabit arenas.
Semper olus metimus, nec bruma nec impedit aestas:
si uenias, Crocale, totus tibi seruiet hortus.

Idas

Quamuis siccus ager languentes excoquat herbas,
sume tamen calathos nutanti lacte coactos.
Vellera tunc dabimus, cum primum tempus apricum
surget et a tepidis fiet tonsura Kalendis.

Astacus

At nos, quos etiam praetorrida munerat aestas,
mille renidenti dabimus tibi cortice chias,
castaneasque nuces totidem, cum sole nouembri
maturis nucibus uirides rumpentur echinni.

Idas

Num, precor, informis uideor tibi, num grauis annis?
Decipiorque miser, quotiens mollissima tango
ora manu primique sequor uestigia floris
nescius et gracili digitos lanugine fallo?

Astacus

Fontibus in liquidis quotiens me conspicor, ipse
admiror totiens: etenim sic flore iuuentae
induimus uultus, ut in arbore saepe notaui
cerea sub tenui lucere cydonia lana.

73 tenues citius *GH*: citius tenues *NV* || arenas *NGPV*: aristas *Helyjvwz* || 75 uenias *NPGH*: -nies *V* || seruiet *GHV*: -uiat *NP* || (h)ortus *NGPV*: annus *H* || 76 herbas *codd.*: uuas N^2mg || 77 nutanti *NHV*: mut- *eg* || coactos *codd.*: -to *Bur.* || 80 at *NG*: et *PHV* || munerat G^1PV: nume- *NG* || 81 chias *NGAH*: cymas *P* thilas *V* || 82 nouembri *PHV*: decem- *NG* || 84 num...num *NGV*: nunc...nunc *P* || 87 gracili *NGH*: fragi- *V Gron.* || 90 induimus *codd.*: -mur *Heins.*

Idas

L'amour réclame des chants et ma flûte ne résiste pas à l'amour. Mais voici que le jour s'enfuit et que Vesper rappelle le crépuscule. Toi, Daphnis, emmène tes troupeaux par ici, Alphesibée les emmènera par là.

Astacus

Déjà les feuillages bruissent, déjà le murmure de l'arbre couvre nos chants. Va Dorylas, va, ouvre le premier canal[44] et laisse-le arroser mon jardin qui a soif depuis si longtemps.

À peine avaient-ils fini de chanter que le vieux Thyrsis leur parla ainsi: «Soyez égaux et pour cela vivez en bonne harmonie; car la beauté, le chant et l'amour vous unissent, tout comme l'âge».

44. Il s'agit de canaux d'irrigation dont ce fin jardinier ne peut manquer d'avoir garni son jardin. Il les a mentionnés au vers 35: ce sont les sources reçues en cadeau des nymphes. Faut-il y voir comme R. Verdière «des troncs d'arbres évidés»? On peut toutefois trouver tentant de corriger, avec Haupt, la leçon des manuscrits *primum* en *plenum*. Néanmoins, *primum* implique tout un réseau de canalisations qui fait honneur à la prévoyance d'Astacus. Le passage peut être un souvenir habilement transposé de la conclusion de la troisième bucolique de Virgile, v. 110: «claudite iam riuos, pueri, sat prata biberunt».

Idas

Carmina poscit amor nec fistula cedit amori.
Sed fugit ecce dies reuocatque crepuscula uesper.
Hinc tu, Daphni, greges, illinc agat Alphesiboeus.

Astacus

Iam resonant frondes, iam cantibus obstrepit arbos.
I procul, o Dor*y*la, primumque reclude canalem
et sine iam dudum sitientes irriget hortos.
Vix ea finierant, senior cum talia Thyrsis:
«Este pares et ob hoc concordes uiuite; nam uos
et decor et cantus et amor sociauit et aetas».

94 agat *NGPH*: uocat *V* agit *Aug.* || 96 o *GHV*: i *Haupt* || doryla *Bur*: -rila *aut* -rida *codd.* || primumque *codd.*: plenum- *Haupt* pronum- *Schenkl* || canalem *PV*: -le *NG* || 98 finierant *NGPHle*: -rat *V cett.*

Bucolique III

Pour E. Cesareo, la troisième bucolique est la meilleure[8]. C'est en effet celle qui baigne le mieux dans un humour diffus et qui peint avec le plus de réalisme un personnage de paysan latin, au caractère brutal et jaloux, malgré ses prétentions poétiques. Il n'est guère utile de rechercher chez Théocrite ou chez Virgile une source précise à cette églogue: l'abandon d'un amant pour un rival apparemment dépourvu de dons, mais qui sait mieux plaire, est un thème spontané, non seulement de l'idylle, mais aussi de toute poésie amoureuse.

Le poème s'ouvre plaisamment par l'arrivée d'Iollas qui a perdu sa génisse et se plaint de s'être écorché les jambes à la chercher (1-7). Lycidas ne l'entend même pas, dévoré par sa passion et sa jalousie: Phyllis l'a quitté pour Mopsus. Il éprouve vivement cette ingratitude; en effet, à l'instar de bien d'autres amants latins, il a l'impression que les présents acceptés doivent «acheter» l'amour, par un système d'échanges qu'Ovide n'a fait que codifier. Iollas éclate en exclamations pleines de sympathie sur la mobilité féminine (8-12). Lycidas, buté, refuse de le suivre sur cette pente et le renvoie à la quête de sa génisse; il suggère qu'elle doit se trouver là où le taureau rumine, étendu à l'ombre (13-17). Iollas refuse de se laisser écarter et confie à Tityre la tâche de retrouver la génisse enfuie et de lui donner une volée de bois vert, dont il doit rapporter la preuve: le bâton brisé. Lui préfère apprendre plus à fond le sujet de la brouille entre les amants (18-24).

Sympathie, curiosité et sens de l'humour, sont les traits qui confèrent à Iollas une personnalité originale. Lycidas est plus complexe. Coléreux et brutal, il se

8. E. Cesareo, *La poesia di Calpurnio Siculo, op. cit.*, p. 10.

caractérise surtout par sa suffisance et son attachement aux biens matériels. Il n'est pas loin de regretter Callirhoè qui, elle au moins, avait une dot. Au lieu d'être touchée d'une préférence flatteuse, Phyllis s'est mise à rencontrer Mopsus sous l'yeuse, pour y composer des chants. À cette vue, la brutalité de Lycidas a éclaté, la colère l'a aveuglé: il a arraché le vêtement de Phyllis et lui a infligé une correction, sur sa poitrine nue, correction tout a fait sadique (24-31). Pareille attitude, exceptionnelle dans la bucolique ou l'élégie latine, est à porter au compte du réalisme de Calpurnius. Son héros ne semble pas connaître Ovide, ni l'amour courtois prôné par Tibulle, qui, plutôt que de frapper une amie «préfèrerait ne pas avoir de mains»[9]. Rien d'étonnant à ce que Phyllis s'enfuie, pour choisir un amant plus délicat.

Mais la passion de Lycidas ne fait que s'enflammer, non pas, avoue-t-il, qu'il tienne tellement à Phyllis, mais il veut l'enlever à Mopsus dont la jalousie le dévore (32-35). Par rapport à la deuxième bucolique, la rivalité s'établit en sens inverse. Dans la deuxième bucolique, c'était surtout la rivalité amoureuse qui dressait les rivaux l'un contre l'autre et qui les amenait à faire assaut de prestige et de poésie. Ici, c'est une jalousie, probablement d'ordre littéraire, qui sous-tend la haine que Lycidas porte à Mopsus. Plus que d'amour, il souffre d'amour-propre blessé et ne peut supporter de se sentir dédaigné.

Iollas, dont le caractère accommodant s'est déjà manifesté, prodigue des conseils de douceur et de courtoisie, assez conformes à ceux des élégiaques, et propose de s'entremettre pour obtenir une réconciliation (36-40). La suffisance de Lycidas se manifeste et il suggère que l'audition de son chant suffirait peut-être à adoucir Phyllis «qui porte ses Camènes aux nues». Iollas pro-

9. Tibulle 1,6,73: «non ego te pulsare uelim, sed, uenerit iste/si furor, optarim non habuisse manus».

pose de transmettre le chant gravé sur une écorce (40-45).

Le chant de Lycidas est loin d'être dépourvu de talent et même de sincérité. Il va montrer le personnage sous un jour plus sympathique que celui qu'il avait jusque-là. Lycidas évoque sa douleur dans la nuit, puis son dépérissement, par des comparaisons rustiques où il dépeint la maigreur de la grive ou du lièvre à la sortie de l'été. Le poète nuit un peu à l'amant (45-50). La peinture de son désarroi est plus émouvante, lorsqu'il évoque avec force un monde privé de saveur, où «les lis paraissent noirs», les sources insipides, le vin aigre à boire. La venue de l'aimée, qu'il entrevoit en un éclair d'espoir, suffirait à redonner son sens à l'univers (50-55). Il poursuit en rappelant les souvenirs d'un amour partagé, unis d'ailleurs à ceux de ses prouesses poétiques dont la conscience ne le quitte jamais (55-58).

Ce rappel ravive son tourment et sa jalousie. Il éclate en imprécations contre Mopsus l'incapable et, de façon véhémente, il clame tout ce qui fait sa supériorité, la beauté, la richesse en troupeaux, argument de poids dans une campagne latine, mais dont Phyllis ne paraît pas suffisamment touchée (59-67). Peu psychologue, violent et jaloux, Lycidas n'en souffre pas moins, et parfois sa douleur émeut: la vie campagnarde a perdu pour lui ses menus charmes, faits de paniers tressés et de lait caillé tremblant (68-69). Le remords vient tardivement; Lycidas est prêt à se livrer pieds et poings liés, mais c'est pour rappeler perfidement que Mopsus n'est qu'un voleur de moutons, tandis que lui, Lycidas, a apporté maints cadeaux de ses mains, cadeaux dont il s'est déjà estimé si mal payé (70-74). À présent, il les énumère: palombes et fleurs printanières (75-80). Il les oppose avec rage et mépris aux nourritures de misère dont doit se contenter Mopsus. Humilié dans son prestige de poète, il l'est aussi dans son assurance d'homme riche et il entend démontrer à Phyllis qu'un tel amour l'avilit (80-86). Dès lors, la menace de suicide qu'il brandit ensuite ne semble pas tout à fait invraisemblable; elle peut apparaître comme la conséquence extrême d'un tempérament violent et rancunier, incapable de supporter son humiliation. Son épitaphe même porte la marque de sa rage jalouse. Mopsus possède Phyllis, lui Lycidas ne possède plus rien, mais il est possédé par la mort, paradoxe suprême par lequel il espère attendrir Phyllis (86-91).

Si les conclusions des *Bucoliques* de Calpurnius sont parfois faibles, celle-ci s'achève de façon alerte sur deux images: celle de Lycidas, fidèle à son caractère, caché dans une friche ou derrière sa haie, pour guetter âprement le résultat de son message, et celle de Tityre qui revient, poussant la génisse égarée. Ces images ramènent le poème au climat de réalisme teinté d'humour qui était celui du début de la bucolique (92-99).

Bucolique III

III
(Iollas, Lycidas)

Iollas

N'aurais-tu pas vu par hasard, Lycidas, ma génisse en ce vallon? D'habitude, cette méchante bête court à la rencontre de tes taureaux et j'ai déjà perdu presque deux heures à la chercher, pourtant, aucune trace! Pour moi, il y a un bon moment que je m'abîme les jambes dans les fragons épineux[45] et je n'ai pas hésité à les déchirer à toutes les ronces, tant de sang pour rien!

Lycidas

Je n'ai pas fait attention, car je n'ai pas l'esprit libre. Je brûle, Iollas, je brûle, passionnément! Lycidas a été abandonné par l'ingrate Phyllis et, après tous mes cadeaux, elle aime un nouvel amant, Mopsus.

Iollas

O femme plus changeante que les vents![46] C'est là ta Phyllis qui, je m'en souviens bien, lorsque tu partais tout seul, jurait que, sans toi, même le miel lui paraissait amer.

Lycidas

Je me plaindrai plus à fond de cette fille, si un jour tu as du temps à perdre, Iollas. À présent, gagne ces saules et tourne pour aller sous les ormes à gauche. Car lorsque les prairies sont chaudes, c'est là que notre taureau aime à se reposer; il s'étend de tout son long dans l'ombre fraîche[47] et il rumine en ses fanons l'herbe qu'il a broutée le matin[48].

III
(Iollas, Lycidas)

Iollas

Numquid in hac, Lycida, uidisti forte iuuencam
ualle meam? Solet ista tuis occurrere tauris,
et iam paene duas, dum quaeritur, eximit horas;
nec tamen apparet. Duris ego perdita ruscis
iam dudum nullis dubitaui crura rubetis
scindere, nec quicquam post tantum sanguinis egi.

Lycidas

Non satis attendi, nec enim uacat. Uror, Iolla,
uror, et immodice! Lycidan ingrata reliquit
Phyllis amatque nouum post tot mea munera Mopsum.

Iollas

Mobilior uentis o femina! Sic tua Phyllis,
quae sibi, nam memini, si quando solus abesses,
mella etiam sine te iurabat amara uideri.

Lycidas

Altius ista querar, si forte uacabis, Iolla.
Has pete nunc salices et l*a*euas flecte sub ulmos.
Nam cum prata calent, illic requiescere noster
taurus amat gelidaque iacet spatiosus in umbra
et matutinas reuocat palearibus herbas.

2 ista *NGP*: illa *HV* || 5 iam dudum *NGPV*: iam dudum et *N*^{1}*de* || nullis *NG*^{2}*HV*: -lus *w Heins.* multis *G* || 9 munera *NGH*: uuln- *fhilnrstu*^{2}*vy* || 10 o *NPHV*: est *Fb* || 13 uacabis *GPV*: uoc- *N* uacabit *ikrtu* || 14 l(a)euas *NGPV*: leuis *uel* -es *fh* || 17 reuocat *codd.*: ruminat *G*^{2}*mg.* renouat *Baehr.*

Iollas

Non, Lycidas, pour moi, bien que tu ne fasses nul cas de moi, je ne partirai pas[49]. Tityre, gagne seul ces saules dont il a parlé, mais si tu trouves la génisse, attrape-la, chasse-la de cet endroit et ramène-la par ici avec une bonne volée de coups. Mais souviens-toi bien de me rapporter ton bâton brisé[50]. Maintenant, Lycidas, dis-moi la si grave querelle où vous vous êtes emportés. Quel dieu s'est interposé dans vos amours?

Lycidas

Content de la seule Phyllis, — tu en es témoin, Iollas, — j'ai dédaigné Callirhoè, bien qu'elle me recherchât avec une dot[51]. Voici qu'avec Mopsus elle s'est mise à réunir des roseaux par de la cire et qu'en compagnie du jeune homme elle chante sous l'yeuse. Moi, lorsque j'ai vu ce spectacle, je l'avoue, j'ai senti de si profondes brûlures que je n'ai pas pu en supporter davantage. Le fait est qu'aussitôt j'ai arraché ses deux tuniques et j'ai battu sa poitrine nue[52]. En colère, elle est partie chez Alcippè en me disant: «Je te quitte, tu es détestable, Lycidas; ta Phyllis prendra Mopsus pour amant». Maintenant elle demeure chez Alcippè; essuierai-je un refus? Ah! Je le crains. Et je ne souhaite pas tant que Phyllis me soit rendue que je n'aspire à la voir se quereller avec ce Mopsus à l'haleine courte[53].

49. Ce n'est pas un simple cliché de la poésie bucolique, qui rappellerait Théocrite, 14,10-11; ici Lycidas est réellement indifférent à tout, pris par son obsession amoureuse; aussi Iollas refuse-t-il de l'abandonner et commande à son second, Tityre, d'aller chercher la génisse. De tels services se rendent couramment dans la poésie pastorale, comme chez Théocrite, 3,1. Mais ici Iollas ne néglige sa génisse que sous l'influence d'une affectueuse amitié.

Iollas

Non equidem, Lycida, quamuis contemptus, abibo.
Tityre, quas dixit, salices pete solus et illinc,
si tamen inuenies, deprensam uerbere multo
huc age; sed fractum referas hastile memento.
Nunc age dic, Lycida, quae uos tam magna tulere
iurgia? Quis uestro deus interuenit amori?

Lycidas

Phyllide contentus sola, — tu testis, Iolla, —
Callir*h*oen spreui, quamis cum dote rogaret.
En sibi cum Mopso calamos intexere cera
incipit et puero comitata sub ilice cantat.
Haec ego cum uidi, fateor, sic intimus arsi
ut nihil ulterius tulerim. Nam protinus ambas
diduxi tunicas et pectora nuda cecidi.
Alcippen irata petit dixitque: «relicto,
improbe, te, Lycida, Mopsum tua Phyllis amabit».
Nunc penes Alcippen manet ac ne forte negetur,
ah! uereor. Nec tam nobis ego Phyllida reddi
exopto quam cum Mopso iurgetur anhelo.

18 contemptus *Pbdhinqu*: -tentus *NGHV cett.* || 19 dixit *NPbcdeghnqu*: -xi *V cett.* dicit *G* || solus *NGPV* laetus *Hfit* laeuus *Barth* || 20 inuenies *NPHV*: -nias *G* || deprensam *uel* -prehensam *GV*: -pressam *N* -pressa *P* || 21 sed *PV*: si *NG* || 23 interuenit *NGV*: -tercessit *H* || 24 contentus *NGV*: -temptus *P* || sola tu *NGPH*: tu solus *V* || iolla *NG*: iolla es *PHV* || 25 callirhoen *edd.*: -liroen *P* -liore *N* || 26 sibi N^2PV: ibi *NG* tibi *Bur.* || 28 haec *NGP*: hoc *V* || cum *GPV*: dum *N* || 30 diduxi *NGH*: de- *V* diduxit *P* || cecidi *NGPA*: rec- *HV* tutudi G^1*mg.* || 33 negetur *NGP*: uag- *HV* || 34 ah *Nabgilpq*: hac *G* ha *V cett.* a *Baehr.* || 35 cum *G*: quod *NPHV* || iurgetur *NGPV*: iung- *pst* iungatur *Heins.*

Iollas

C'est de toi qu'est partie la querelle; c'est à toi de tendre les mains le premier en signe de défaite. Il est courtois de montrer de l'indulgence à l'égard d'une maitresse, même quand elle est la première à mal agir[54]. S'il te plaît de me confier quelque mission, en messager plein de zèle, j'essaierai de toucher les oreilles de ta maîtresse irritée.

Lycidas

Depuis longtemps je réfléchis au poème par lequel je pourrai apaiser Phyllis. Peut-être qu'en écoutant mon chant elle pourra s'adoucir; d'habitude elle porte mes Camènes aux nues[55].

Iollas

Allons, chante; je graverai tes paroles sur le tronc d'un cerisier, puis je découperai tes vers dans la rouge écorce et je les lui porterai[56].

Lycidas

«Ces prières, Phyllis, ces chants, c'est à toi qu'un Lycidas déjà pâlissant les offre; ces airs, il les joue, le malheureux, pendant une nuit amère, en pleurant et en s'abîmant les yeux, tandis que son sommeil s'est enfui. Non, la grive ne maigrit pas autant après la cueillette de l'olive, ni le lièvre, quand le glaneur a ramassé les derniers grains de raisin, que moi, Lycidas, qui erre et me consume sans ma maîtresse Phyllis. Sans toi, malheureux que je suis! les lis me paraissent noirs, les sources n'ont plus de saveur et le vin s'aigrit quand je le bois. Mais si tu venais, les lis deviendraient blancs, les sources retrouveraient leur saveur et le vin serait doux à boire[57]. Je suis ce Lycidas dont les chants, disais-tu d'habitude, te procuraient de la joie, à qui tu as souvent donné de doux baisers: tu n'hésitais pas à l'interrompre au milieu

Iollas

A te c*o*eperunt tua iurgia; tu prior illi
uictas tende manus. Decet indulgere puellae,
uel cum prima nocet. Si quid mandare iuuabit,
sedulus iratae contingam nuntius aures.

Lycidas

Iam dudum meditor, quo Phyllida carmine placem.
Forsitan audito poterit mitescere cantu;
et solet illa meas ad sidera ferre Camenas.

Iollas

Dic age; nam cerasi tua cortice uerba notabo
et decisa feram rutilanti carmina libro.

Lycidas

«Has tibi, Phylli, preces iam pallidus, hos tibi cantus
dat Lycidas, quos nocte miser modulatur acerba,
dum flet et excusso disperdit lumina somno.
Non sic destricta macrescit turdus oliua,
non lepus, extremas legulus cum sustulit uuas,
ut Lycidas domina sine Phyllide tabidus erro.
Te sine, vae misero, mihi lilia nigra uidentur
nec sapiunt fontes et acescunt uina bibenti.
At si tu uenias, et candida lilia fient
et sapient fontes et dulcia uina bibentur.
Ille ego sum Lycidas, quo te cantante solebas
dicere felicem, cui dulcia saepe dedisti
oscula nec medios dubitasti rumpere cantus

36 coeperunt *edd.*: cep- *codd.* || 37 uictas *NGPfghy*: uinc- *Hedqu* || 38 nocet *wxu*^{2}: -cent *NGPV* || 43 nam *PV*: nunc *NG* || 46 acerba *NGPV*: auena *N*^{2}*su* || 47 excusso *HV*: -cluso *NGP* || disperdit *NGPH*: -pergit *V* -tergit *Scal.* detergit *Heins.* || 48 destricta *NPHdfu*: dis- *G* destructa *V cett.* || macrescit *V*: marces- *GH* marcessit *NP* || 53 uenias *NPV*: -nies *G* || 55 te *NGag*: tu *PV*.

de sa chanson et tu quêtais ses lèvres errant de roseau en roseau[58]. Oh douleur! Et après cela tu as pu te laisser séduire par la voix sèche de Mopsus, ses vers insipides et le son criard de son aigre chalumeau? Quel homme suis-tu? Quel homme, Phyllis, fuis-tu? Je suis plus beau que lui, à ce que l'on dit, et cela tu me le jurais d'habitude. Je suis aussi plus riche[59]: il aurait du mal à faire paître autant de chevreaux que je compte de taureaux le soir. À quoi bon te répéter ce que tu connais? Tu sais, exquise Phyllis, combien sont nombreuses les génisses que l'on trait au-dessus de mes vases à lait et combien ont des veaux suspendus à leurs pis. Mais sans toi je ne tresse plus de claies avec le saule gracile, je n'ai plus de lait caillé qui frissonne en sa présure[60]. Et si maintenant encore tu redoutes, Phyllis, mes coups brutaux, voici, je te livre mes mains: je te permets, oui, je te permets de les attacher dans mon dos avec un osier tordu ou un souple sarment, ainsi que le fit Tityre, lorsqu'il lia les bras malfaisants de Mopsus, cet oiseau de nuit, et suspendit le voleur au milieu de sa bergerie. Prends-les, n'hésite pas: mes deux mains ont mérité d'être punies. Ce sont pourtant ces mains, ce sont ces mêmes mains qui souvent ont déposé sur tes genoux des palombes ou un levraut apeuré par la capture de sa mère; grâce à moi tu recevais les premiers lis et les premières roses: à peine l'abeille butinait-elle suffisamment la fleur que tu étais ceinte de couronnes. Mais peut-être ce menteur fait-il miroiter à tes yeux des présents dorés, lui qui, au déclin de la nuit, passe pour moissonner les lupins des morts et remplace le pain par des légumes cuits[61], lui qui se

58. Les trois vers ont été repris textuellement par Némésien, *buc.*, 2,37-39. L'image des baisers dérobés pendant le chant était déjà chez Ovide, *Her.*, 15,44: «oscula cantanti tu mihi rapta dabas».

atque inter calamos errantia labra petisti.
Ah dolor! Et post haec placuit tibi torrida Mopsi
uox et carmen iners et acerbae stridor auenae?
Quem sequeris? Quem, Phylli, fugis? Formosior illo
dicor, et hoc ipsum mihi tu iurare solebas.
Sum quoque diuitior: certauerit ille tot haedos
pascere quot nostri numerantur uespere tauri.
Quid tibi, quae nosti, referam? Scis, optima Phylli,
quam numerosa meis siccetur bucula mulctris
et quam multa suos suspendat ad ubera natos.
Sed mihi nec gracili sine te fiscella salicto
texitur et nullo tremuere coagula lacte.
Quod si dura times etiam nunc uerbera, Phylli,
tradimus ecce manus: licet illae uimine torto
scilicet et lenta post tergum uite domentur,
ut mala nocturni religauit bracchia Mopsi
Tityrus et furem medio suspendit ouili.
Accipe, ne dubites: meruit manus utraque poenas.
His tamen, his isdem manibus tibi saepe palumbes,
saepe etiam leporem decepta matre pauentem
misimus in gremium; per me tibi lilia prima
contigerant primaeque rosae: uixdum bene florem
degustabat apis, tu cingebare coronis.
Aurea sed forsan mendax tibi munera iactat,
qui metere occidua ferales nocte lupinos
dicitur et cocto pensare legumine panem,
qui sibi tunc felix, tunc fortunatus habetur

59 ah *NGHfhy*: ha *PV cett.* a *Baehr.* || haec *NGPH*: hoc *V* || 60 iners *NG*: inops *HV* || 62 iurare *NGPH*: narrare *V* || 68 gracili *Hex*: -lis *NGV cett.* || 69 nullo... lacte *NGP*: nulla... lactis H^2V nulla...lacte *H* || 72 scilicet *codd.*: si licet *z Wern.* sic licet *Giar.* seu licet *Schenkl* || 73 ut *Hfirx*: uim *N* ui *GPV cett.* || 75 dubites *NG*: -ita *PHV* || 76 isdem *P*: his- *N* iis- *H* inquam *aewx* || 78 gremium *NG*: -mio *PHV* || 80 degustabat *codd.*: -tarat *Heins.* || 81 iactat *PV*: -tant *N* ictat *G* || 83 cocto *GPHV*: tec- *N* toto *y* sec- *Glaes.* || pensare *NGPadfghu*: pins- *Heywx* || legumine *NPHV*: -na *fk* || panem *NPHV*: -ne *fk* || 84 tunc... tunc *PV*: tum... tum *H* tum... tunc *NG*.

trouve heureux, béni de la fortune, quand il pousse son orge grossière sous les pierres d'une meule à bras[62]. Et si, abomination, un amour indigne s'oppose aux prières que je t'adresse, pour mon malheur, j'attacherai un lacet à cette yeuse, qui la première a profané mes amours[63]. Cependant, auparavant ces vers seront gravés sur cet arbre maudit: «Bergers, ne vous fiez pas aux filles légères. Mopsus possède Phyllis, Lycidas possède la fin de tout»[64]. Allons, à présent, Iollas, si tu veux procurer quelque secours aux gens dans le malheur, porte ces vers et supplie Phyllis en les chantant mélodieusement. Moi, je me tiendrai à l'écart, sous le couvert de la laîche acérée, ou bien en me cachant plus près, sous la haie voisine du jardin[65].

Iollas

J'irai et elle viendra, si les présages ne me trompent pas, car le brave Tityre vient de me fournir un heureux auspice en arrivant de la droite: le voici qui revient, il a réussi à retrouver la génisse.

62. C'est ce que fait chaque matin le pauvre paysan Simylus, dans le *Moretum* du pseudo-Virgile. Mais encore moût-il du blé et non de l'orge. Lycidas entend démontrer le caractère avilissant de l'amour que l'on peut éprouver pour un misérable comme l'est Mopsus.

63. En abritant les rencontres de Phyllis et de Mopsus qui venaient là façonner des chalumeaux et chanter, *supra*, v. 27. La malédiction évoque Tibulle, 1,3,81: «illic sit quicumque meos uiolauit amores».

64. Ce style épigrammatique n'est pas sans talent; l'épitaphe, avec sa pointe pathétique, vaut bien celle de Tibulle, 1,3,55-56. La bucolique prend des tonalités d'élégie, où la satisfaction morbide que l'on éprouve à évoquer sa mort est un thème courant. Mais, tout comme Tibulle, Lycidas espère en fait, par l'évocation de cette épitaphe, attendrir le cœur d'une cruelle, en s'attendrissant sur lui-même.

65. Le *carex* est le nom botanique de la laîche, plante vivace que l'on rencontre dans les terrains marécageux, et qui sert aussi à fixer le sable des dunes. Ses bords sont coupants. Une espèce peut servir de crin végétal. — Lycidas s'imagine d'abord se cachant dans un terrain en friche, en position peu confortable.

uilia cum subigit manualibus hordea saxis.
Quod si turpis amor precibus, quod abominor, istis
obstiterit, laqueum miseri nectemus ab illa
ilice, quae nostros primum uiolauit amores.
Hi tamen ante mala figentur in arbore uersus:
«CREDERE PASTORES LEVIBVS NOLITE PVELLIS
PHYLLIDA MOPSVS HABET LYCIDAS HABET VLTIMA RERVM».
Nunc age, si quicquam miseris succurris, Iolla,
perfer et exora modulato Phyllida cantu.
Ipse procul stabo uel acuta carice tectus
uel propius latitans uicina saepe sub horti.

Iollas

Ibimus, et ueniet, nisi me praesagia fallunt.
Nam bonus a dextro fecit mihi Tityrus omen,
qui uenit inuenta non irritus ecce iuuenca.

85 cum *NGHV*: tunc *P* || 89 hi *V*: hic *Pf* || figentur *NGHV*: fing- *cg* || 91 habet *NGAH*: amat *PV* || lycidas *aut* lic- *codd.*: lycidan *Bur* || habet *codd.*: obit *Heins.* amat *Barth* || 93 exora *NGpfghu*: ore tuo *Acdewx* || modulato *NGV*: -ator *wxz* -abor *A* || 95 propius *NV*: -prius *GP* || horti *uel* or- *NGHbcdgu*: ara *V cett.* aram *Kempf.* || 97 dextro *NGPV*: -tra *H* || 98 uenit *NGPV*: redit *Adewx*.

Bucolique IV

La quatrième bucolique pose quelques problèmes de chronologie. Selon G. Ferrara, cette bucolique daterait du début de 55[10]. R. Verdière la situe au second rang des bucoliques néroniennes, entre la première et la septième bucolique, soit en 56, car il croit déchiffrer des allusions à des événements qui se sont passés en 55. Quoi qu'il en soit, cette quatrième bucolique paraît de peu postérieure à la première, dont elle se rapproche beaucoup par son inspiration et dont elle reprend parfois certains éléments. Les commentateurs ont été particulièrement sévères pour cette bucolique qui leur est apparue comme l'expression de l'adulation la plus basse, alors qu'elle n'apporte pas de renchérissement tellement sensible sur la première bucolique.

Comme dans ce poème, les premiers vers situent le cadre dans un *locus amoenus* de pastorale, dans l'ombre et la fraîcheur de l'eau bruissante, à l'heure de la plus grande chaleur du jour (1-4). Corydon exprime son secret désir de chanter l'âge d'or et celui qui l'a redonné à Rome; ce désir n'a rien d'avilissant, puisqu'il ne souhaite rien moins que de placer ses pas dans ceux de Virgile (5-8). Mélibée met en garde l'ambitieux jeune homme: la poésie civique exige une autre voix que la bucolique. Corydon avoue que son frère Amyntas s'exerce aussi sur le même sujet (9-18). Mélibée s'étonne, car il se souvient de l'avoir entendu décourager le jeune homme: il l'invitait même à briser sa flûte pour se consacrer aux tâches les plus basses; tout valait mieux que la poésie qui ne nourrissait pas son homme (19-28). Corydon réplique par les espoirs qu'ont suscités l'avène-

10. G. Ferrara, *Calpurnio Siculo e il panegirico a Calpurnio Pisone*, Pavie, 1905, p. 19.

ment du nouveau prince: «La divinité n'est plus la même». Déjà le soutien de Mélibée l'a tiré d'une noire misère, du moins s'il faut prendre au pied de la lettre ce tableau d'une vie nourrie seulement de la cueillette des fruits sauvages, à défaut des quelques arpents de terre dont Corydon avouera tout à l'heure qu'il rêve (29-36). Sans le secours de Mélibée, il aurait dû s'exiler en Espagne pour y garder des troupeaux (37-49). Ce passage a été parfois interprété comme la preuve de l'origine espagnole de Calpurnius (voir Introduction).

Après ce préambule amer — et cette amertume explique l'ardeur de la célébration du prince — Corydon propose à Mélibée de le faire juge, car celui-ci n'est pas inexpert en la matière: la poésie tragique aussi bien que la poésie lyrique sont de son ressort (50-57). Ces remarques ont exercé l'habileté des commentateurs soucieux d'identifier Mélibée (voir Introduction). Quel qu'il soit, le personnage use d'un humour léger lorsqu'il morigène Corydon de vouloir s'égaler à Tityre, où l'on reconnaît sans peine Virgile, sous l'image d'Orphée charmant plantes et bêtes sauvages (58-69). Corydon ne se laisse pas déconcerter, en dépit du caractère divin du grand poète. Mélibée poursuit sa mise en garde: une telle entreprise doit imiter non plus les accents de l'idylle amoureuse, mais ceux qui chantèrent des forêts dignes d'un consul (70-78). Cette citation de la quatrième bucolique identifie Virgile sans discussion et place la suite de l'églogue sous son patronage. Mélibée invite en effet Corydon et Amyntas à chanter en chants amébées (78-81).

C'est alors que commence une suite de chants alternés, souvent fort décriés et taxés de «flagornerie». De fait, le panégyrique obéit aux lois du genre et n'a rien de surprenant dans la bouche d'un jeune poète, pauvre et ambitieux, qui attend tout de la faveur du prince. Les couplets s'ouvrent par une invocation à César, assimilé successivement à Jupiter, puis à Apollon: c'est une action de grâces pour la paix dont jouit l'empire, ce qui peut être une allusion à la guerre parthe, évitée de justesse en 55[11] (82-91).

À ce moment se présente dans les manuscrits une strophe chantée par Corydon et qui n'a pas de correspondant dans la bouche d'Amyntas. Corydon invite l'empereur à imiter Jupiter et à se détendre, comme Jupiter le fait en écoutant les chants des Kourètes (92-96). À la suite d'Hermann et de Schenkl, et pour obtenir un nombre pair de strophes, plusieurs éditeurs, dont Giarratano et Verdière, ont estimé qu'il manquait ici la strophe d'Amyntas et ont attribué la strophe suivante à Corydon. Korzeniewski intercale ici les vers 132 à 136. Cette lacune est loin d'avoir fait l'unanimité; l'espoir de rétablir le texte primitif a donné lieu à de tels bouleversements arbitraires qu'il vaut mieux respecter strictement l'ordre des manuscrits et leur attribution des couplets, en acceptant l'irrégularité des strophes, Corydon chantant une strophe de plus qu'Amyntas.

Les deux strophes suivantes sont effectivement parallèles: Amyntas célèbre le calme profond des campagnes, tandis que Corydon évoque, avec des accents lucrétiens, le renouveau printanier de la nature, qui consacre l'arrivée de Palès, renouveau déjà évoqué dans la première bucolique (97-106). R. Verdière suggère que le silence des «roseaux de Pharsale» représente une allusion à des risques de guerre civile, auxquels on aurait échappé en 55 en se débarrassant de Junius Silanus et de Britannicus[12]. Puis Amyntas reprend sous de multiples aspects le thème printanier de la nature qui se régénère à la venue du dieu. Ce renouveau, qui se confond avec le retour de l'âge d'or annoncé au début, s'exprime particulièrement par l'abondance des récoltes dans les campagnes fertilisées (107-116).

Amyntas fait allusion à une nouvelle législation qui

11. Tacite, *ann.*, 13,7.
12. R. VERDIÈRE, *op. cit.*, p. 37.

rend l'inventeur propriétaire du trésor qu'il a trouvé (117-121). Certes, la chose ne devait pas être courante, mais une telle loi, malheureusement impossible à dater, était tout à fait propre à frapper l'imagination d'un poète (voir Introduction). L'attention du jeune empereur pour les petites gens, attitude due sans doute à l'influence de Sénèque, semble bien être évoquée dans les deux strophes suivantes, de nouveau parallèles. Corydon chante la prospérité retrouvée et, avec elle, les libations aux dieux Cérès et Bromius, ainsi que les jeux populaires octroyés par le prince. Amyntas décrit à son tour les danses paysannes et les paisibles chants bucoliques (122-131). Développant ce thème, Corydon lui associe les divinités bocagères qui jouissent aussi de la paix retrouvée (132-136). Le chant s'achève par deux strophes qui souhaitent à l'empereur déifié un long séjour parmi les mortels. Après Amyntas, Corydon reprend cette invocation sans grande originalité (137-146). Mais elle est attendue. Le thème de la divinisation date d'Auguste, Sénèque vient d'y faire une allusion caricaturale dans l'*Apocolocyntose*; on ne peut reprocher à Calpurnius de couler sa pensée dans les formes du temps.

Les compliments de Mélibée sont, à vrai dire, assez plats (147-151); mais ils ne servent qu'à introduire la requête de Corydon, qui rêve, à l'instar de Virgile ou d'Horace, de devenir propriétaire d'un petit domaine foncier (152-156). Saurait-on le lui reprocher? Les accents pressants avec lesquels il supplie Mélibée, qui a accès auprès du prince, et la naïveté avec laquelle il se compare à Virgile-Tityre sont plus émouvants que choquants (156-163). Il reste à Amyntas à souligner ces espoirs et à ramener les esprits aux préoccupations champêtres. Les deux derniers vers baignent la fin du poème dans la chaleur frémissante de midi, ce qui contraste heureusement avec les images de Virgile, presque toujours vespérales en pareil cas (164-167).

Ainsi donc la composition de cette bucolique, et particulièrement celle des chants amébées, n'est pas toujours très nette. Peut-être est-elle incomplète. Mais l'outrance même de l'adulation ressemble à un péché de jeunesse. Elle ne saurait estomper l'ardent désir du jeune poète de se faire un nom et la fraîcheur des images qui viennent constamment éclairer les formules officielles.

IV
(Mélibée, Corydon, Amyntas)

Mélibée

Pourquoi restes-tu sans mot dire, Corydon, avec un air souvent sombre? Pourquoi es-tu assis à une place inhabituelle sous ce platane, là où gazouille une onde babillarde? Sans doute aimes-tu l'humidité de la rive et les exhalaisons de la rivière voisine allègent-elles la chaleur du jour?

Corydon

Depuis longtemps j'ai voulu écrire des vers qui ne seraient pas l'écho des bois, Mélibée; des vers qui sauraient chanter l'âge d'or et célébrer en personne le dieu qui gouverne les peuples, les cités et la paix en toge[66].

Mélibée

Certes tu fais entendre de doux chants et Apollon ne se détourne pas de toi avec dédain, jeune homme, mais les divinités de Rome la grande ne doivent pas être chantées dans le même style que la bergerie de Ménalque.

Corydon

Quoi qu'il en soit, même si ma poésie paraît rustique à des oreilles raffinées et seulement digne de notre village, pourtant ma rusticité, si elle ne vaut pas par l'habileté et le poli du chant, devrait du moins être agréée pour sa

IV
(Meliboeus, Corydon, Amyntas)

Meliboeus

Quid tacitus, Corydon, uultuque subinde minaci
quidue sub hac platano, quam garrulus astrepit humor,
insueta statione sedes? iuuat humida forsan
ripa leuatque diem uicini spiritus amnis?

Corydon

Carmina iam dudum, non quae nemorale resultent,
uoluimus, o Meliboee; sed haec, quibus aurea possint
saecula cantari, quibus et deus ipse canatur,
qui populos urbesque regit pacemque togatam.

Meliboeus

Dulce quidem resonas, nec te diuersus Apollo
despicit, o iuuenis, sed magnae numina Romae
non ita cantari debent ut ouile Menalcae.

Corydon

Quidquid id est, siluestre licet uideatur acutis
auribus et nostro tantum memorabile pago,
nunc mea rusticitas, si non ualet arte polita
carminis, at certe ualeat pietate probari.

2 platano *PV*: patula *NG* || astrepit *NPHV*: obs- *G* || 3 insueta *NGHu*: -secta *aut* infecta *fgh* -serta *cdey* || 5 iam *NGHcde*: nam *fghuy* || nemorale *NV*: mem- *GPv* || 6 possint *GPadsy*: -ssunt *NV cett.* || 8 urbesque *aut* -bisque *NGPH*: -bemque *V* || 10 despicit *NG*: res- *PHV* || numina *NGPAH*: munera *V* moenia *Tit.* || 12 C. *om. NG* || id est *GPHfkwx*: inest *V cett.* || 14 nunc *NGF*: dum *V* tum *Barth* nam *Baehr.*

piété[67]. Au pied de ce même rocher, qu'ombrage un pin tout proche, sur le même sujet que nous, s'exerce mon frère Amyntas, qu'un âge voisin rend proche de moi par la naissance.

Mélibée

Maintenant tu n'empêches plus le garçon d'assembler les roseaux et de les réunir par de la cire parfumée, lui à qui, d'un air paternel, tu as souvent défendu de jouer, lorsqu'il s'exerçait sur de légers chalumeaux? Tu disais, Corydon, plus d'une fois je l'ai remarqué: «Brise tes roseaux, mon garçon[68], et abandonne les Muses et leur vanité. Va plutôt ramasser des glands et de rouges cornouilles, mène les bêtes à la traite et, à grands cris, porte le lait à vendre à travers la ville. Que te rapportera ton pipeau pour te protéger de la faim? Il est certain que personne ne répète mes vers sauf l'écho plein de vent que renvoient ces rochers»[69].

Corydon

J'ai dit cela, je l'avoue, Mélibée, mais c'était hier. Les temps ne sont plus les mêmes pour nous, non plus que le dieu[70]. L'espérance sourit davantage. Assurément, si je ne cueille plus de fraises ni de framboises, et si je ne calme plus ma faim avec la mauve verte, c'est à toi que je le dois; ta bienveillance nous nourrit de froment[71]. Tu as pitié de nos ressources et de notre jeunesse qui désire s'instruire et tu nous soustrais aux jeûnes hivernaux que l'on ne rompt que par des faînes[72]. Voici que grâce à toi, Mélibée, nous ne faisons entendre aucune plainte; grâce à toi nous nous reposons rassasiés à l'ombre, tranquillement, et nous jouissons des bois d'Amaryllis[73]; naguère nous étions destinés à voir les ultimes rivages du monde, si tu n'avais été là, Mélibée, et les pâturages de Géryon

Rupe sub hac eadem, quam proxima pinus obumbrat,
haec eadem nobis frater meditatur Amyntas,
quem uicina meis natalibus admouet aetas.

Meliboeus

Iam puerum calamos et odorae uincula cerae
iungere non cohibes, leuibus quem saepe cicutis
ludere conantem uetuisti fronte paterna?
Dicentem, Corydon, te non semel ista notaui:
«Frange, puer, calamos et inanes desere Musas.
I, potius glandes rubicundaque collige corna,
duc ad mulctra greges et lac uenale per urbem
non tacitus porta. Quid enim tibi fistula reddet,
quo tutere famem? Certe mea carmina nemo
praeter ab his scopulis uentosa remurmurat echo».

Corydon

Haec ego, confiteor, dixi, Meliboee, sed olim.
Non eadem nobis sunt tempora, non deus idem.
Spes magis arridet. Certe ne fraga rubosque
colligerem uiridique famem solarer hibisco,
tu facis et tua nos alit indulgentia farre;
tu nostras miseratus opes docilemque iuuentam
hiberna prohibes ieiunia soluere fago.
Ecce nihil querulum per te, Meliboee, sonamus;
per te secura saturi recubamus in umbra
et fruimur siluis Amaryllidos, ultima nuper
litora terrarum, nisi tu, Meliboee, fuisses,
ultima uisuri, trucibusque obnoxia Mauris

16 proxima *HV*: max- *N* || 17 meditatur *NG*: -tatus *HV* || 18 uicina *codd.*: -cena *Barth. Bur.* || admouet *GV*: -monet *N* amouet *Barth* || aetas *codd.*: aestas *Barth Bur. Heins. Gron.* || 20 non *NGAH*: nunc *V* tunc *Tit.* || 24 i *NGH*: et *V* || 27 tutere famem *NGHeuwx*: tacere famem *gh* -ceat fames *cf* -cente fame *y* || 30 sunt *codd.*: nunc *Tig.* || 35 soluere *NGAH*: pellere *V* || 40 trucibusque *N^2GHea*: -bus *NV cett.* -bus qua *Barth.*

exposés à la sauvagerie des Maures, là où le puissant Baetis de son cours limpide repousse, dit-on, les sables du couchant[74]. Certes je serais à présent au bout du monde à vil prix, oh douleur![75] valet de louage au milieu des troupeaux ibères, je modulerais de vaines mélodies sur ma flûte à sept roseaux et personne ne prendrait garde à mes Camènes parmi les buissons[76]; le dieu lui-même ne me prêterait peut-être pas l'oreille; il n'entendrait pas bien sûr le son lointain de mes vœux à l'autre bout du monde[77]. Mais à moins qu'une musique plus douce n'attire tes oreilles et que les vers d'autrui ne te sourient mieux que les miens, veux-tu que je soumette ma page d'aujourd'hui à ta lime? Car non seulement les dieux t'ont accordé de reconnaître les vents à venir pour les laboureurs et quel lever amène le soleil d'or, mais souvent tu chantes de doux vers et tantôt la Muse te récompense des grappes de lierre de Bacchus, tantôt le bel Apollon t'ombrage de son laurier[78]. Mais si tu regardais avec faveur un poète tremblant, peut-être essaierais-je ces roseaux dont l'habile Iollas m'a fait présent hier avec ces mots: «cette flûte calme les taureaux farouches et résonne très douce aux oreilles de notre Faunus. C'est Tityre qui la possédait, Tityre qui le premier chanta dans ces montagnes des airs mélodieux sur son chalumeau de l'Hybla»[79].

pascua Geryonis, liquidis ubi cursibus ingens
dicitur occiduas impellere B*a*etis arenas.
Scilicet extremo nunc uilis in orbe iacerem,
ah dolor! et pecudes inter conductus Hiberas
irrita septena modularer sibila canna;
nec quisquam nostras inter dumeta Camenas
respiceret; non ipse daret mihi forsitan aurem;
ipse deus uacuam longeque sonantia uota
scilicet extremo non exaudiret in orbe.
Sed nisi forte tuas melior sonus aduocat aures
et nostris aliena magis tibi carmina rident,
uis hodierna tua subigatur pagina lima?
Nam tibi non tantum uenturos discere uentos
agricolis qualemque ferat sol aureus ortum
attribuere dei, sed dulcia carmina saepe
concinis, et modo te Baccheis Musa corymbis
munerat et lauro modo pulcher obumbrat Apollo.
Quod si tu faueas trepido mihi, forsitan illos
experiar calamos, here quos mihi doctus Iollas
donauit dixitque: «Truces haec fistula tauros
conciliat nostroque sonat dulcissima Fauno.
Tityrus hanc habuit, cecinit qui primus in istis
montibus Hyblaea modulabile carmen auena».

41 geryonis *uel* -rionis *NGAH*: germani *V* || 42 baetis *Ulit.*: bethis *uel* -thys *GAH* -tys *Ugol.* beris *N* bactrus NV^2 || 43 extremo *V*: -terno *NG* || 44 ah *NGH*: ha *V* a *Baehr.* || inter *HV*: -tra *NG* || 49 in *codd.*: ab *Glaes.* || 50 aduocat *NGty*: -cet *ceghu* auocat *Hfikr* auocet *d* || 53 tantum *NG*: solum N^2HV || uenturos *NGPV*: fut- *k* || discere *GH*: dic- *N* nosc- *V* || uentos *NGH*: nimbos *V* limbos *in* || 54 qualemque *NPHV*: quem *G* || 59 here *NGAH*: heri *V* || mihi *om.* *V* || doctus *NGPV*: electus *g* || 62 qui *V*: quoque *NG* || 63 modulabile carmen N^2HV: carmen -lauit *G* carmen -latus *Schenkl.*

Mélibée

Tu vises haut, Corydon, si tu t'efforces d'être un Tityre. Il fut, lui, le poète inspiré qui pouvait sur son chalumeau surpasser la lyre; souvent lorsqu'il chantait, les bêtes sauvages charmées jouaient à ses côtés, auprès de lui, venu de loin, le chêne faisait halte[80] et, tandis qu'il chantait, la Naïade répandait sur lui la rouge acanthe et peignait ses cheveux emmêlés[81].

Corydon

C'est un dieu, Mélibée, je l'avoue; mais à moi non plus peut-être Phoebus ne refusera pas son concours. Toi, écoute seulement avec bienveillance: car nous savons en quelle estime te tient Apollon[82].

Mélibée

Commence, car tu m'intéresses, mais veille à ce que ta flûte au son clair n'exhale pas de son frêle buis les mêmes notes qu'elle fait résonner d'habitude, lorsqu'elle chante les louanges d'Alexis[83]. Choisis plutôt ces roseaux, oui ces roseaux de préférence, et presse les tuyaux qui chantèrent des forêts dignes d'un consul[84]. Commence, n'hésite pas; voici qu'arrive aussi ton frère Amyntas; qu'il réponde à tes chants par des airs alternés. Commencez, ne tardez plus, et reprenez le chant tour à tour, toi le premier, Corydon, puis tu viendras ensuite Amyntas[85].

80. Traits empruntés à la légende d'Orphée, qui charmait les bêtes sauvages, les plantes et les rochers. L'expression *aduena quercus* semble faire allusion au pouvoir d'Orphée d'attirer les arbres, même de fort loin: Virg., *buc.*, 3,46; 6,70-71; Hor., *carm.*, 1,12; 7,12; Ov., *met.*, 2,2 etc. Virgile avait dit, *buc.*, 8,55: «sit Tityrus Orpheus».

81. Les soins empressés d'une Naïade font de Tityre l'égal d'une divinité. Corydon ne s'y trompe pas: «Est, fateor...deus».

Meliboeus

Magna petis, Corydon, si Tityrus esse laboras.
Ille fuit uates sacer et qui posset auena
praesonuisse chelyn, blandae cui saepe canenti
adlusere ferae, cui substitit aduena quercus,
quem modo cantantem rutilo spargebat acantho
Nais et implicitos comebat pectine crines.

Corydon

Est, fateor, Meliboee, deus: sed nec mihi Phoebus
forsitan abnuerit; tu tantum commodus audi:
scimus enim quia te non aspernatur Apollo.

Meliboeus

Incipe, nam faueo; sed prospice ne tibi forte
tinnula tam fragili respiret fistula buxo,
quam resonare solet, si quando laudat Alexin.
Hos potius, magis hos calamos sectare, canales
et preme, qui dignas cecinerunt consule siluas.
Incipe, ne dubita. Venit en et frater Amyntas:
cantibus iste tuis alterno succinat ore.
D*u*cite; nec mora sit, uicibusque reducite carmen,
tuque prior, Corydon, tu proximus ibis, Amynta.

66 praesonuisse *NG*: per- *HV* || 69 implicitos... crines *NGH*f^1u^1: -tas... comas *V* || 70 nec *NGlx*: nunc *Vfir* || 71 abnuerit *NG*: ann- *V* || 72 quia *codd.*: quare *h* quam *Vien.* || aspernatur *GHedfgu*: -netur *Nz* || 75 quam *NGHdx*: quae *Aabcepy* quo *gs* qua *V cett.* || alexin *aut* -xim *NGAacdhpqswxz*: -xis *V cett.* || 76 hos potius *V*: hospicius *NG* || magis hos calamos *NG*: calamos magis hos *HV* || 77 et preme *NG*: prome *aut* pro me *HV* per me *Ae* exprime *Leo Giar.* || 78 uenit en et *V*: uen et *N* || 79 succinat *H*h^1*int*: -nant *u* -net h^2 sucinit *uel* subc- *NGA* sanciat *V cett.* || 80 ducite *Barth*: dic- *codd.* || nec *NGde*: ne *Hcfiu*.

Corydon

C'est de Jupiter qu'il doit partir[86], celui qui veut chanter l'éther, ou qui entreprend de remuer le fardeau de l'Olympe supporté par Atlas. Mais pour moi, que celui dont la divinité bienfaisante régit nos terres et dont les forces juvéniles maintiennent une paix éternelle m'accorde un sourire joyeux et favorable de ses lèvres augustes.

Amyntas

Que moi aussi César, accompagné de l'éloquent Apollon, me regarde avec intérêt, et qu'il daigne venir dans nos montagnes qu'aime aussi Phoebus et que protège Jupiter lui-même: là fleurit le laurier destiné à voir maints triomphes augustes, là pousse l'arbre qui en est voisin[87].

Corydon

Même celui qui règle dans les cieux le feu et le gel, Jupiter lui-même, notre père dont toi, César, tu es désormais si proche[88], déposant un moment sa foudre, gagne parfois les campagnes de Crète, et, allongé dans une grotte verdoyante, il écoute les chants des Kourètes dans les forêts de Dictè[89].

Amyntas

[90]Vois-tu comme au nom de César les forêts verdoyantes se taisent? Je m'en souviens, c'est ainsi que, malgré la bourrasque menaçante, il s'est fait tout à coup un grand calme dans le bois aux branches immobiles et j'ai dit; «C'est un dieu, oui c'est un dieu qui a chassé d'ici les Eurus», et aussitôt les roseaux de Pharsale ont tu leurs sifflements[91].

Corydon

Ab Ioue principium, si quis canit Aethera, sumat,
si quis Atlantiaci pondus molitur Olympi.
At mihi, qui nostras praesenti numine terras
perpetuamque regit iuuenili robore pacem,
laetus et augusto felix arrideat ore.

Amyntas

Me quoque facundo comitatus Apolline Caesar
respiciat, montes neu dedignetur adire,
quos et Phoebus amat, quos Iuppiter ipse tuetur:
in quibus augustos uisuraque saepe triumphos
laurus fructificat uicinaque nascitur arbos.

Corydon

Ipse polos etiam qui temperat igne geluque,
Iuppiter ipse parens, cui tu iam proximus ipse
Caesar habes, posito paulisper fulmine saepe
Cresia rura petit uiridique reclinis in antro
carmina Dictaeis audit Curetica siluis.

Amyntas

Aspicis ut uirides audito Caesare siluae
conticeant? Memini, quamuis urgente procella,
sic nemus immotis subito requiescere ramis,
et dixi: «Deus hinc, certe, deus expulit Euros».
Nec mora, Pharsaliae soluerunt sibila cannae.

82 canit N^2V: -nat *NGu* || 84 mihi $NGAu^2$: nunc *V* || 85 robore *NV*: corpore *Gy* || 86 et *NGHV*: in *A* || 87 me *NGAH*: te *V* || 88 neu *NV*: ne *G* || 90 uisuraque N^2G: -sura *H* -surus *V* -suris *Vien* || 91 fructificat *GAHacdeq*: -ferat *V cett.* || 93 cui *NGH*: quo *V* || ipse *HV*: esse *NG* ecce *Leo* || 94 habes *NGfghuy*: ab- *H* abis *Adepqxwz* ades *Bur.* || 95 reclinis *NG*: -liuis *Habdehnqvwxz* -lusus *fgirtu* || 96 curetica *GHcdehuy*: -retia *N* -rentia *fgimrt* || 100 hinc *NV*: hic *Gvy* || 101 pharsaliae *uel* -lie *NGAHcdehlvwxyz*: -lis *irt* farsali fu^2 || soluerunt *GV*: sil- *x* sonuerant *N* -runt *Haelw*.

Corydon

Vois-tu comme une vigueur soudaine excite les tendres agneaux, comme le lait alourdit les mamelles gonflées et comme sur les mères récemment tondues moutonnent les toisons?[92]. Ce prodige, je m'en souviens, je l'ai déjà remarqué une fois dans le vallon: «Palès est arrivée», ont dit les maîtres du troupeau[93].

Amyntas

Oui, toute la terre, tous les peuples l'adorent et il est chéri des dieux; ainsi, devant lui, les arbousiers se taisent pleins de respect[94]; au bruit de son nom, la terre engourdie se réchauffe et offre ses fleurs; quand on l'invoque, la forêt épaissit sa chevelure parfumée, l'arbre stupéfait se met à bourgeonner[95].

Corydon

Dès que la terre a senti sa divine influence, plus riches, les moissons, aux sillons naguère si trompeurs, se sont mises à produire en abondance; enfin, dans les cosses bien pleines on entend à peine résonner les pois, la mauvaise ivraie n'étouffe plus la moisson, la folle avoine ne la fait plus blanchir.

Amyntas

Désormais le piocheur ne craint plus de manœuvrer un hoyau maudit et il jouit de l'or découvert, si le hasard lui en a donné[96]; le laboureur ne craint plus comme naguère, tandis qu'il retourne ses arpents, qu'en face de lui une masse de métal ne fasse résonner le soc en le heurtant, et désormais, sans se cacher, il pèse de plus en plus fort sur la charrue.

Corydon

Aspicis ut teneros subitus uigor excitet agnos,
utque superfuso magis ubera lacte grauentur
et nuper tonsis exundent uellera fetis?
Hoc ego iam, memini, semel hac in ualle notaui
et uenisse Palem pecoris dixisse magistros.

Amyntas

Scilicet omnis eum tellus, gens omnis adorat,
diligiturque deis, quem sic taciturna uerentur
arbuta, cuius iners audito nomine tellus
incaluit floremque dedit, cui silua uocato
densat odore comas, stupefacta regerminat arbos.

Corydon

Illius ut primum senserunt numina terrae,
coepit et uberior, sulcis fallentibus olim,
luxuriare seges tandemque legumina plenis
uix resonant siliquis; nec praefocata malignum
messis habet lolium nec inertibus albet auenis.

Amyntas

Iam neque damnatos metuit iactare ligones
fossor et inuento, si fors dedit, utitur auro;
nec timet, ut nuper, dum iugera uersat arator,
ne sonet offenso contrario uomere massa,
iamque palam presso magis et magis instat aratro.

104 exundent *Gelu*^{2}*wx*: exsud- *Nh*^{2} exud- *V cett.* || uellera *NGu*^{2}*wx*: ubera *V cett.* || 105 iam *V*: nam *NG* || 110 cui *NGV*: quo *Tit.* || 111 densat *GHV*: pens- *N* puls- *N*^{2}*mg.* || 112 primum *HV*: -mo *NG* || 113 sulcis *NGHu*: succ- *V cett.* || 121 et *NG*: at *N*^{2} ac *HV*.

Corydon

C'est lui, le prince, qui, par ses dons, permet au cultivateur de donner ses premiers épis à Cérès et d'inonder Bromius de vin pur, au fouleur à demi-nu de sauter sur les raisins qui éclatent et à la foule rassasiée[97] d'applaudir le bon maître qui offre des jeux magnifiques à la croisée des grands chemins[98].

Amyntas

C'est lui qui donne la paix à nos montagnes. Voici que grâce à lui, qu'il nous plaise de chanter ou de frapper trois fois du pied le gazon épais, nul ne s'y oppose[99]: il est permis aussi de chanter en menant des chœurs, il m'est permis de composer des chants sur une verte écorce et le son furieux des trompettes ne couvre plus le son de nos pipeaux.

Corydon

Rassuré par la divine protection de César, Pan Lycien lui-même est revenu habiter les forêts[100] et Faunus en toute sûreté s'étend dans l'ombre charmeuse; dans la source paisible la Naïade se baigne et, sans craindre de marcher sur du sang humain, la rapide Oréade court par les crêtes d'un pied sec[101].

Amyntas

[102]Oh dieux! je vous en prie, ce jeune homme que vous avez envoyé — non, je ne me trompe pas — du sein même de l'éther, ne le rappelez qu'après un long temps de vie[103], ou plutôt libérez-le de la quenouille des mortels et accordez-lui des fils célestes faits d'un métal éternel. Qu'il soit un dieu mais refuse d'échanger son palais pour le ciel[104].

Corydon

Ille dat, ut primas Cereri dare cultor aristas
possit et intacto Bromium perfundere uino,
ut nudus ruptas saliat calcator in uuas
ut quoque turba bono plaudat saginata magistro,
qui facit egregios ad peruia compita ludos.

Amyntas

Ille meis pacem dat montibus: ecce per illum,
seu cantare iuuat seu ter pede laeta ferire
gramina, nullus obest: licet et cantare c*h*oreis
et cantus uiridante licet mihi condere libro,
turbida nec calamos iam surdant classica nostros.

Corydon

Numine Caesareo securior ipse Lycaeus
Pan recolit siluas et amoena Faunus in umbra
securus recubat placidoque in fonte lauatur
Nais et humanum non calcatura cruorem
per iuga siccato uelox pede currit Oreas.

Amyntas

Di, precor, hunc iuuenem, quem uos – neque fallor – ab ipso
aethere misistis, post longa reducite uitae
tempora uel potius mortale resoluite pensum
et date perpetuo caelestia fila metallo:
sit deus et nolit pensare palatia caelo!

124 ruptas N^2HV: rap- *NG* || saliat *Aabcdegipq*: psal- N^2 psalat *uel* psallat *GNfir* || 125 ut quoque *codd.*: utque *Glaes.* || bono *NV*: nouo *G* || saginata *HV*: satiata g^2 placanda *G* paganida *N* -nica *Bur.* || 128 laeta *aut* let- *GHdeuwx*: lenta *NAV cett.* || 129 gramina *H Asc.*: carmina *NGV* || nullus obest *NGH*: non nullas *V* || choreis *Glaes.* cor- *NGH* coreas *V* || 131 iam surdant *G*: iam -dat *N* exurdant N^2H *bcdehu* exund- *V cett.* || 132 lycaeus *Pith.*: lyeus *aut* lie- *NG* lyeo *aut* lyae- *aut* lie- *HV*.

Corydon

Toi aussi, César, que tu sois Jupiter lui-même qui aurait changé de figure, ou que tu sois l'un des dieux d'en haut caché sous l'image trompeuse d'un mortel[105], — car tu es un dieu — de grâce, gouverne ce monde, gouverne ces peuples à jamais! Que l'amour du ciel soit pour toi de peu de prix, n'abandonne pas, père, la paix que tu as commencé d'instaurer[106]!

Mélibée

Je croyais que c'étaient des chants rustiques que les divinités des bois vous avaient inspiré, des chants juste bons pour des oreilles grossières. Mais les vers que vous venez de chanter sur vos flûtes égales ont des accents si limpides, si doux que je ne préférerais pas quant à moi goûter au nectar que les essaims péligniens aiment à butiner[107].

Corydon

Oh que mes chants coulent en vers grêles[108]! C'est alors, Mélibée, qu'ils sonneraient haut, si un jour on disait de moi que je possède un foyer dans ces alpages, si un jour j'avais le bonheur de voir mes pâturages! Car trop souvent la Pauvreté jalouse me tire l'oreille et me dit: «Occupe-toi de tes bergeries!»[109]. Mais toi, pourtant, si tu penses que mes vers ne sont pas à mépriser, porte-les, Mélibée, au dieu[110]. Car tu as le droit de pénétrer au fond de la demeure sacrée de l'Apollon du Palatin[111]. Tu seras pour moi ce que fut celui qui mena le poète aux mélodieux accents, Tityre, de ses forêts à la cité souveraine, lui montra les dieux et lui dit: «Laissons là les

105. Sur cette assimilation à Jupiter, voir *supra*, note 104. L'empereur pouvait être confondu avec d'autres divinités et en particulier avec Apollon. La formule «tu es un dieu» est tout à fait courante: Stat., *silu.*, 5,1,11-15; Mart., 5,6,18 et 5,8,1: «Edictum domini deique nostri».

Corydon

Tu quoque mutata seu Iuppiter ipse figura,
Caesar, ades seu quis superum sub imagine falsa
mortalique lates — etenim deus —, hunc, precor, orbem,
hos, precor, aeternus populos rege! Sit tibi caeli
uilis amor coeptamque, pater, ne desere pacem!

Meliboeus

Rustica credebam nemorales carmina uobis
concessisse deos et obesis auribus apta.
Verum, quae paribus modo concinuistis auenis,
tam liquidum, tam dulce canunt, ut non ego malim
quod Peligna solent examina lambere nectar.

Corydon

O mihi quam tenero decurrunt carmina uersu!
Tunc, Meliboee, sonent, si quando in montibus istis
dicar habere Larem, si quando nostra uidere
pascua contingat! Vellit nam saepius aurem
inuida Paupertas et dicit: «*O*uilia cura!».
At tu, si qua tamen non aspernanda putabis,
fer, Meliboee, deo mea carmina. Nam tibi fas est
sacra Palatini penetralia uisere Phoebi.
Tu mihi talis eris qualis qui dulce sonantem
Tityron e siluis dominam deduxit in Urbem

144 etenim *NGbcdey*: es enim *Glaes.* uiuas et *Hfim*^{2}*rtu* || deus *om. V* || precor *NGHV*: de- *ps* || 145 hos *N*^{2}*V*: nos *NG* || aeternus *NGHbdeuy*: -nos *V cett.* || 146 coeptamque *apr*: cept- *NGbcu* capt- *dehinx* || pacem *NGAH*: terram *V* || 147 uobis *N*^{2}*GV*: nob- *Nwx* || 148 deos *NHV*: deas *G* || 149 paribus *NGfghu*: imp- *HV cett.* || 150 canunt *NGfghy*: sonant *HV cett.* || 151 solent *NGAH*: sonant *V* || 152 o mihi *HV*: olim *NG* || quam *HV*: que *N* quae *G* || tenero *V*: tereti *N*^{2}*H* teriti *NG* || decurrunt *V*: -rent *aut* -ret *NGH* docuerunt *y* || 153 tunc *aut* tum *V*: nunc *NG* || sonent *deuw*: -nant *NGHV cett.* || 155 contingat *NGF*: -tigerit *V* || 156 dicit *NGHFx*: dixit *V* || ouilia *Heins.*: uil- *codd.* || 157 at *ceuwx*: et *NGV cett.* || tamen *NGV*: modo *deu wx* || 160 tu *NGHacfirtu*: tum *V cett.*

bergeries, Tityre, nous chanterons d'abord la campagne, puis les armes»[112].

Amyntas

Ah! qu'une plus glorieuse fortune veille sur nos travaux et que le dieu lui-même accorde sa faveur à une jeunesse qui le mérite! En attendant nous allons sacrifier un tendre chevreau et en même temps préparer les mets d'un repas impromptu.

Mélibée

À présent menez les moutons à la rivière: déjà l'été frémit[113], déjà le soleil rapproche de nos pieds nos ombres qui rétrécissent.

112. Tityre désigne ici Virgile de façon indiscutable. Patronné par Mécène, il a été présenté à Auguste: Virgile, *buc.*, 1,41 «nec tam praesentis alibi cognoscere diuos». J. Hubaux propose de voir en ces *dei* des courtisans. Il est plus logique de songer à la famille impériale, l'épithète serait déplacée pour de simples familiers de l'empereur. Calpurnius résume la carrière de Virgile, des *Bucoliques* (*e siluis* v. 161) aux *Géorgiques* (*rura* v. 163), puis à *l'Énéide* (*arma* v. 163). Il serait paradoxal de croire avec J. Hubaux, *op. cit.*, p. 184, que Calpurnius pense ici à Pollion et non à Mécène, nommé expressément dans le *De laude Pisonis*, 233-235, dont ce passage constitue un commentaire.

113. Très concise, l'expression n'a nul besoin de corrections affadissantes; elle dépeint le frémissement oblique de la lumière au fort de la chaleur, frémissement dû à un phénomène de réfraction. L'image complète heureusement celle des ombres rétrécies. R. Verdière et G. Vallet, *op. cit.*, p. 255 et 145 notent que Virgile se plaît à terminer ses bucoliques par l'apaisante évocation du soir qui tombe, tandis que Calpurnius les situe sous un soleil accablant. Mais Calpurnius ne s'effondre nullement devant la comparaison.

ostenditque deos et «spreto», dixit, «ouili,
Tityre, rura prius, sed post cantabimus arma».

Amyntas

Respiciat nostros utinam fortuna labores
pulchrior et meritae faueat deus ipse iuuentae!
Nos tamen interea tenerum mactabimus haedum
et pariter subitae peragemus fercula cenae.

Meliboeus

Nunc ad flumen oues deducite: iam fremit aestas,
iam sol contractas pedibus magis admouet umbras.

|| 166 mactabimus *GPHV*: iacta- *N* || 168 fremit *NPHV*: stre- *G* tre- *Verd.*

Bucolique V

Il est impossible de dater la cinquième bucolique, puisqu'elle ne fait allusion à aucun événement politique. Comme l'a fait remarquer R. Verdière, c'est plus une géorgique qu'une bucolique[13]. Elle suit l'inspiration de la troisième géorgique de Virgile, mais sans imitation servile et avec beaucoup plus de réalisme. Varron pourrait être une autre source. Micon passe en revue les travaux qui sont ceux du petit paysan-berger au fil des saisons.

Au début du poème, Calpurnius dessine une fois de plus le cadre de la scène: une pause à l'ombre, sous le soleil brûlant, sert de prétexte au long discours du vieux Micon à son élève Canthus, qui reste imperturbablement muet. La note d'humour n'est pas absente: les mots hésitent sur les lèvres du vieillard (1-5). Ce détail, ainsi que les prescriptions tatillonnes, suggèrent à R. Verdière une allusion à l'empereur Claude, son pupille ne pouvant être que Néron. Une telle interprétation fait bon marché du climat résolument agreste du poème et de l'accent sur cette poésie des *Travaux et des Jours*, à laquelle Grecs et Latins sont si attachés. Micon remet au jeune Canthus ses troupeaux qui émaillent la plaine et les buissons: il est trop vieux pour s'en occuper (6-13). Il lui donne des conseils pour soigner chèvres et brebis. La sortie du troupeau de la bergerie donne lieu à une nouvelle description du printemps, saison du renouveau et des amours, qui rivalise avec celles de Lucrèce (14-23). C'est le moment aussi d'offrir un sacrifice aux divinités champêtres, Palès, Faunus et les Lares (24-29). Déjà Tibulle était sensible au charme à la fois religieux et

13. R. Verdière, *op. cit.*, p. 461.

poétique de ces cérémonies agrestes, de ces *lustrationes* nées du terroir italien[14].

Une fois les dieux champêtres rendus propices, il faut répartir les troupeaux dès la première heure du jour. Il faut aussi emplir les vases à lait et presser le fromage, confectionné avec le lait de la veille. Mais il convient de ne pas céder à l'appât du lucre en privant les agneaux de leur indispensable nourriture. Ceux-ci doivent être soignés avec amour, et le vieux Micon évoque tout naturellement l'image qui sera celle du Bon Pasteur ramenant au bercail la brebis égarée (30-42). Toutes ces prescriptions évoquent celles de Virgile, mais elles sont empreintes d'une plus grande rusticité et d'un réalisme en accord avec le personnage du vieux berger. Micon poursuit par des conseils de prudence, inspirés par la traîtrise du printemps (43-49). Ce n'est qu'avec la venue de l'été que les troupeaux pourront partir au point du jour vers les forêts — et le poète esquisse l'image attendue des prés baignés de rosée. L'heure chaude est marquée par le chant des cigales et la recherche de l'ombre. Enfin, l'heure où l'oiseau lance ses derniers trilles donnera le signal de la rentrée des troupeaux (50-65). Ainsi saisons et journées sont-elles rythmées par des images qui se succèdent avec la marche du soleil.

Micon passe ensuite aux tâches spécialisées qui attendent le berger: confection de ballots de peau, tontes diverses — où l'image de la barbe des boucs apporte sa note pittoresque —, marquage des bêtes, tri des peaux et inspection soigneuse des bêtes pour être sûr qu'elles ne sont pas blessées (66-75). Les recommandations multiples de Micon témoignent d'une âme de paysan attentif à son bétail par attachement autant que par intérêt. Certes, les médications conseillées rappellent de très près la troisième géorgique, mais la pharmacopée vétérinaire du temps ne devait pas être infinie (76-80). L'opération du marquage paraît propre à Calpurnius; aussi les édi-

14. Tibulle, 1,1,34-35; 2,10,37: «rura cano rurisque deos».

teurs ont-ils hésité sur les ingrédients employés: miel et argent, puis bitume, s'il faut en croire la plupart des manuscrits (80-85). Après une description de la campagne desséchée par la canicule, Micon conseille de purifier les étables, pour écarter les serpents venimeux. Là encore, Virgile est le modèle, mais l'imitation n'est jamais littérale: les détails sont originaux, comme la peinture du serpent paralysé par la fumée, que Virgile montrait au contraire en pleine vigueur (86-94).

L'automne est la saison des vendanges, mais Calpurnius ne s'y attarde pas dans ce poème. Micon évoque plutôt la taille des bois et des branchages qui serviront plus tard de nourriture aux bêtes enfermées (95-105). On doit mêler les rameaux frais aux branches séchées, à moins qu'il ne s'agisse du greffage, mais les travaux paraissent centrés sur les soins à apporter au bétail. L'hiver est là, avec le gel qui durcit les feuilles. Il faut veiller à sauvegarder de la verdure et à protéger le troupeau du gel. Le suc des plantes gonflées de sève sera le gage d'une bonne santé (106-115). Calpurnius ne fait que suggérer la menace de l'épidémie, longuement développée par Virgile (116-118). Le poème s'achève par les regrets du vieux Micon sur sa perte de mémoire et l'évocation, assez inattendue, d'un crépuscule qui succède un peu vite aux heures chaudes qui baignaient le début du poème.

Malgré les emprunts indéniables faits à la troisième géorgique, le climat de cette bucolique reste original. L'humour y plane. Les recommandations sont adaptées à la fiction du vieillard donneur de conseils pleins d'expérience, mais multiples et minutieux. Chaque passage de saison est évoqué par quelques vers denses et imagés. Comme dans les autres bucoliques, la peinture du printemps est privilégiée. Bien des détails ne sont nullement virgiliens. Ils confirment, s'il en était besoin, une authentique connaissance des choses de la campagne chez Calpurnius.

V
(Micon, Canthus)

Un jour le vieux Micon et Canthus, le fils de Micon, cherchaient à éviter l'ardeur du soleil sous une yeuse largement déployée[114], lorsque le vieillard, voulant donner des conseils à son jeune fils, lui adresse ces mots qui hésitent sur ses lèvres tremblantes: «Ces chevrettes que tu vois errer parmi les buissons et tondre les bourgeons argentés à belles dents[115], Canthus, mon petit, avec ces troupeaux ramenés de la montagne que tu vois brouter l'herbe dans la plaine ensoleillée, je te les donne, comme un père trop âgé, à toi qui es jeune: reçois-les pour les garder toi-même. Désormais tu es capable, c'est sûr, de suer à la peine, désormais tu es capable de faire travailler à ma place ta jeunesse active. Vois-tu comme à présent l'âge m'apporte mille sujets de plainte et comme ma vieillesse courbée s'appuie sur un bâton? Mais les règles par lesquelles on dirige les chèvres qui aiment les taillis et les brebis qui préfèrent errer dans les prés mœlleux, je vais te les apprendre. Au printemps nouveau, lorsque déjà les oiseaux commenceront à gazouiller et que l'hirondelle de retour maçonnera ses nids de boue, sans attendre, tu feras quitter à tout le troupeau son bercail d'hiver. Car c'est à ce moment-là que la forêt bourgeonne le mieux de pousses printanières et, en se renouvelant, prépare l'ombre de l'été; c'est alors que les bois sont en fleurs et que l'année renaît toute verdoyante; c'est alors que Vénus et l'ardeur brûlante de l'amour

V
(Micon, Canthus)

Forte Micon senior Canthusque, Miconis alumnus,
torrentem patula uitabant ilice solem,
cum iuueni senior praecepta daturus alumno
talia uerba refert tremulis titubantia labris:
«Quas errare uides inter dumeta capellas
canaque lasciuo concidere germina morsu,
Canthe puer, quos ecce greges a monte remotos
cernis in aprico decerpere gramina campo,
hos tibi do senior iuueni pater: ipse tuendos
accipe. Iam certe potes insudare labori,
iam pro me gnauam potes exercere iuuentam.
Aspicis ut nobis iam dudum mille querelas
afferat et baculum premat inclinata senectus?
Sed qua lege regas et amantes lustra capellas
et melius pratis errantes mollibus agnas,
percipe. Vere nouo, cum iam tinnire uolucres
incipient nidosque reuersa lutabit hirundo,
protinus hiberno pecus omne mouebis ouili.
Tunc etenim melior uernanti *ger*mine silua
pullat et aestiuas reparabilis incohat umbras,
tunc florent siluae uiridisque renascitur annus,
tunc Venus et calidi scintillat feruor amoris

2 ilice *H*: illi- *NV* yli- *G* arbore *V* || 3 cum *NGH*: tum *V* || 6 canaque *HV*: uan- *NG* || germina *N*: gram- *GHV* || 8 gramina *GHV*: germ- *N* || 12 iam dudum *HVF*: iampridem *cwx* aetas iam *NG* || 15 mollibus $N^{2}V$: moli- *N* monti- *G* || 16 tinnire $N^{2}V$: cecinere *G* cantare G^{2}*mg.* || 17 incipient *NGH*: -piunt *V* || lutabit *NGAH*: habita- *V* || 19 melior *NG*: tota *HV* toto *Ugol.* || germine *Bur.*: gram- *codd.* || silua *NGP*: saltus *Heut* || 21 tunc *NGPH*: tum *dewx* || 22 tunc *NGPH*: tum *dewx*.

brillent de tous leurs feux[116] et que le troupeau lascif accueille la saillie des boucs. Mais n'ouvre pas la porte à tes troupeaux pour les envoyer dans les pâturages avant de t'être concilié la faveur de Palès[117]. Alors, sur le vert gazon dresse un autel[118] et avec un gâteau salé[119], invoque le génie du lieu, Faunus et les Lares; puis qu'une victime arrose de son sang les couteaux tièdes: avec elle aussi, tandis qu'elle vit encore, purifie les bergeries. Alors, sans plus attendre, tu livreras la rase campagne aux moutons, les buissons aux chèvres, au lever du soleil, dès qu'il aura commencé à gravir cette montagne et qu'il aura tiédi le cours de la première heure. Mais si par hasard tu en avais le temps, tandis que le soleil dissipe le froid matinal, que tes seaux bouillonnent du lait écumant qui coule des pis gonflés. Tu les empliras et tu reprendras pour le presser au matin ce qu'aura fourni la traite du couchant[120]. Épargne pourtant les mères: ne va pas rechercher un gain d'un si haut prix que la vente du fromage te coûte tes agneaux de neige[121]; car tu veilleras sur les petits avec un amour tout particulier. N'aie pas de honte non plus lorsque sur le soir tu visiteras les bercails, si une brebis reste étendue, à peine délivrée d'une mise bas, de l'emporter sur tes épaules et de prendre tout contre ta poitrine les nouveaux-nés tremblants et encore incapables de se tenir sur leurs pattes[122]. Tu ne rechercheras pas de lointains herbages, à l'écart de tes parcs, ni les pâturages d'une forêt reculée, tant que l'humeur changeante de Jupiter mène à son terme la saison printanière. Car tu dois te méfier de la traîtrise du printemps: tantôt d'un front serein et avec des manières trop enjôleuses il se prend à sourire, tantôt il apporte des nuages de pluie qui obscurcissent l'air et emporte dans des torrents les malheureuses agnelles. Mais lorsque les longues journées ramèneront la canicule assoiffée et que le ciel ne changera plus

lasciuumque pecus salientes accipit hircos.
Sed non ante greges in pascua mitte reclusos,
quam fuerit placata Pales. Tum caespite uiuo
pone focum geniumque loci Faunumque Laresque
salso farre uoca; tepidos tunc hostia cultros
imbuat: hac etiam, dum uiuit, ouilia lustra.
Nec mora, tunc campos ouibus, dumeta capellis
orto sole dabis, simul hunc transcendere montem
coeperit ac primae spatium tepefecerit horae.
At si forte uaces, dum matutina relaxat
frigora sol, tumidis spument tibi mulctra papillis.
Implebis quod mane fluet, rursusque premetur
mane quod occiduae mulsura redegerit horae.
Parce tamen fetis: ne sint compendia tanti,
destruat ut niueos uenalis caseus agnos;
nam tibi praecipuo fetura colatur amore.
Te quoque non pudeat, cum serus ouilia uises,
si qua iacebit ouis partu resoluta recenti,
hanc umeris portare tuis natosque patenti
ferre sinu tremulos et nondum stare paratos.
Nec tu longinquas procul a praesaepibus herbas
nec nimis amotae sectabere pabula siluae,
dum peragit uernum Iouis inconstantia tempus.
Veris enim dubitanda fides: modo fronte serena
blandius arrisit, modo cum caligine nimbos
intulit et miseras torrentibus abstulit agnas.
At cum longa dies sitientes afferet aestus

24 mitte reclusos *N*: micte reclusos *G* mittito clausos *HV* mictito clausos *fg* || 25 tum *g*: tunc *H* tu *NV* || 26 loci *NGP*: fo- *V* || laresque *NG*: -remque *HV* || 28 hac *NG*: ac *V* || uiuit N^2V: -uat *NG* || 30 transcendere *NG*: acced- *V* ascende *H* || 31 ac *NG*: et *Hbuwxy* ut *V cett.* || 32 at *NGwx*: ac *HV cett.* || relaxat *NV*: -xet *G* || 34 implebis *codd.*: in tenebris *Hous.* in fiscis *Bur.* || quod *GV*: quid *v* quo *Asc.* || mane *NG*: messe *V* massa *Barth* || fluet *N*: fluat *HV* fluent *G* || 35 quod *NV*: quid *G* || 38 colatur *HV*: -letur *NG* || 41 patenti *cdguy*: paren- *NGbegwx* tepen- $Hfikru^2$ || 44 pabula *NV*: pascua *G* || 49 sitientes *NGbcdewy*: -tibus *V cett.* || afferet *NGHfdghu*: -rat N^2V *cett.*

selon les caprices du dieu, alors confie tes troupeaux aux forêts, alors va plus loin chercher des herbages; mais que le troupeau sorte avant le jour: l'air humide du matin rend la pâture tendre, à l'heure où les vents s'enfuient, où les frais herbages sont arrosés de rosée nocturne et qu'au matin dans le gazon luisent des gouttelettes[123]. Mais dès que les cigales aux cris stridents font retentir le bocage, pousse tes troupeaux vers la source; ne les laisse pas tout de suite rechercher l'herbe des plaines, pour un temps mets-les à l'abri d'un chêne rouvre qui étend ses antiques ombrages. Puis lorsqu'à la neuvième heure, avec le déclin du soleil[124], il commencera à faire plus tiède et que poindra l'heure de la nourriture du soir[125], fais paître à nouveau tes troupeaux et quitte les bois à l'ombre épaisse. Et n'enferme pas le troupeau dans son bercail d'été avant que dans son nid léger l'oiseau ne songe à s'endormir et ne lance ses trilles frémissants d'une voix qui frissonne. Lorsque le moment sera enfin venu de tondre la laine devenue longue, de lier les toisons graisseuses d'un jonc bien fin, de couper les crinières des boucs et leurs barbes puantes[126], commence par répartir ton troupeau et, après avoir marqué les bêtes, enferme ensemble les toisons semblables: ainsi les longues ne se mêleront pas aux courtes, les souples aux raides, les blanches aux noires. Mais lorsqu'une brebis, en perdant sa robe, a mis à nu ses côtes dépouillées, regarde bien si la pointe des cisailles ne lui a pas blessé la peau et si une pustule ne dissimule pas une infection sournoise sous une blessure cachée. Si on ne la débride pas par le fer, ah! comme par une rouille corrosive, le pus rongera son corps pitoyable et rabougrira ses os pourrissants[127]. Aie la précaution, je te le conseille, de garder chez toi du soufre vif, une tête de

nec fuerit uariante deo mutabile caelum,
iam siluis committe greges, iam longius herbas
quaere; sed ante diem pecus exeat: umida dulces
efficit aura cibos, quotiens fugientibus Euris
frigida nocturno tanguntur pascua rore
et matutinae lucent in gramine guttae.
At simul argutae nemus increpuere cicadae,
ad fontem compelle greges; nec protinus herbas
et campos permitte sequi, sed protegat illos
interea ueteres quae porrigit aesculus umbras.
Verum ubi decliui iam nona tepescere sole
incipiet seraeque uidebitur hora merendae,
rursus pasce greges et opacos desere lucos.
Nec prius aestiuo pecus includatur ouili,
quam leuibus nidis somnos captare uolucris
cogitet et tremulo tremebunda *fri*tinniat ore.
Cum iam tempus erit maturas demere lanas,
succida iam tereti constringere uellera iunco,
hircorumque iubas et olentes caedere barbas,
ante tamen secerne pecus gregibusque notatis
consimiles include comas, ne longa minutis,
mollia ne duris coeant, ne candida fuscis.
Sed tibi cum uacuas posito uelamine costas
denudauit ouis, circumspice, ne sit acuta
forpice laesa cutis, tacitum ne pustula uirus
texerit occulto sub uulnere: quae nisi ferro
rumpitur, ah! miserum fragili rubigine corpus
arrodet sanies et putria contrahet ossa.

54 tanguntur *NGHV*: tin- fu^2 || 56 at *NGbguy*: ut *acdepqsxz* || 58 et *NGbcuwy*: uel *Aadepqs* || sed *NG*: sine *vel* siue *HV* || 60 decliui N^2V: -iuis *NG* -ini *Heins.* || nona *NGbdeu*: noua *V cett.* || 61 incipiet *codd.*: -pietque *wx Glaes. Leo* -pit esse *Hart.* -pit atque *Baehr.* || seraeque N^2V: -rique *NG* -ri *Baehr.* || merendae N^2V: premendi *NG* || 65 et *NGbcdewy*: ac $Hfikru^2$ at *hn* || tremulo *NAH*: -li *V* || tremebunda *HV*: -do *NGA* queribunda *Glaes.* || fritinniat *Glaes.*: tinn- *AH* frun- *NG* coagula *V* || ore *NAGH*: lactis *V* -cte $N^2mg.$ || 66 maturas *NGAH*: -ternas *V* || 73 denudauit *NG*: -bit *HV* || 74 pustula *GHV*: pusula *N* || 77 arrodet *NG*: cor- *HV* || putria *NG*: -rida *HV*.

scille et du bitume à l'odeur fétide, si tu veux porter remède aux blessures[128]. Ne te laisse pas démunir non plus de la dure poix du Bruttium[129]; souviens-toi d'oindre le dos de tes bêtes d'une couche de poix liquide, lorsqu'elles viennent d'être tondues. Fais fondre aussi avec du miel un certain poids d'argent vif et du bitume visqueux placés dans un chaudron[130], si tu veux marquer ton nom sur ta brebis; car tu éviteras des procès sans fin si l'on peut lire le nom du propriétaire sur l'épaule. À présent encore, tant que la canicule dessèche les champs, brûle le sol, crevasse le marais, dont l'abondante boue est toute sèche, et que le soleil trop fort réduit en poussière les herbes fragiles, profites-en pour enflammer dans les enclos le galbanum jaunâtre[131] et pour purifier tes huttes par la fumée de corne de cerf[132]. Cette odeur a toujours été fatale aux serpents venimeux. Tu verras toi-même s'évanouir la menace de ces reptiles: pas un n'est capable de resserrer ses crochets recourbés; affaibli, la gueule sans force, languissant, il gît désarmé, avec un venin inoffensif. Maintenant, attention, examine comment tu organiseras la saison de l'hiver prochain. Lorsque la vigne ouvre sa clôture et que le vendangeur paisible transporte les grappes cueillies, mets-toi à émonder le bois à la serpe et à couper les feuillages encore vifs. C'est le moment de tailler les tendres branches à leur extrémité; c'est maintenant qu'il faut conserver leur chevelure pour l'hiver, tant qu'il leur reste de la sève, que le feuillage est vert et que le vent d'Afrique ne secoue pas

Prouidus — hoc moneo! — uiuentia sulphura tecum
et scillae caput et uirosa bitumina portes,
ulceribus laturus opem. Nec Brutia desit
dura tibi; et liquido simul unguine terga memento,
si sint rasa, linas; uiui quoque pondera melle
argenti coquito lentumque bitumen aheno,
impressurus oui tua nomina; nam tibi lites
auferet ingentes lectus possessor in armo.
Nunc etiam, dum siccus ager, dum feruida tellus,
dum rimosa palus et multo torrida limo
aestuat et fragiles nimium sol puluerat herbas,
lurida conueniet succendere galbana saeptis
et tua ceruino lustrare mapalia fumo.
Obfuit ille malis odor anguibus. Ipse uidebis
serpentum cecidisse minas; non stringere dentes
ulla potest uncos, sed inani debilis ore
marcet et obtuso iacet exarmata ueneno.
Nunc age uicinae circumspice tempora brumae
qua ratione geras. Aperit cum uinea saepes
et portat lectas securus uinitor uuas,
incipe falce nemus uiuasque recidere frondes.
Nunc opus est teneras summatim stringere uirgas,
nunc hiemi seruare comas, dum permanet umor,
dum uiret et tremulas non excutit Africus umbras.

78 hoc *NGbcdewy*: haec *V cett.* || moneo *GPHV*: -neo ut *N* || 79 et *NGAH*: atque *cdegu* || uirosa *NG*: uitr- *HA* nitr- *H*^{2} intacta *cdegu* || portes *NG*: -ta *HV* || 80 ulceribus *HV*: uulner- *NG* || 81 dura *N*^{2}*HV*: pia *NG* pix *Baehr.* || et *Hpu*: *om. V cett.* tu *Baehr.* || simul *Hfirt*: picis *NGV cett.* || unguine *Gcfuwy*: -guie H -gere *V cett.* || 82 rasa *V*: rara *NG* || uiui *Hhu*: uini *V cett.* durae *NG* || melle *HV*: massae *NG* malthae *Giar.* || 83 argenti *NGHbcdeuy*: -tum *firtu*^{2} ardenti *G mg.* || 85 auferet *NGbcfghuy*: aff- *V cett.* ||ingentes *NGwx*: -ti *V cett.* || 86 nunc *NG*: tunc *V* || dum *N*^{2}*GPHbcdeuy*: quum *firt* || 88 nimium *NGbfghuy*: -mius *V cett.* || 91 obfuit *NGabcdeuy*: offuerit *Hfikrt* || ille malis *NG*: iste -lis *abcdeuy* -lus iste *Hfikrt* || 95 nunc *NGfirtu*^{2}: tunc *V cett.* || 97 et *GV*: at *N* || lectas *codd.*: laet- *Giar.* || uinitor *N*^{2}*HV*: circi- *NG* || 99 nunc *NG*: tunc *N*^{2}*V* || 100 nunc *NG*: tunc *V* tum *Adex* || hiemi *N*: -mis *GH* debes *V*.

encore les ombrages qui tremblent. Tu seras bien aise de les sortir un jour des tièdes fenils, lorsque la fin de l'année aura enfermé tes troupeaux[133]. C'est alors qu'il te faut redoubler d'efforts, c'est alors que se manifestent à nouveau en leur temps notre ardeur au travail, notre zèle consciencieux et toutes les qualités qui sont celles des pasteurs. N'hésite pas à mêler de frais rameaux aux rameaux secs pour leur insuffler une sève nouvelle[134]. De peur qu'un hiver rigoureux ne fasse planer la menace de ses nuages pluvieux, qu'un gel intense et les neiges entassées ne fassent courber ton bois et n'emprisonnent le feuillage, toi cependant tu entasseras dans le val gelé les feuilles lisses du lierre ou le saule tendre. Il te faut compenser la soif de tes troupeaux, Canthus, par une nourriture composée de verdure. Il ne leur servirait à rien d'avoir devant eux un monceau de feuilles desséchées, aussi énorme que soit le tas, s'il doit leur manquer ces pousses gonflées du jus de la sève, qui renferment en leur mœlle quelque principe vital. Surtout jonche le sol gelé de paille et de feuilles tombées, de peur que par malheur une bête ne se laisse pénétrer par la brûlure du froid et que la maladie ne ravage tes troupeaux. Il y a bien des conseils encore que je voudrais avoir à l'esprit, car il en reste beaucoup d'autres. Mais déjà la fin du jour tombe, déjà le soleil a fui et la froide étoile du soir chasse les heures chaudes de l'été[135].

133. Les branchages serviront de nourriture aux bêtes; on se contentera de lierre ou de saule, à défaut d'autres feuillages.

134. Le texte est ambigu. Il peut souligner simplement la nécessité de mêler les fourrages ou, comme le comprend R. Verdière, inviter à pratiquer le greffage, dont les techniques sont exposées par Virgile *georg.*, 2,78-82.

135. Cette étoile est Vesper, jeune homme métamorphosé en étoile par Vénus et parfois identifié aussi à Lucifer, l'étoile du matin. C'est la planète Venus, dont la vive lueur brille au-dessus de l'horizon pendant les crépuscules d'été: *eleg. in Maecen.* 1,129-132. — Cette bucolique est la seule à se terminer sur une évocation du soir, à la manière de Virgile, alors qu'elle commençait en pleine chaleur. Mais Calpurnius s'est montré cette fois assez peu soucieux du cadre de sa bucolique.

Has tibi conueniet tepidis fenilibus olim
promere, cum pecudes extremus clauserit annus.
Hic tibi nitendum est, labor hic in tempore noster
gnauaque sedulitas redit et pastoria uirtus.
Ne pigeat ramos siccis miscere recentes
et sucos adhibere nouos; ne torrida nimbis
instet hiems nimioque gelu niuibusque coactis
incuruare uelit nemus et constringere frondes,
tu tamen aut leues hederas aut molle salictum
ualle premes gelida. Sitis est pensanda tuorum,
Canthe, gregum uiridante cibo. Nihil aridus illis,
ingenti positus quamuis strue, prosit aceruus,
uirgea si desint liquido turgentia suco
et quibus est aliquid plenae uitale medullae.
Praecipue gelidum stipulis et fronde caduca
sterne solum, ne forte rigor penetrabile corpus
urat et interno uastet pecuaria morbo.
Plura quidem meminisse uelim, nam plura supersunt...
Sed iam sera dies cadit et iam sole fugato
frigidus aestiuas impellit Noctifer horas».

102 has *d*: ast *cett.* || tibi *NGdfikrtu*: ubi *HV cett.* || 104 hic *AH*: hoc *NG* sic *V* || nitendum est *HV*: nitendum *c* nectendum *N* uidendum *G* || hic *NG*: hoc *HV* || 105 redit *NG*: uenit *HV* || 106 ne *NGdkru*^{2}*wx*: nec *V cett.* || 107 ne *aut* neu *codd.*: cum *Giar.* || 109 uelit *NG*: -lis *HV* || 110 tamen *NGPH*: mihi *cdehy* || 111 gelida *HV*: media *NG* || 116 stipulis *HV*: -le *NG* -la *Glaes.* || et *HV*: cum *NG* || 118 interno *NGHV*: ext- *y* || pecuaria *NGAH*: penetralia *V* || 119 meminisse *NGy*: nouisse *f* monuisse *V cett.*

Bucolique VI

Pour J. Hubaux, ce poème est le plus faible du recueil[15]. Cette bucolique développerait la querelle qui occupe la première partie de la troisième bucolique de Virgile, s'arrêtant là où Virgile entame un concours de chants amébées sur les amours des bergers. Ici, la rivalité est purement poétique, l'accent étant mis sur la querelle elle-même. Cette différence suffirait à montrer l'originalité de Calpurnius: il ne démarque jamais Virgile. Il confère à ses personnages et à leur dispute une violence et une rusticité fort éloignées de l'élégance virgilienne.

La querelle éclate à propos de l'arbitrage par Astyle d'un concours de chant où le jeune Alcon a triomphé de Nyctile (1-5). À cette nouvelle, Lycidas ne peut se contenir et attaque l'arbitre avec virulence, suggérant perfidement qu'il s'est laissé séduire non par le talent, mais par l'apparence du joli garçon; il brosse les portraits contrastés des deux candidats en un style d'épigramme aussi alerte que mordant: l'un est pareil à un hérisson, l'autre à un œuf bien poli (6-16). Astyle rétorque avec aigreur, mais calmement. Lycidas, dont l'âpreté se traduit par des calembours sur la probité du juge, propose d'engager avec lui une joute (17-21). Celui-ci riposte par le mépris et, en une image insolente, évoque le bégaiement de Lycidas, qui crache ses mots un par un. Ce dernier, furieux, reprend, lui aussi, son calembour plein de sous-entendus insultants; cependant, arrive Mnasylle, que les deux rivaux vont prendre pour arbitre (22-29).

Le ton d'Astyle est toujours froidement méprisant. Il n'est pas loin de refuser de s'abaisser à lutter avec Lycidas (30-32). Cependant, pour mettre celui-ci au pied

15. J. Hubaux, *Les thèmes bucoliques*..., *op. cit.*, p. 226.

du mur, il présente le magnifique gage qui sera l'enjeu de la lutte: un cerf couché parmi les lis. La critique a été féroce pour cette *ekphrasis* toute empreinte d'alexandrinisme, avec un goût baroque de la surcharge (voir Introduction). Le cerf favori de Pétalè, maîtresse d'Astyle, est décrit par son attitude charmante de bête apprivoisée, puis par son brillant harnachement et, enfin, par ses ornements: guirlandes de roses, boules de verre et surtout une défense, brillante comme un croissant de lune, qui pend sur le poitrail de la bête (30-47).

De ce somptueux présent, qu'Astyle n'engage que parce qu'il est sûr de ne pas le perdre, Lycidas se doit d'offrir l'équivalent. Il va présenter un poulain de race, dont la description n'atteint pas la luxuriance de celle du cerf. Mais n'est-ce pas ce qu'a voulu Calpurnius, en dépeignant Lycidas comme un brutal prétentieux? Le style, plus net et plus incisif, cerne les qualités morphologiques d'un bon cheval de course: assiette ferme, tête haute, jambe légère, sabot étroit, et cette brève évocation s'achève par l'image gracieuse du poulain qui batifole dans les herbes (48-57). Dans certains manuscrits, le tableau s'alourdit inutilement d'un vers indéniablement interpolé.

Mnasylle accepte de servir d'arbitre. Mais Astyle suggère d'échapper au bruit du ruisseau, qui renvoie les sons en écho. Calpurnius l'évoque avec une grâce qu'on ne retrouvera que chez Tiberianus[16]. À Lycidas de peindre la grotte moussue où ils vont se réfugier. Sa description peut passer pour le chef-d'œuvre de Calpurnius en la matière; cette fois, sa facture complexe annonce singulièrement Claudien[17]: au-dessus, des gouttes d'eau tombent d'une voûte en arc de cercle, «comme d'une carapace rongée» (58-68).

16. Tiberianus, 1,1-5.

17. Par exemple l'image du triton qui se fait parasol, dans *nupt. Honor*, 149: «umbratura deam retro sinuatur in arcum bellua». Sur cette *ekphrasis*, voir Introduction, p. XL.

Pour apaiser les esprits, Mnasylle vante les commodités de la grotte et invite les rivaux à chanter — à l'instar de Virgile — les bergères qui occupent leurs pensées (69-74). Mais le projet tourne court, ce qui montre bien que Calpurnius ne se soucie pas de suivre Virgile pas à pas. Avec un sens certain de l'humour, il nous montre des adversaires trop irrités pour se calmer. Le ton monte. Lycidas fait perfidement allusion à un jugement précédent de Mnasylle, où l'on soupçonne qu'Astyle n'a pas eu le beau rôle. Devant cette provocation ouverte, Astyle, jusque-là méprisant, éclate de colère et se réjouit d'entendre bientôt bafouer Lycidas (75-83). Accumulant les insinuations fielleuses, Lycidas ridiculise les mœurs efféminées qu'il prête à Astyle, qu'il prétend amoureux de Mopsus. Entendant ces insultes, Astyle ne peut plus se contenir (84-87). Les adversaires sont prêts à en venir aux mains. Mnasylle, dépassé et affolé, comprend qu'il n'est plus question d'arbitrage poétique et accueille avec soulagement l'arrivée de deux autres bergers, Micon et Iollas (88-92).

Il faut donc se garder de comparer cette bucolique avec celle de Virgile. Elle vaut par les caractères tranchés des protagonistes: Lycidas, violent, comme dans la troisième bucolique, perfide, se plaisant à insinuer, somme toute assez déplaisant, à moins qu'il n'ait été amoureux de ce Nyctile qui déclenche toute la querelle; Astyle apparaît plus froid et plus méprisant; fort de son expérience, il n'éclate que lorsqu'il est poussé à bout. Calpurnius a déjà traité le thème de la jalousie dans la troisième bucolique, mais jamais avec cette fureur. Cependant, l'humour, propre à l'épigramme héllénistique, affleure partout dans ce poème, par exemple dans la façon dont Mnasylle se trouve impuissant à calmer les adversaires et à leur proposer un véritable concours poétique. Enfin, cette bucolique renferme trois *ekphraseis* de style baroque qui, souvent méconnues, sont parmi les mieux venues de Calpurnius.

VI
(Astyle, Lycidas, Mnasylle)

Astyle

Tu arrives bien tard, Lycidas: tantôt Nyctile et le jeune Alcon[136] se sont affrontés sous ces rameaux en chants alternés; j'étais juge, mais ils ne venaient pas sans gages. Nyctile offrait des chevreaux accompagnés de leur mère, l'autre offrait un chiot de mère «lionne»[137], dont il a garanti la race par serment, mais, vainqueur, il a tout emporté.

Lycidas

Que Nyctile ait été vaincu au chant par un Alcon mal dégrossi, je ne puis le croire, Astyle, que si la corneille pouvait surpasser le chardonneret, si le hibou sinistre pouvait l'emporter sur le mélodieux rossignol[138].

Astyle

Puissé-je ne jamais posséder Pétalè, la seule pour qui je brûle actuellement, si Nyctile approche de l'autre par sa maîtrise du pipeau ou par ses chants plus que par son visage.

Lycidas

À présent, je comprends: à ton tribunal l'un s'est présenté livide, la barbe hirsute, plus épineux qu'un porc-épic[139]; l'autre était éclatant de blancheur et plus net qu'un œuf lisse, les yeux rieurs et les cheveux tout pareils à l'or, tel qu'on pouvait en dire, s'il ne chantait pas: c'est Apollon!

VI

(Astylus, Lycidas, Mnasyllus)

Astylus

Serus ades, Lycida: modo Nyctilus et puer Alcon
certauere sub his alterno carmine ramis,
iudice me, sed non sine pignore. Nyctilus haedos
iuncta matre dedit, catulum dedit ille leaenae
iurauitque genus; sed sustulit omnia uictor.

Lycidas

Nyctilon ut cantu rudis exsuperauerit Alcon,
Astyle, credibile est, si uincat acanthida cornix,
uocalem superet si dirus aedona bubo.

Astylus

Non potiar Petale, qua nunc ego maceror una,
si magis aut docili calamorum Nyctilus arte
aut cantu magis est quam uultu proximus illi.

Lycidas

Iam non decipior: te iudice, pallidus alter
uenit et hirsuta spinosior hystrice barba;
candidus alter erat leuique decentior ouo
et ridens oculis crinemque simillimus auro,
qui posset dici, si non cantaret, Apollo!

1 serus *NGH*: laetus *V* || 4 dedit N^2*GV*: deo *Nx* duos *Korz.* || 7 si *NG*: ut *HV* || 8 dirus *NGAH*: turpior *V* || 9 non *NG*: te *V* || petale *Asc.*: croca- *aut* crota- *aut* corta- *codd.* || 12 non *NGH*: nunc *V* || 13 barba *NHV*: -bam *G*.

Astyle

Ah Lycidas, si tu avais quelque pratique du chant, toi aussi tu pourrais trouver justifiés les éloges qu'on décerne à Alcon.

Lycidas

Veux-tu donc, puisque tu m'es si supérieur, juge injuste[140], mesurer toi-même ta flûte avec la mienne? Tu veux en découdre? Qu'Alcon se présente comme arbitre si tu veux.

Astyle

Toi vaincre qui que ce soit? Est-il même un homme qui daignerait lutter avec toi? C'est à peine si tu distilles, la gorge sèche, des sons qui tombent goutte à goutte et si tu expulses tes mots en de méchants hoquets[141].

Lycidas

Invente encore plus, vas-y: car tu ne peux, homme injuste, me reprocher des griefs justifiés[142], comme tous ceux que t'as reprochés Lycotas[143]. Mais à quoi bon perdre notre temps en vaine querelle? Voici venir Mnasylle: il sera, sauf si par hasard tu le récuses, un arbitre qui ne se fiera pas à tes propos bouffis d'orgueil, impudent personnage.

Astyle

J'aurais préféré, je l'avoue, m'en aller, même condamné d'avance, plutôt que d'engager une portion de ma voix dans une lutte avec toi. Mais tu ne t'en tireras pas impunément! Tu vois ce cerf magnifique, étendu parmi

Astylus

O Lycida, si quis tibi carminis usus inesset,
tu quoque laudatum posses Alcona probare.

Lycidas

Vis igitur, quoniam nec nobis, improbe, par es
ipse tuos, iudex, calamos committere nostris?
Vis conferre manum? Veniat licet arbiter Alcon.

Astylus

Vinces tu quemquam? Vel te certamine quisquam
dignetur, qui uix stillantes, aride, uoces
rumpis et expellis male singultantia uerba?

Lycidas

Fingas plura licet: nec enim potes, improbe, uera
exprobrare mihi, sicut tibi multa Lycotas.
Sed quid opus uana consumere tempora lite?
Ecce uenit Mnasyllus: erit, nisi forte recusas,
arbiter inflatis non credulus, improbe, uerbis.

Astylus

Malueram, fateor, uel praedamnatus abire
quam tibi certanti partem committere uocis.
Ne tamen hoc impune feras: en aspicis illum
candida qui medius cubat inter lilia, ceruum?

17 inesset *NG* ades- *V* || 19 par es *bcdehku²*: pares *V cett.* par est *N* || 21 manum *Ncdhu*: -nus *GHV cett.* || ueniat licet *NGcdeg*: uel ueniat *Hfirtu* ut ueniat *fh* || 22 uinces *NG*: -cere *V* || 23 aride *Hfir*: -da *NGV cett.* || 25 uera *GAfu²*: uerba *NV* uerbo *irt* uerbum *H* || 28 mnasyllus *Hu²*: manasil- *V* masil- *N* || recusas *Ncduy*: -ses *GHdewx* || 29 inflatis *NGH*: insta nunc *V* || 30 malueram *NGH*: -rim *h* || praedamnatus *NAu²*: -dampnatus *G* praedam nactus *HV* || 32 ne *NG*: nec *HV* || feras *NG*: -res *HV*.

des lis éclatants de blancheur? Quoique ma chère Pétalè le chérisse, il est à toi si tu es vainqueur. Il a appris à supporter la bride et le collier, il suit docilement la voix de celui qui l'appelle et, sans impudence, il tend son museau au-dessus de la table. Vois-tu comme sur sa tête poussent de larges andouillers, comme sous les bois eux-mêmes et à son cou élégant pendent des rubans? Vois-tu comme son front brille, pris dans un licol blanc comme neige, et comme, descendant de son dos et faisant le tour de tout le ventre, la sangle latérale se pare d'une rangée de boules cristallines? Des roses enlacent ses bois avec délicatesse et entourent souplement ses tempes rameuses[144], un collier aux torsades rutilantes flotte au bas de son cou, où pend une défense de sanglier qui rehausse son poitrail d'un croissant de lune neigeux[145]. Ce cerf, comme tu le vois, Mnasylle, je m'offre à le perdre en gage, pourvu que notre homme sache bien qu'il ne sera pas vaincu sans enjeu.

Lycidas

M'effrayer par son cadeau, voilà ce qu'il croit, Mnasylle! Tu vas voir comme j'ai peur! Comme vous le savez, j'ai des cavales d'une race peu commune; j'offrirai un poulain de leur sang, le rapide Pétasos[146] qui, maintenant qu'il a quitté sa mère, vient de goûter à l'herbe de ses jeunes dents: [pied léger, flanc tendu, encolure très haute] il a croupe ferme, tête frémissante, encolure légère[147], le sabot arrondi est enserré dans une corne étroite; c'est lui qui le fait bondir dans les prés verdoyants si légèrement qu'il touche sans les courber les frêles épis. Je le donnerai si je suis vaincu, je le jure par les divinités des bois.

144. La disposition des adjectifs *subtiles* et *molles* surprend. Burmann commente ainsi: «latet aliquid in uoce *subtiles* forte genus diuersum a rosis». Cependant, il n'y a pas lieu de modifier la leçon des manuscrits.

Quamuis hunc Petale mea diligat, accipe uictor.
Scit frenos et ferre iugum sequiturque uocantem
credulus et mensae non improba porrigit ora.
Aspicis ut fruticat late caput utque sub ipsis
cornibus et tereti pendent redimicula collo?
Aspicis ut niueo frons inretita capistro
lucet et, a dorso quae totam circuit aluum,
alternat uitreas lateralis cingula bullas?
Cornua subtiles ramosaque tempora molles
implicuere rosae rutiloque monilia torque
extrema ceruice natant, ubi pendulus apri
dens sedet et niuea distinguit pectora luna.
Hunc, sicu*t*que uides, pignus, Mnas*y*lle, paciscor
perdere, dum sciat hic se non sine pignore uinci.

Lycidas

Terreri, Mnasylle, suo me munere credit!
Aspice quam timeam! Genus est, ut scitis, equarum
non uulgare mihi, quarum de sanguine ponam
uelocem Petason, qui gramina matre relicta
nunc primum teneris libauit dentibus: illi
52bis [pes leuis, adductum latus, excelsissima ceruix,]
terga sedent, micat acre caput, sine pondere ceruix,
et tornata breui substringitur ungula cornu,
ungula, qua uiridi sic exsultauit in aruo,
tangeret ut fragiles, sed non curuaret, aristas.
Hunc dare, si uincar, siluestria numina iuro.

35 et *NGV*: scit *AHewx* || 37 fruticat *fin*: -cet *GHV cett.* || 38 pendent *NGH*: lucent *AV* || 40 et *GHV*: etiam *N* || 44 natant *NH*: -tent *G* notant *V* nitent *Ulit.* || 46 sicutque uides pignus mnasylle *Baehr.*: sicumque uides pignus mascille *G* ego sic cumque uides mnasille *N* ego qualemcumque uides in ualle *HV* || 47 perdere *NH*: pend- N^2V prod *G* || 49 quam *GV*: quem *N* || 50 uulgare *NGAH*: iugale *V* || 51 petason *NH*: pega- *y* pegasum *wx* || 52 illi *V*: illa *NG* || *post uersum 52 aut 53 unus uersus quem Beck tamquam spurium seclusit exstat in cdegqu*^{2}*wx* || 56 sed *GHV*: si *N*.

Mnasylle

J'ai le temps: vous entendre chanter sera un plaisir. Je serai juge, entamez seulement la lutte si vous voulez bien: là devant, voici un lit de gazon que les Muses ont dressé sous l'yeuse.

Astyle

Mais pour que le bruit du ruisseau voisin ne couvre pas nos voix, quittons ces herbages et la rive de l'onde tournoyante. Car, en passant au creux d'une roche rongée, les eaux me renvoient un son rauque et les graviers du ruisseau babillard me gênent.

Lycidas

S'il vous plaît, gagnons plutôt la grotte et les rochers voisins, ces rochers où pend une mousse verdoyante, dont la toison laisse échapper des gouttes d'eau, au-dessus de roches qui se courbent en une arche creuse, formant une conque pareille à une carapace rongée[148].

Mnasylle

Nous sommes arrivés. Nous avons échangé le bruit pour une grotte tranquille. Si vous voulez vous asseoir, ce tuf va vous offrir des sièges, si vous préférez vous appuyer sur le coude, l'herbe verdoie plus douce que des tapis. À présent, laissez là votre querelle et chantez-moi vos vers: car j'aimerais mieux que tour à tour vous chantiez vos tendres amours: toi, Astyle, célèbre Pétalè et toi, Lycidas, Phyllis.

Mnasyllus

Et uacat et uestros cantus audire iuuabit.
Iudice me sane contendite, si libet: istic
protinus ecce torum fecere sub ilice Musae.

Astylus

Sed ne uicini nobis sonus obstrepat amnis,
gramina linquamus ripamque uolubilis undae.
Namque sub exeso raucum mihi pumice lymphae
respondent et obest arguti glarea riui.

Lycidas

Si placet, antra magis uicinaque saxa petamus,
saxa, quibus uiridis stillanti uellere muscus
dependet scopulisque cauum sinuantibus arcum
imminet exesa ueluti testudine concha.

Mnasyllus

Venimus et tacito sonitum mutauimus antro.
Seu residere libet, dabit ecce sedilia tophus,
ponere seu cubitum, melior uiret herba tapetis.
Nunc mihi seposita reddantur carmina lite;
nam uicibus teneros malim cantetis amores:
Astyle, tu Petalen, Lycida, tu Phyllida lauda.

59 me sane *codd.*: mnasylle *Baehr.* || 61 obstrepat *Gwx*: -pit *N* -pet *V cett.* || amnis *V*: ann- *NG* || 65 L. *Nfir*: A. *bcdeuy om. Ghn* || 69 sonitum *NGH*: -tus *ikrtu* || mutauimus *NG*: -tuabimus N^2 tutabimur *V* || 71 tapetis NG^2Hu^2: tephetys *G* lapillis *V*.

Lycidas

Toi, à présent — c'est une prière Mnasylle — daigne nous écouter de ces oreilles que tu viens de prêter, dit-on, à cet homme et à Acanthis[149], en étant leur arbitre dans le bois de Thaléa[150].

Astyle

Non, quand ce personnage me provoque, je ne puis me taire! J'éclate, Mnasylle! Il ne fait que chercher querelle! Qu'il écoute ou qu'il parle, puisque c'est ce qu'il désire! Pour moi au moins il me sera assez doux de contempler Lycidas tremblant, tandis qu'en ta présence, publiquement, il écoutera tout pâle ce dont on l'accuse.

Lycidas

C'est de moi, je pense, que mon voisin Stimicon, de moi que mon parent Aegon ont ri sous cape dans les taillis quand je voulais imiter des baisers virils avec ce tendron de Mopsus[151].

Astyle

Mnasylle est plus fort que moi; ah s'il n'était pas là! Je ferais en sorte que tu ne trouves personne plus hideux que toi.

Mnasylle

Pourquoi cette rage? Jusqu'où votre folie a-t-elle décidé de vous mener? S'il vous plaît de lutter à tour de rôle — mais je ne suis plus votre arbitre — un autre juge saura mieux que moi voir clair en ce débat. Justement voici venir Micon et notre voisin Iollas; ils sauront mettre un terme à vos disputes.

Lycidas

Tu modo nos illis iam nunc, Mnas*y*lle, precamur,
auribus accipias, quibus hunc et Acanthida nuper
diceris in silua iudex audisse Thalea.

Astylus

Non equidem possum, cum prouocet iste, tacere!
Rumpor enim, Mnas*y*lle! Nihil nisi iurgia quaerit!
Audiat aut dicat, quoniam cupit! Hoc mihi certe
dulce satis fuerit Lycidam spectare trementem,
dum te teste palam sua crimina pallidus audit.

Lycidas

Me, puto, uicinus Stimicon, me proximus Aegon
hos inter frutices tacite risere uolentem
oscula cum tenero simulare uirilia Mopso.

Astylus

Fortior o utinam nondum Mnasyllus adesset!
Efficerem ne te quisquam tibi turpior esset!

Mnasyllus

Quid furitis? Quo uos insania tendere iussit?
Si uicibus certare placet — sed non ego uobis
arbiter — hoc alius possit discernere iudex.
Et uenit ecce Micon, uenit et uicinus Iollas;
litibus hi uestris poterunt imponere finem.

75 illis *NGHu*: ipse *fghinr* -si *N*^{2}*V cett.* || mnasylle *Baehr.*: -sile *N* manasylle *aut* -sille *V* || 76 accipias *NG*: exc- *HV* || hunc *V*: hinc *NG* || 77 thalea *bcdegu*: tal- *NGhn* thalia *irt* || 78 iste *V*: ille *NG* || 79 mnasylle *Baehr.*: mnasil- *N* mascil- *G* merito *HV* || nihil *NG*: nihil hic *HV* || 82 teste *GH*: stante *NV* || crimina *NGH*: carm- *AV* || 83 stimicon *NV*: sic micon *G* || 86 nondum *GV*: nudum *N* iudex *fikrt* || 87 ne *GV*: nec *N* || 88 quo *NGHu*^{2}: que *uel* quae *V cett.*

Bucolique VII

Pour J. Hubaux, «cette églogue est un tour de force: Calpurnius a résolu le problème difficile de faire entrer les jeux de l'amphithéâtre dans le cadre d'une bergerie»[18]. Cela prouve au moins la liberté du poète et son désir, clairement exprimé dans la quatrième bucolique, de ne pas se limiter à la poésie pastorale. En dépit de certains critiques, la description de l'amphithéâtre de bois, avec son faste néronien, paraît dater cette dernière bucolique de façon indiscutable. Elle coïncide avec un passage de Tacite, qui mentionne avec ironie les fondations et la charpente de l'énorme amphithéâtre que César avait élevé au Champ de Mars[19]. Suétone confirme que cette construction était en bois[20]. Son édification dura moins d'un an et elle débuta en juin 57. La bucolique de Calpurnius doit être de peu postérieure à cette année. Certains commentateurs, comme H. Bardon et K. Latte, ont voulu la repousser jusqu'en 63, d'après une mesure de Néron, réservant des sièges spéciaux aux sénateurs et aux chevaliers; mais l'application de cette mesure aux vers 28-29 de Calpurnius paraît assez discutable (voir Introduction).

La bucolique s'ouvre sur le retour de Corydon qui s'est attardé à la ville, en délaissant ses troupeaux (1-3); il a manqué le concours de chant et laissé couronner Stimicon; il a aussi laissé passer les fêtes champêtres — ce sont les *Parilia* — célébrées en son absence (4-12). Corydon ne témoigne d'aucun regret; au contraire, il exhale son enthousiasme au souvenir des spectacles qu'il a contemplés à Rome (13-19). Lycotas le presse de parler (19-22).

18. J. Hubaux, *Les thèmes bucoliques...*, *op. cit.*, p. 227.
19. Tacite, *ann.*, 13,31,21.
20. Suétone, *Ner.*, 12,1: «amphitheatro ligneo».

Corydon se lance alors dans un long récit des merveilles qu'il a pu admirer dans la cité. Il commence par décrire les structures gigantesques de l'amphithéâtre, où se presse partout une foule bigarrée; chevaliers et tribuns ont occupé toutes les places libres (23-29). C'est ce passage qui a été interprété, de façon assez large, comme une allusion aux places réservées de Néron. Corydon évoque ensuite la courbe immense de l'amphithéâtre par des comparaisons familières et champêtres (30-34). Le campagnard demeure sur place, figé d'étonnement, et il est apostrophé ironiquement par un vieux citadin. Celui-ci se moque de l'ébahissement du pauvre, habitué aux huttes et aux cabanes, mais il avoue que lui-même n'a jamais vu dans sa vie rien d'aussi somptueux (35-46). Il s'ensuit une description de l'ornementation luxueuse du promenoir, du portique, de la roue destinée à arrêter les fauves. Le filet d'or qui protège la foule se dresse sur des défenses gigantesques. Partout, l'or, le marbre, l'ivoire et les pierres précieuses ont été employés à profusion (47-56). Un tel déploiement de richesse et une telle ostentation concordent bien avec le goût de l'époque néronienne et la *Domus Aurea*.

Corydon paraît avoir assisté ensuite à une *uenatio*; il a surtout été frappé par l'aspect insolite d'animaux inconnus, qu'il désigne, pour la plupart, par une périphrase descriptive, faute de leur trouver un nom. Le procédé exprime ainsi son naïf étonnement: il évoque successivement des lièvres des neiges, des sangliers, un élan, puis des taureaux à bosse ou à longue crinière, à barbe raide ou à fanons tremblants (57-63). Le spectacle semble avoir été suivi d'une naumachie. Corydon dépeint des combats d'ours et de veaux marins et l'animal — dont le nom de cheval l'a frappé — qui se baigne dans les eaux du Nil (64-68). Selon toute apparence, une machinerie permettant au sol de s'entr'ouvrir rendait plus saisissante encore l'irruption des fauves. Pour clôturer le spectacle, on faisait jaillir du gouffre une forêt d'arbousiers, en inondant les spectateurs d'une pluie de safran (69-72). Apulée, dans les *Métamorphoses*, décrira une scène analogue, sur la montagne de bois qui sert de cadre au jugement de Pâris.

Lycotas écoute ce récit, plein d'admiration et d'envie; il regrette son âge et félicite Corydon d'avoir reçu, par faveur divine, la grâce d'atteindre cette époque. Il souhaite savoir à qui ressemblent le dieu et les siens (73-78). Corydon doit alors avouer que son vêtement de bure et sa fibule grossière lui ont été un obstacle pour approcher la divinité; il n'a pu voir son visage que de loin; du moins a-t-il pu juger que celui-ci respirait à la fois la beauté de Mars et celle d'Apollon (79-85). Cette dernière image paraît convenir tout particulièrement à Néron, maître des arts.

Cette bucolique originale vaut autant par ses *ekphraseis* et ses croquis pittoresques que par la psychologie de Corydon: l'homme des champs, égaré à la ville, devient l'observateur curieux et un peu naïf des spectacles exceptionnels offerts par le prince. Mais l'humour se fait grinçant, lorsque le berger déplore sa pauvreté qui l'a écarté du dieu. Cette amertume trahit une déception; celle-ci paraît bien être celle de l'auteur lui-même: malgré ses espoirs, il est resté dans l'ombre. Ainsi donc cette septième bucolique semble être aussi la dernière dans l'ordre chronologique.

VII
(Lycotas, Corydon)

Lycotas

Tu a mis longtemps à revenir de la ville, Corydon : il y a bien vingt nuits que nos forêts désirent te revoir, que les taureaux tout tristes attendent tes joyeuses ritournelles[152].

Corydon

O paresseux Lycotas, encore plus dur qu'un dur essieu, dire que tu préfères contempler les vieux hêtres plutôt que les nouveaux spectacles que donne un jeune dieu dans une spacieuse arène.

Lycotas

Je me demandais quel grave motif tu avais de t'attarder ainsi, pourquoi ton pipeau cessait de jouer dans les bois silencieux, pourquoi Stimicon chantait seul sous des grappes de lierre vert-pâle[153] : tristes de ton absence, c'est à lui que nous avons offert un tendre chevreau. En effet, pendant que tu t'attardais au loin, Thyrsis a purifié les bergeries[154] et a invité la jeunesse à concourir sur la flûte aux sons aigus.

Corydon

Stimicon peut bien rester invaincu et s'enrichir des récompenses qu'il emporte, il peut bien se réjouir d'avoir reçu un chevreau et encore emporter tout ce que contiennent les bergeries que purifie Thyrsis. Mais sa joie n'éga-

152. Le terme *iubila* a déjà été employé dans la *première bucolique*. Sur son sens de «iaoulis», voir *supra* note 7.

VII
(Lycotas, Corydon)

Lycotas

Lentus ab Vrbe uenis, Corydon; uicesima certe
nox fuit, ut nostrae cupiunt te cernere siluae,
ut tua maerentes exspectant iubila tauri.

Corydon

O piger, o duro iam durior axe, Lycota,
qui ueteres fagos noua quam spectacula mauis
cernere, quae patula iuuenis deus edit harena.

Lycotas

Mirabar quae tanta foret tibi causa morandi,
cur tua cessaret taciturnis fistula siluis
et solus Stimicon caneret pallente corymbo:
quem sine te maesti tenero donauimus haedo.
Nam, dum lentus abes, lustrauit ouilia Thyrsis,
iussit et arguta iuuenes certare cicuta.

Corydon

Sit licet inuictus Stimicon et praemia diues
auferat, accepto nec solum gaudeat haedo,
uerum tota ferat quae lustrat ouilia Thyrsis.

3 ut *NG*: et *V* || 4 o *alt.* *NGHbdeuy*: et *cfik* || iam durior *HV*: non mollior *NG* || axe *NGcey*: osse *Hiru*^{2} asse *ghjlnu* aere *d* || lycota *uel* lic- *NGH* licora *vwx* || 6 edit *NGAH*: ardet *V* || (h)arena *HV*: in umbra *NG* || 7 tanta... causa *NGbfghiuy*: causa... tanta *cdepq su*^{2}*wxz* || 8 taciturnis *NV*: -nus *G* || 9 pallente *GHBwx*: fal- *V cett.* || 10 maesti *codd.*: -ti <et> *Cast. Verd. qui sic interpunxerunt uersum 9*: corymbo quem || 11 abes *NV*: herus *G* || 13 sit licet *a*^{2}*d*: scil- *N*^{2}*GHV cett.* || 14 nec *NGH*: non *V* || 15 tota *NGcdeuy*: tuta *V cett.*

lera pas la mienne, et, si l'on me donnait tous les troupeaux de la forêt lucanienne[155], ils me feraient moins de plaisir que ce que j'ai contemplé à Rome.

Lycotas

Raconte donc, Corydon, raconte, ne sois pas méchant, ne méprise pas mes oreilles; sûrement je trouverai tes paroles aussi douces que tes chants habituels, lorsque l'on invoque pour les sacrifices la féconde Palès ou Apollon gardien des troupeaux[156].

Corydon

J'ai vu se dresser jusqu'au ciel un amphithéâtre aux poutres enchevêtrées[157] qui dominaient presque la roche tarpéienne, des gradins immenses et des pentes doucement inclinées. Je suis arrivé aux places où une foule sordide en vêtements bruns contemplait le spectacle entre les sièges réservés aux femmes[158]. Car partout où il y avait des places libres à ciel ouvert se pressaient les chevaliers et les tribuns en toge blanche[159]. Comme ce vallon s'évase en un vaste cercle dont les flancs dessinent une courbe parmi les forêts qui se dressent aux alentours et comme il s'incurve en creux au milieu d'un cirque de montagnes, ainsi là-bas les courbes de l'arène incurvée entourent une surface plane, dont le milieu, relié à une double masse, a la forme d'un œuf[160]. Comment te rapporter à présent ce que j'ai eu moi-même de la peine à examiner en détail, tellement la splendeur m'éblouissait de tous côtés? J'étais debout, figé, bouche bée, et j'admirais le tout, sans prendre conscience de chaque beauté, quand un vieillard, dont par hasard j'étais flanqué à ma

155. La Lucanie, province méridionale de l'Italie, était fameuse pour ses troupeaux: Hor., *epod.*, 1,27-28 «pecusue Calabris/Lucana mutet pascuis». On a voulu parfois voir dans cette «forêt lucanienne» une allusion perfide aux *Silves* de Lucain, ou au moins un calembour, mais rien n'est moins certain.

Non tamen aequabit mea gaudia, nec mihi, si quis
omnia Lucanae donet pecuaria siluae,
grata magis fuerint quam quae spectauimus Vrbe.

Lycotas

Dic age dic, Corydon, nec nostras inuidus aures
despice: non aliter certe mihi dulce loquere,
quam cantare soles, quotiens ad sacra uocatur
aut fecunda Pales aut pastoralis Apollo.

Corydon

Vidimus in caelum trabibus spectacula textis
surgere, Tarpeium prope despectantia culmen
immensosque gradus et cliuos lene iacentes.
Venimus ad sedes, ubi pulla sordida ueste
inter femineas spectabat turba cathedras.
Nam quaecumque patent sub aperto libera caelo,
aut eques aut niuei loca densauere tribuni.
Qualiter haec patulum concedit uallis in orbem
et sinuata latus resupinis undique siluis
inter continuos curuatur concaua montes,
sic ibi planitiem curuae sinus ambit harenae
et geminis medium se molibus alligat ouum.
Quid tibi nunc referam, quae uix suffecimus ipsi
per partes spectare suas? Sic undique fulgor
percussit. Stabam defixus et ore patenti
cunctaque mirabar necdum bona singula noram,
cum mihi tum senior, lateri qui forte sinistro

18 spectauimus *AHhn*: -tamus *aut* spettamus *NGV* || 20 loquere *NGHV*: -quare *l* -queris *y* || 21 cantare *NG*: cert- *HV* || soles *Asc.*: -let *NGfghuwx* -lent *Hacdepqs* || uocatur *Nfghkw*: -cantur *acdeq* || 22 fecunda *NGHef*: fac- *V cett.* || 25 cliuos *AHaflu²*: diu- *NGV cett.* duros *z* || 26 ad *NV*: in *G* || 27 cathedras *NHV*: -teruas *G mg.* || 30 haec *NHV*: hoc *G* || concedit *NG*: contendit *HV* || 32-34 *om. V* || 33 ibi *NV*: tibi *GA* || 37 patenti *GV*: paren- *N* || 39 cum *NGH*: tum *V* || tum *NGabhijklnu*: tunc *Heu²* cum *edgpqs*.

gauche, s'écria: «Eh quoi! Te voilà stupéfait, l'homme des champs, Tu es en admiration devant tant de richesses, toi qui ignores l'or et ne connais que les toits de misère, les huttes et les cabanes. Même moi qui suis déjà tout tremblant, avec des cheveux blancs, et qui ai vieilli dans cette ville que tu vois, je reste stupéfait devant tout cela; c'est sûr, ce n'était rien tout ce que nous avons vu ces dernières années et tous les spectacles d'autrefois nous paraissent crasseux. Regarde le promenoir incrusté de pierres précieuses, regarde le portique couvert d'or, ils rayonnent à l'envi[161]; et aussi là, où le bout de l'arène s'achève[162] par les places les plus proches du mur de marbre, on a rapporté des plaques d'un ivoire magnifique qui s'étendent et s'unissent pour former une petite roue qui tourne facilement sur son essieu bien rond, pour faire glisser d'un brusque tour de roue les griffes qui s'y appliquent et faire retomber les fauves en arrière[163]. C'est d'or aussi que sont tissés les filets étincelants qui sont tendus vers l'arène sur des défenses entières, des défenses toutes égales»[164]; et crois-moi Lycotas, — si tu as quelque confiance en moi — chaque dent était plus longue que notre charrue. À quoi bon rapporter chaque spectacle dans l'ordre? J'ai vu toutes sortes de bêtes sauvages, il y avait des lièvres couleur de neige[165] et des sangliers armés de leurs cornes, il y avait un animal rare même dans ses forêts natales, l'élan. J'ai vu aussi des taureaux; les uns ont, quand ils lèvent la tête, une hideuse bosse qui se dresse entre leurs épaules; d'autres agitent une crinière hérissée le long de leur cou; d'autres ont une barbe raide qui s'étend sous le menton et leurs fanons se hérissent de soies tremblantes[166]. Et je n'ai pas eu seulement la chance de voir les monstres des forêts: j'ai vu des veaux marins avec des ours qui

iunctus erat: «Quid te stupefactum, rustice», dixit,
«ad tantas miraris opes, qui nescius auri
sordida tecta, casas et sola mapalia nosti?
En ego iam tremulus et uertice canus et ista
factus in Vrbe senex, stupeo tamen omnia: certe
uilia sunt nobis quaecumque prioribus annis
uidimus, et sordet quidquid spectauimus olim».
Balteus en geminis, en illita porticus auro
certatim radiant; nec non, ubi finis harenae
proxima marmoreo peragit spectacula muro,
sternitur adiunctis ebur admirabile truncis
et coit in rotulum, tereti qui lubricus a*xe*
impositos subita uertigine falleret ungues
excuteretque feras. Auro quoque torta refulgent
retia, quae totis in harenam dentibus exstant,
dentibus aequatis; et erat — mihi crede, Lycota,
si qua fides — nostro dens longior omnis aratro.
Ordine quid referam? Vidi genus omne ferarum,
hic niueos lepores et non sine cornibus apros,
hic raram siluis etiam quibus editur alcen.
Vidimus et tauros, quibus aut ceruice leuata
deformis scapulis torus eminet aut quibus hirtae
iactantur per colla iubae, quibus aspera mento
barba iacet tremulisque rigent palearia saetis.
Nec solum nobis siluestria cernere monstra
contigit: aequoreos ego cum certantibus ursis

40 quid Heg^2u^2: qui *NGc* || te $Hdegu^2w$: me *NGc* in *V cett.* || 41 miraris *NGH*: -reris *V* || 43 iam *NG*: tam *HV* || et *prim. NGbcduy*: tam *AHew* || 48 ubi N^2V: tibi *NGH* ||(h)arenae *NGV*: -na *w* || 49 peragit *HV*: praebet *NG* || 51 coit *GHcdegh*: colit *fuy* cogit *N* || rotulum *fktu*: rutil- *NGHcdeghy* rutul- iu^2x ||qui *NG*: qua *HV* || axe *Saum*: axem *uel* assem *codd.* || 52-54 *om. V* || 52 ungues *AH*: an- *N* || 55 lycota *aut* lic- *NG*: licora *vx* || 57 quid N^2V: qui *G* || omne *V*: esse *NG* || 59 hic raram *NGHumg*: manticoram *A* nocticanam *aut* nictic- *V* || 61 scapulis *NV*: scop- *G* || 62 quibus *NG*: quis *V* || 64 nec *NG*: non *HV* || 65 aequoreos *aut* equ- *V*: equoreis *NG* || cum certantibus *NHV*: concer- *G*.

luttaient contre eux[167] et l'animal au nom de cheval, mais dont le hideux troupeau naît dans le fleuve qui de ses ondes printanières irrigue les semailles de ses rives[168]. Ah! combien de fois tout tremblant ai-je vu le sol de l'arène se fendre et s'écarter, puis du gouffre béant de la terre jaillir les fauves![169]. Et souvent dans ces mêmes crevasses, sous une pluie de safran, ont poussé des arbousiers dorés[170].

Lycotas

Heureux Corydon, que la vieillesse tremblante n'arrête pas! Oui tu es heureux puisque grâce à l'indulgence d'un dieu, tu as eu la chance de laisser couler tes premières années pour parvenir à notre siècle! À présent, si la fortune t'a accordé de voir de près la divinité vénérable et si tu as observé en face ses traits et son allure, dis-moi, allons, dis-moi, Corydon, quelle est la beauté des dieux.

Corydon

Ah si seulement je n'avais pas porté un vêtement de paysan! J'aurais vu de plus près mes divinités! Mais ma bassesse, mon pauvre vêtement brun et ma fibule à l'agrafe crochue m'ont desservi, en tout cas je l'ai tout de même contemplé en personne d'assez loin et, si mes yeux ne m'ont pas trompé, j'ai cru voir en un même visage les traits de Mars et ceux d'Apollon[171].

167. Les veaux marins sont des phoques. Suétone, *Ner.*, 12,4 confirme ce goût de Néron pour les *naumachiae* où figuraient des monstres marins. Ici, il s'est montré soucieux de représenter les mers polaires.

168. Il s'agit bien sûr de l'hippopotame, qui habite les eaux du Nil. R. Verdière pense que Calpurnius a évité ce nom pour des raisons métriques. Il eût été aussi tout à fait invraisemblable de voir un paysan désigner cet animal par son nom scientifique. Les périphrases descriptives et pittoresques peignent beaucoup mieux sa naïveté.

spectaui uitulos et equorum nomine dictum,
sed deforme pecus, quod in illo nascitur amne,
qui sata riparum uernantibus irrigat undis.
Ah! trepidi quotiens sol*a* discedentis harenae
uidimus in partes, ruptaque uoragine terrae
emersisse feras! Et in iisdem saepe cauernis
aurea cum croceo creuerunt arbuta nimbo.

Lycotas

O felix Corydon, quem non tremebunda senectus
impedit! O felix, quod in haec tibi saecula primos
indulgente deo dimittere contigit annos!
Nunc, tibi si propius uenerandum cernere numen
fors dedit et praesens uultumque habitumque notasti,
dic age dic, Corydon, quae sit mihi forma deorum.

Corydon

O utinam nobis non rustica uestis inesset!
Vidissem propius mea numina! Sed mihi sordes
pullaque paupertas et adunco fibula morsu
obfuerunt, utcumque tamen conspeximus ipsum
longius; ac nisi me uisus decepit, in uno
et Martis uultus et Apollinis esse putaui.

66 dictum *NGAH*: dignum *V* || 67 in illo *GAcdehuy*: mil- *N* nil- N^2 nilo $fiktru^2$ ||nascitur *NGcdehuy*: pas- *Hfirsu* ||amne *Brass.*: anne *NG* amni *HV* || 68 uernantibus *NGA*: uenient- *HV* || 69 ah *NGHafilpq*: ha *V cett.* a *Baehr.* || sola *Haupt*: sol *N* nos N^2HV || discedentis *N*: des- *HV* || 71 et in *NGHfir*: et *V cett.* || iisdem *aut* eis- *HV*: his- *N* hys- *G* || cauernis *NGA*: latebris *HV* || 72 croceo *NV*: subito *N* susito *G* || nimbo $GHcghu^2$: -bro *N* libro *defiuwx* || 75 dimittere *NHV*: -mictere *G* demittere *Barth* || annos *NGHcfg*: agnos *bdehijupqsz* || 76 propius *HV*: -prius *NGuvz* || 77 fors *NG*: sors *HV* || praesens *NGH*: referens *Aepqswxz* pref- *v* || 78 mihi *NGcfguy*: modo *Aad epqwxz* || 80 propius *V*: -prius *NGsuvz* || 81 pullaque *NGHcdeu*: nuda- $fikru^2$ || 82 obfuerunt *acfipqrsz*: -rint *V cett.* -rant *N* -rat *G* || 84 uultus *V*: uisus *NG* || putaui *AHdeuwx*: -atur *NGV cett.*

PSEUDO-CALPURNIUS

Éloge de Pison

INTRODUCTION

Calpurnius et le De laude Pisonis

Il paraît désormais assez généralement admis que le *De laude Pisonis* pourrait être l'œuvre de Calpurnius Siculus, lorsqu'il était très jeune. Ce poème aurait précédé quelque peu la publication des *Bucoliques*. Après Lachmann, Haupt, Birt, Trampe et Schenkl, R. Verdière a solidement étayé cette thèse[1]. Il associe *l'Éloge de Pison* aux *Bucoliques* dans son édition de Calpurnius. A. Salvatore a également montré la parenté de ces œuvres, en soutenant que l'*Éloge de Pison* s'était inspiré du *Panégyrique de Messala*[2].

L'attribution de la première œuvre à Calpurnius est cependant loin d'être unanime. Elle ne repose en effet sur aucune tradition manuscrite. Il est vrai que celle-ci ne séparait pas non plus les *Bucoliques* de Calpurnius et celles de Némésien. La plupart des manuscrits attribuaient le panégyrique à Lucain: il aurait fait partie d'un *catalepton*. La thèse lucanienne a trouvé bien des défenseurs: Bentley, Burmann, Heinsius et surtout B. Ullmann[3]. Miss. G. Martin dresse une liste d'expressions

1. R. Verdière, *op. cit.*, p. 27-31, après Lachmann, *Commentar zu Lucrez*, Berlin, 1885, p. 326; H. de la Ville de Mirmont, *C. Calpurnius Piso et la conjuration de l'an 818-65*, dans *REA*, 16 (1914), p. 50.

2. A. Salvatore, *De laude Pisonis cum Panegyrico Messalae atque Calpurnii Bucolicis comparatis*, dans *RFIC*, 27 (1949), p. 171-190. Pour l'auteur, l'*Éloge de Pison* est aux *Bucoliques* ce qu'est le *Panégyrique de Messala* aux *Élégies* de Tibulle. Mais R. Verdière note justement que la structure solide de l'*Éloge de Pison* l'emporte de loin sur la platitude du *Panégyrique de Messala*. Par ailleurs l'auteur de cette dernière œuvre est mal connu. On a proposé Ovide ou Stace.

3. Bentley, dans son édition d'Horace, p. 20; Burmann, dans son édition du *Satiricon*, p. 541; Heinsius, dans son édition d'Ovide, p. 10; B. Ullmann présente le texte et soutient son attribution à Lucain dans

parallèles qui n'emportent pas la conviction[4]. Il est indéniable que le style de l'*Éloge de Pison* diffère profondément de celui de la *Pharsale*. De plus, le poème ne figurait pas dans la liste des œuvres de Lucain mentionnées dans sa biographie et citées par Vacca. Enfin, il est l'œuvre d'un jeune homme pauvre, d'origine modeste, et il paraît difficile de soutenir que le neveu de Sénèque était pauvre et d'humble naissance. Issu d'une famille de chevaliers, il avait épousé une femme riche. En quoi aurait-il eu besoin du patronage de Pison? Le scribe responsable du titre *M. Annaei Lucani ad Calpurnium Pisonem Panegyricum* a pu fonder cette attribution sur la participation de Lucain à la conjuration de 65.

Le poème a également été publié dans l'édition d'Ovide par Sichard. Cette édition reposait sur un manuscrit malheureusement perdu. Elle attribuait l'œuvre à Virgile, en identifiant le dédicataire avec le Pison à qui Horace dédia son *Art Poétique*. Mais, conscient de la difficulté de voir en Virgile l'auteur de ce poème, Sichard lui-même la croyait d'Ovide, ce qui n'est guère plus convaincant. D'autres auteurs ont encore été suggérés, par exemple Stace et Saleius Bassus[5]. Aucun n'emporte vraiment l'adhésion.

Il faut donc en conclure que l'auteur le plus probable demeure Calpurnius Siculus. Les manuscrits fournissent tout de même un indice: dans les florilèges, le panégyrique est toujours suivi d'extraits des *Bucoliques*. Mais il ne peut y avoir de démonstration véritable que stylistique et thématique. Ainsi, R. Verdière dresse une liste tout à fait éclairante d'expressions similaires, de «tics de

The text tradition and authorship of the Laus Pisonis, *CPh*, 24, (1929), p. 109-132.

4. G. MARTIN, *Laus Pisonis*, Cornell diss., 1917, p. 21 sq.

5. BARTH, Stat., *silu.*, p. 456 et OUDENDORFF, *Adnot. ad Luc. uit.*, 10, ont songé à Stace; WERNSDORFF, *Poet. lat. min.*, 4, p. 39-45 et C.F. WEBER, *Incerti auctoris carmen paneg. in Calp. Pisonem*, Marburg, 1859, ont suggéré Saleius Bassus.

style», qui se répètent de *l'Éloge de Pison* aux *Bucoliques*[6]. Il note des habitudes métriques: rareté de l'élision, goût pour les césures trihémimère et hephtémimère, des particularités syntaxiques: tendance à l'emploi du participe futur, de l'enjambement, du relatif annoncé par un démonstratif ou un interrogatif, et enfin l'emploi de tours semblables, dont il donne un tableau: par exemple, le poète de l'*Éloge* évoque sa nuque qui ploie sous la charge, 75 *pondere ceruix*; le tour est repris dans la bucolique, 6,53, pour peindre la nuque légère du poulain, *sine pondere ceruix*. De même, le goût de Calpurnius pour l'adjectif *teres* se manifeste à plusieurs reprises dans les deux œuvres, en s'appliquant particulièrement aux «vers bien polis»[7].

À ces similitudes de tours ou d'expressions, notées par R. Verdière, il faut ajouter des parentés thématiques. R. Verdière remarquait déjà une particularité commune dans les deux œuvres: une parfaite connaissance de l'hippologie. On peut rapprocher la technique du dressage, décrite dans l'*Éloge de Pison*, 49-54, et le portrait du cheval de course dans la sixième bucolique, 52-57. R. Verdière croyait pouvoir en tirer argument pour une origine espagnole du poète; en fait, pareille science n'a rien de surprenant chez un homme de la campagne. La parenté la plus indiscutable entre l'*Éloge de Pison* et les *Bucoliques* est celle de l'imaginaire. Le jeune auteur de l'*Éloge* se plaît à illustrer soudain telle idée abstraite par une image picturale, souvent bucolique, quand il n'interrompt pas son récit pour brosser tout un tableau, une véritable *ekphrasis*, en miniature. Au lieu de se contenter de la simple durée de l'année, il peint «la masse d'éther enflammé qui tourne autour de nous» (v. 19). L'éloge de l'éloquence de Pison serait lassant, si le poète ne le

6. R. Verdière, *op. cit.*, p. 29; voir aussi des comparaisons analogues chez A. Salvatore, *op. cit.*, *supra* note 2.

7. *Laud. Pis.*, 245: «tu mihi Mecenas tereti cantabere uersu»; *buc.*, 4,157: «olim quam tereti decurrent carmina uersu».

relevait par des images des saisons: tel Jupiter, Pison darde la grêle, la pluie et le feu nourri des éclairs (v. 57-58). L'image banale des «fleurs de l'éloquence» retrouve sa fraîcheur primitive par la vision fugitive de fleurs «qui ne se ferment pas mais restent grandes ouvertes» (v. 63). Le jeune poète saura aussi conclure son portrait de Pison par l'image, un peu dérisoire, du vainqueur du jeu d'échecs qui brandit ses mains pleines, en faisant tinter les pions (v. 208).

Il est des images encore plus calpurniennes, par exemple celle des vers 79-80, où le poète se compare aux cigales, incapables de rivaliser avec le rossignol, et en profite pour évoquer leurs cris stridents au plus fort du soleil. Bien souvent l'auteur de l'*Éloge de Pison* cède à la tentation de décrire et le lecteur a la révélation de dons destinés à une tout autre voie que celle du panégyrique. Ainsi a-t-il décrit longuement le dressage des chevaux et ses figures variées, puis, avec la même virtuosité et le même goût du mouvement, les attaques et les feintes du jeu d'escrime (178-184); il suit du même œil précis le vol et les rebonds de la balle, jeu fort populaire à l'époque, puisque Trimalchion y joue; le poète sait aussi répartir sans monotonie l'avance, le recul et les manœuvres des pions sur l'échiquier (197-205). Ces images de mouvement ont, il est vrai, un peu disparu des *Bucoliques*. Mais un passage esquisse une véritable bucolique en miniature: il peint la succession des saisons qui se chassent l'une l'autre, l'hiver «séchant ses cheveux mouillés au printemps», leur succession étant évoquée par le changement des frondaisons et le retrait des nuages (145-151). Ce thème sera développé dans la cinquième bucolique. Ici, il est surtout réduit à deux saisons, avec ou sans nuages, la saison humide et la saison sèche, symboles des périodes de travail et de loisir pour Pison, ce qui interdit une plus longue peinture.

Outre les images, il est des thèmes qui sont privilégiés à la fois dans *l'Éloge de Pison* et dans les *Bucoliques*. Au premier plan, la Paix, qui tient une si grande place dans les bucoliques néroniennes: elle baigne le début de *l'Éloge*, puisqu'elle justifie la seule activité de Pison au forum (25-27). Le courage ne se donne plus carrière par les armes, mais dans les luttes pacifiques des tribunaux. C'est la *pax togata*, chère à Cicéron. Le poète entend démontrer qu'elle n'exige pas moins de valeur et ne mérite pas moins d'illustration que les exploits guerriers; il se réjouit manifestement qu'ils aient lieu sans effusion de sang (28). Cette Paix justifie aussi *l'otium* que Pison consacre à des distractions variées, dont la pratique des lettres (157-158). C'est encore cette liberté dans les loisirs que Calpurnius chantera dans la quatrième bucolique (127-130).

Enfin, le caractère de l'auteur de *l'Éloge* et celui de Calpurnius paraissent bien coïncider: même désir effréné de se faire un nom et même nécessité de passer par l'appui d'un grand, Pison ou Mélibée — est-ce le même? Le sentiment de la pauvreté est partout latent dans ces deux œuvres, mais il est digne et fier à la fin de *l'Éloge de Pison*. L'auteur ne supporterait pas les railleries d'un «patron»; il ne quémande pas avec bassesse; il assure en retour de sa «véritable amitié», thème on ne peut plus sénéquien. Ce qu'il demande, c'est moins de l'argent qu'une introduction dans la société, encore que la pensée d'une vieillesse pauvre le fasse frémir (222). Nous retrouvons exactement les mêmes traits dans les *Bucoliques*. Seulement, la peinture de la pauvreté se fait plus grinçante sous la fiction pastorale. Cela peut s'expliquer par la déception. Mélibée a tiré Corydon de la misère, mais non pas de l'ombre. Désormais, Calpurnius-Corydon souhaite se voir à l'abri du besoin par l'octroi d'un petit domaine. Cependant, le berger est soutenu par la même fierté, née d'une claire conscience de sa valeur, qui portait déjà le jeune poète de *l'Éloge* et qui suscite encore l'étonnement de Mélibée dans la quatrième bucolique.

Certes, ces arguments n'entraînent pas la certitude. Du moins mettent-ils en lumière que l'attribution à Lucain de *l'Éloge de Pison* paraît de plus en plus improbable: l'imaginaire de l'auteur de *la Pharsale* est profondément différent. L'étude de cet imaginaire tresse un faisceau de probabilités, selon lesquelles, à moins qu'il ne s'agisse d'un «frère», Calpurnius Siculus apparaît comme l'auteur de loin le plus vraisemblable de *l'Éloge de Pison*.

Destinataire et date de composition

Le dédicataire de *l'Éloge de Pison* ne fait pas non plus l'unanimité. L'antique *gens* des Pison comportait plusieurs membres. J. Hubaux et H. Bardon refusent d'identifier ce Pison avec le conspirateur bien connu[8]. Selon eux, il s'agirait de Lucius Calpurnius Pison, consul en 57. La première hypothèse est pourtant la plus séduisante et la plus vraisemblable. Le personnage décrit dans *l'Éloge* correspond parfaitement au portrait que nous trace Tacite, au livre XV des *Annales*, d'un homme bien fait, brillant, populaire, mais léger et ami du luxe: «il appliquait son éloquence à défendre ses concitoyens, répandait ses largesses à l'égard de ses amis, et même pour les inconnus, il avait une conversation et un abord affables; il avait aussi des qualités dues au hasard, une haute stature et un beau visage, mais il était loin d'avoir des mœurs austères ou de la retenue dans ses plaisirs»[9]. Tel est bien le prince du forum, le patricien généreux, rompu aux exercices physiques et à toutes sortes de jeux

8. J. Hubaux, *Les thèmes bucoliques... op. cit.*, p. 194 sq; H. Bardon, *op. cit.*, p. 221.

9. Tacite, *ann.*, 15,48: «namque facundiam tuendis ciuibus exercebat, largitionem aduersus amicos et ignotos quoque comi sermone et congressu; aderant etiam fortuita, corpus procerum, decora facies; sed procul grauitas morum aut uoluptatum parsimonia».

que l'auteur de *l'Éloge* loue sans en masquer le côté frivole. Tacite nous dit qu'il «jouait sur scène des tragédies» dont il était peut-être l'auteur et Valla rapporte qu'il était si habile au jeu des *latrunculi* qu'on accourait de partout pour le voir jouer[10]. C'est bien le jeu qui est décrit ici.

Appartenant à la plus haute noblesse, C. Calpurnius Pison avait épousé en premières noces Livia Orestilla, qu'il se vit enlever par Caligula. Celui-ci s'en lassa assez vite, mais n'en bannit pas moins Pison qui tentait de renouer avec son épouse. Il fut rappelé par Claude, qui le nomma consul, sans doute vers 41. A la mort de sa mère, il hérita d'une énorme fortune, dont il se montra fort généreux, ce qui explique les espoirs du poète. Déjà dès 62, il fut compromis, avec Sénèque, dans une accusation de complot contre Néron. Celui-ci ne semble pas lui avoir rendu sa confiance.

Aussi, prit-il, en 65, la tête d'une conspiration de mécontents, qui groupait les plus grands noms de Rome et le poète Lucain. Leur association était fort disparate: selon certains historiens, elle aurait même regroupé des chrétiens. Tous s'accordent à reconnaître qu'elle fut très mal menée. Nous ignorons si Calpurnius Siculus fit partie de ce complot et toute conjecture en la matière demeure hasardeuse. Est-ce la raison pour laquelle son œuvre fut si brève et qu'il ne parvint point au statut de poète officiel qu'il ambitionnait? Notons seulement pour tous ceux qui reprochent à Calpurnius ses indispensables flatteries — il n'était pas d'autre façon de s'adresser à Néron — que Pison lui-même, désireux de protéger sa seconde femme, s'abaissa dans son testament, aux dires

10. Tacite, *ann.*, 15,65,2: «quia ut Nero cithara, ita Piso tragico ornatu canebat»; Valla, *schol. Iuu.*, 5,109: «scaenico habitu tragoedias actitauit, in latrunculorum lusu tam perfectus et callidus, ut ad eum ludentem concurreretur».

de Tacite, à de honteuses adulations, ceci avant de s'ouvrir les veines[11].

La date de composition de l'*Éloge de Pison* est mal définie. Se fondant sur la carrière de Pison, B. Ullmann pense qu'il fut écrit entre 48 et 59, et même après le retour de Pison de sa préture en Dalmatie, soit en 57; entre 48 et 57, Pison aurait été absent de Rome[12]. Cette date de 57, qui peut être retenue si l'on attribue le poème à Lucain, devient très peu probable s'il est de Calpurnius. Il faut alors envisager une date quelque peu antérieure à la première bucolique, qui est à peu près certainement de 54. L'*Éloge de Pison* aurait été composé entre 48 et 53.

Même le fait de considérer l'*Éloge de Pison* comme une œuvre de jeunesse de Calpurnius n'a pas eu pour conséquence d'inciter les critiques à l'indulgence. Le panégyrique est encore plus honni que les *Bucoliques*; R. Verdière lui-même écrit: «Si nous ne possédions plus de l'œuvre de Calpurnius que le *De laude Pisonis*, nous ne pourrions, malgré qu'on en ait à porter un jugement aussi péjoratif, conserver de lui qu'une image hélas, peu reluisante» et il ajoute avec plus de justesse: «Ce qui frappe dès l'abord, c'est le mélange d'audace, de flagornerie et de fierté que l'on trouve conjuguées chez un si jeune homme»[13]. Pourtant, personne n'a critiqué la tenue littéraire du *De laude Pisonis*, fidèle aux lois de l'*enkômion* et parfaitement structuré. On retrouve donc les mêmes critères de jugement que pour les *Bucoliques*. Le jeune homme a du métier, c'est tout ce qu'on lui concède. Nous avons tenté de montrer qu'il est déjà un

11. Tacite, *ann.*, 15,59. Circonstance aggravante pour Tacite, c'était une femme indigne: «testamentum foedis aduersus Neronem adulationibus amori uxoris dedit, quam degenerem et sola corporis forma commendatam amici matrimonio abstulerat».

12. B. Ullmann, *The text tradition...*, *op. cit.*, p. 131.

13. R. Verdière, *op. cit.*, p. 25 et 22.

créateur d'images et que ce talent apparaîtra affermi et amplifié par le cadre de la pastorale, où il puisera son inspiration et ses thèmes chez Virgile, mais ses peintures et leur source dans l'observation de tableaux rustiques.

La tradition manuscrite

Un seul manuscrit entier subsiste actuellement: le *codex Marucellianus* A 166, parchemin appartenant à la *Biblioteca Marucelliana* de Florence, remontant au XVIIe-XVIIIe s. et présentant l'œuvre sous le titre de *M. Annaei Lucani ad Calpurnium Pisonem Panegyricum*. Ce manuscrit est sans grand intérêt, car, comme l'a noté R. Verdière, il n'est qu'une copie de l'édition de Scaliger Par le Florentin A.M. Salvini. Un second manuscrit a disparu lors de la dernière guerre. Nous ne disposons donc pas de manuscrit entier authentique du *De laude Pisonis*. Les éditions anciennes reposent sur des manuscrits aujourd'hui également disparus.

Les manuscrits disparus

S – Ce manuscrit servit à l'*editio princeps* d'Ovide par J. Sichard en 1527. D'abord détenu au monastère de Lorsch, près de Mannheim, il subit les vicissitudes des guerres et disparut au cours de ses transferts.

V – Le *codex Varsaviensis*, qui fut collationné par le Polonais Martyni-Laguna pour Wernsdorf. Celui-ci utilisa ces témoignages, mais l'original a disparu lors de la seconde guerre mondiale. Le poème se trouvait mêlé aux *Catalecta Ouidii*.

I – Le *codex Atrebatensis*, qui semble avoir inspiré l'édition d'Hadrien de Jonge. On le considère généralement comme perdu; cependant, Ullmann a cru le reconnaître dans le *Florilège* d'Arras *(a)*. Wölfflin et Baehrens pensèrent que le manuscrit d'origine était plutôt le *Pari-*

sinus-Thuaneus. Il paraît en effet logique d'estimer que l'édition de Jonge doit reposer sur un manuscrit complet et non sur un florilège. Par ailleurs, la disposition particulière de certains vers, qui diffère dans l'édition de Jonge et dans l'*Atrebatensis*, tel qu'on le connaît, semble s'inscrire en faux contre une filiation directe[14]. Il vaut mieux penser que la source de l'édition de Jonge est effectivement perdue. Ce pourrait être un manuscrit que Barth eut sous les yeux, également à Arras.

Sc – Le manuscrit qui servit de base à l'édition de Scaliger. Elle est intitulée *M. Annaei Lucani ad Calpurnium Pisonem Paneguricum*. Le texte est apparenté à celui de l'édition de Jonge plus qu'à l'*editio princeps*. Le manuscrit semble donc assez proche des *codices Atrebatensis, Escorialensis et Thuaneus*. Il est bien difficile d'identifier la source. Cependant, certaines leçons originales pourraient suggérer l'existence d'un manuscrit indépendant.

Barth note encore l'existence d'un autre manuscrit, à partir d'une correction du vers 183[15]. Mais en raison de l'identité dans la disposition des vers avec les éditions de Jonge et de Scaliger, on peut estimer que le manuscrit de Barth est le même que celui qui servit de source aux deux éditions.

En fait de sources originales existantes, nous sommes donc pratiquement réduits aux florilèges.

Les florileges disparus

L'un apparaît dans un catalogue de manuscrits du XIe, sous le titre *Liber Catalepton Pisoni*, l'autre fut consulté par Guglielmo da Pastrengo à Vérone au XIVe siècle.

14. R. Verdière, *op. cit.*, p. 67. Sur cette filiation, voir B. Ullmann, *The text tradition...*, *op. cit.*, p. 109 sq.

15. Barth, *Adversariorum commentariorum libri LX*, Francfort, 1624, p. 1300.

Les florileges existants

t – Le *Parisinus Thuaneus* 7647. C'est un parchemin de la Bibliothèque nationale qui appartint à de Thou. Meyncke le date de la fin du XIIe ou du début du XIIIe siècle[16].

n – Le *Parisinus Nostradamensis* 17903. C'est aussi un parchemin de la Bibliothèque nationale, qui appartint longtemps à la cathédrale Notre-Dame de Paris. Wölfflin estimait que le texte remontait à la première moitié du XIIIe siècle. Mais M. Ullmann estime qu'il peut dater du XIIe siècle. Le texte porte pour titre *In cruri De laude Pisonis*, généralement compris comme *in Ciri de laude Pisonis*, le poème s'ouvrant dans les florilèges par un vers de la *Ciris*.

a – L'*Atrebatensis* 64, qui appartient à la Bibliothèque municipale d'Arras. Ce florilège sur parchemin est daté par M. Ullmann du XIVe siècle et par R. Verdière de la fin du XIIe siècle. C'est ce manuscrit que M. Ullmann voulut identifier avec celui qui servit de source à l'édition de Jonge. Cette identification a été contestée, tout particulièrement par R. Verdière.

e – L'*Escorialensis* QI 14, qui appartient à la bibliothèque del Monasterio de san Lorenzo el Real de el Escorial. C'est un parchemin étudié par M. Ullmann. Il a été successivement daté par ceux qui l'ont décrit du XIIIe au XIVe siècle.

b – Le *Berolinensis Diez* B60F 29. Il appartient à la Oeffentliche Wissenschaftliche Bibliothek de Berlin. Il est daté du XIVe siècle, mais il ne comporte que très peu de vers du *De laude Pisonis*. Il s'est égaré au cours de la dernière guerre, mais il en existe une copie, faite par Schlee au début du XIXe siècle.

Les *florilegia* s'avèrent être des témoins de valeur. Selon Ullmann l'archétype commun de *e t a* était appa-

16. Meyncke, *Die Pariser Tibull-Excerpt*, dans *Rheinisches Museum* 25, (1870), p. 369-392.

renté à *n*. Il en déduit que le témoignage de *n* est, de loin, le plus valable. En revanche, parmi les manuscrits, c'est *S* qui se révèle le plus mauvais témoin.

Les Éditions

Plusieurs éditions de la Renaissance fournissent le texte apparemment complet, mais R. Verdière estime qu'il n'en est rien. Il pense que nous ne possédons pas le *Panégyrique* en entier en raison de la fin abrupte du poème. C'est une conclusion discutable, puisque toutes les éditions concordent. Ce sont:

L'édition de J. Sichard, Bâle, 1527, qui reproduit le manuscrit disparu. Il attribuait l'œuvre à Virgile, auprès de poèmes attribués à Ovide. En raison de ce voisinage, J. Sichard publia le tout dans son édition ovidienne.

Le texte parut encore dans une édition d'Ovide par Simon de Colines, Paris 1529, puis 1541 et 1545. Ces éditions sont actuellement introuvables.

L'édition d'Hadrien de Jonge, Bâle, 1556, qui repose sur le *codex Atrebatensis*, dont l'identification est discutée.

Le texte fut aussi édité à Lyon en 1534, 1540, 1550, 1555.

Plus connue est l'édition de J. Scaliger, Lyon 1573, *Lucani ad Calpurnium Pisonem Paneguricum*, qui repose sur un manuscrit *Sc*. aujourd'hui disparu.

Les éditions modernes sont nombreuses, avec des attributions diverses.

J.C. Wernsdorf, *Poetae latini minores* IV, Altenburg, 1785: *Saleii Bassi ad Calpurnium Pisonem poemation Lucano uulgo adscriptum*.

J. Held, *Incerti auctoris ad Calpurnium Pisonem carmen*, Breslau, 1831.

C. Beck, *Statii ad Pisonem poemation*, Ansbach, 1835.

C.F. Weber, *Incerti auctoris carmen panegyricum in Calp. Pisonem*, Marburg, 1859.

E. Baehrens, *Poetae latini minores* I, *Incerti Laus Pisonis*, Leipzig, 1879.

G. Martin, *Laus Pisonis*, Cornell Univ. USA, 1917, microfilm.

B.L. Ullmann, *The text tradition and authorship of the Laus Pisonis*, dans *CPH*, 24 (1929), p. 109-132. Il attribue le poème à Lucain.

H. Wight Duff, A.M. Duff, *Minor latin poets*, Londres, 1961.

R. Verdière, *De laude Pisonis*, Bruxelles, 1954, qui, le premier, démontre, de façon convaincante, l'attribution du panégyrique à Calpurnius Siculus.

Plan

Le poème débute sur une hésitation: faut-il chanter la haute naissance de Pison et ses aïeux prestigieux, ou sa personne elle-même qui lui confère sa véritable noblesse? (1-15) Rappeler tout le glorieux passé de l'illustre famille, au surnom significatif, serait tout à fait impossible; d'ailleurs, ce passé a déjà trouvé ses poètes (16-24).

Il faut désormais chanter un Pison qui sait briller en temps de paix, au forum; ses palmes dépassent celles que l'on gagne dans les batailles, ainsi que l'a dit le grand Cicéron (25-36). L'auteur décrit alors la foule qui vient écouter et admirer l'habileté de Pison dans ses plaidoiries et son talent pour influencer les juges: il est pareil au cavalier thessalien, dont l'adresse pour diriger son cheval en toutes sortes de voltes est peinte de la façon la plus technique (37-54). L'éloquence de Pison peut ainsi emprunter tous les tons, celui de la fougue pareille à l'orage, celui de la subtilité, ou celui du charme et de la séduction, sa langue se parant alors de toutes les fleurs de la rhétorique (55-64).

Le sénat lui-même lui rend hommage, particulièrement lors de l'éloge de César qu'il prononça devant lui (65-71). S'agirait-il d'un discours de remerciement à Claude, pour l'avoir ramené d'exil? Quoi qu'il en soit, le poète reprendrait volontiers cet éloge en vers, mais il n'ose pas se mesurer à plus grand que lui. Il l'exprime par une comparaison bucolique, bien calpurnienne: ainsi la voix du rossignol surpasse celle des cigales «lorsqu'elles font leur vacarme strident sous le soleil torride» (71-80).

Les occupations de Pison paraissent classées par ordre d'importance décroissante. Le poète passe ensuite aux distractions riches d'enseignement que la jeunesse peut trouver chez Pison, lorsque ses activités au forum lui ont laissé quelque loisir. Devant un auditoire attentif, Pison exerce ses talents par des procès fictifs — où l'on reconnaît les habituels exercices d'école, *controuersiae* et *suasoriae*. Là encore, l'éloquence de Pison brille, comparable à celle des orateurs attiques. Sa variété excelle aussi bien dans le style brillant et orné que dans le tour incisif qui atteint son but sans fioritures inutiles (81-96). Toutes ces précisions impliquent chez le jeune auteur une bonne connaissance de l'éducation oratoire et des figures, mais n'est pas incompatible avec le personnage de Calpurnius. Par ces talents, Pison se montre surtout un précieux auxiliaire de la justice.

Ce n'est qu'après cet exposé de ses qualités «professionnelles» que le poète brosse enfin son portrait. Il ne peut dissimuler que sa physionomie paraît plutôt triste et sévère, même si cette sévérité est «enjouée». Pison respire la majesté et la fierté de sa naissance. Malgré cet extérieur imposant, le personnage est accessible. Le poète loue sa loyauté, sa discrétion et sa grandeur d'âme (97-107). Tous ceux qui viennent à lui sont accueillis avec générosité. Mais plus que sur l'aide matérielle, le poète met l'accent sur l'accueil même de Pison, qui ne fait jamais sentir sa supériorité, mais reçoit le client en ami, quelle que soit sa fortune ou sa naissance. Jamais celui-ci n'est en butte aux railleries. Partout ailleurs, le client pauvre est méprisé et méconnu. On l'«achète», pour s'en faire non pas un ami, mais un objet de dérision (108-127).

Pison, lui, est dépourvu de rudesse: il se plaît à se faire des amis et à s'entourer de talents variés (128-132). Malgré le caractère laudatif du portrait, le poète laisse transparaître, malgré lui, la tendance à la dispersion, à la versatilité qui furent les défauts de Pison. Cette tendance se manifeste ici par le goût d'une multiplicité d'occupations sérieuses ou légères, surtout légères sans doute, puisque le panégyriste éprouve le besoin d'excuser Pison de son besoin de changement. Il le compare successivement au guerrier qui a besoin de repos, au Crétois qui relâche son arc et, encore plus justement, à la nature qui change avec les saisons, pour terminer par Jupiter qui sait lui aussi se détendre au banquet des dieux (133-154). Puis, en guise de conclusion, le poète esquisse en quelques vers une philosophie de l'instant, qui justifie les variations — et même l'instabilité — qui furent bien celles du conjuré de 69 (155-158).

Ce préambule annonce la diversité des talents de Pison, qui sont ensuite exposés; d'abord les talents littéraires. Après les graves occupations du forum, il se plaît à composer des poésies légères; il sait aussi jouer de la lyre, comme un disciple d'Apollon, et il ne doit pas en rougir: Achille lui-même offre un précédent fameux (159-177). D'ailleurs les exercices du corps n'ont pas non plus de secrets pour lui: il pratique l'escrime avec la plus grande maîtrise; il a autant d'adresse dans les jeux de balle et la foule s'attroupe pour le regarder jouer (178-189).

Il lui arrive de préférer des divertissements plus intellectuels. Il est sans égal dans l'art de manier les pions pour mener une bataille fictive, dont les épisodes sont retracés avec beaucoup de vie. Le tableau s'achève par l'image triomphale du vainqueur, brandissant ses pions de verre qui tintent dans ses mains (190-208).

Le poète renonce alors à passer en revue les autres

talents multiples de Pison. Que son intention serve d'excuse à ses pages: elles est mue par une affection véritable. Lui ne demande pour toute faveur que de vivre aux côtés de Pison – soit d'être admis dans son cénacle. Car ne n'est pas la soif de l'or qui le pousse, mais le désir de la gloire (209-221). Pour s'engager sur ce chemin, il a besoin d'un guide, comme le navire a besoin d'un capitaine. Virgile lui-même ne fût sans doute pas sorti de l'ombre sans Mécène. Tel est le modèle proposé à Pison: Mécène en effet sut ouvrir largement sa demeure à de nombreux poètes, qui n'eurent pas à craindre une vieillesse pauvre (222-245).

L'ambition du poète se fait jour. Que Pison lui serve de Mécène et il transmettra son nom à la postérité, affirme-t-il, en tempérant néanmoins l'audace de cette promesse par une formule de protection religieuse. Il sent en lui de grandes dispositions; comme un nageur dans l'eau profonde, il supplie Pison de lui tendre la main pour le tirer de l'obscurité (246-253). C'est à peu près ce que Calpurnius attendra de Mélibée dans les *Bucoliques*. Le poème s'achève par une confession d'une émouvante sincérité: le poète est pauvre, de petite naissance; il est voué à l'obscurité si Pison le refuse; s'il l'accepte, il sera tiré au jour. Il s'offre hardiment, mais sans bassesse. Fier de son cœur, comme il l'a dit plus haut, il signe son panégyrique de l'aveu de sa jeunesse; il n'a pas encore vingt ans (254-261). Cette fin abrupte est bien dans la manière de Calpurnius et il ne paraît pas utile, comme le fait R. Verdière, de supposer une lacune[17].

17. R. Verdière, *op. cit.*, p. 31.

SIGLA

De laude Pisonis

codices

V = Varsaviensis, amissus, cuius lectiones seruatae sunt in ed. Wernsdorf.
M = Marucellianus A 166, saec XVII/XVIII.

florilegia

F = florileg. consensus.
a = Atrebatensis 64, saec. XII/XIV.
b = Berolinensis Diez B 60 F 29, saec. XIV.
e = Escorialensis Q I 14, saec. XIII/XIV.
n = Parisinus Nostradamensis 17903, saec. XII/XIII.
t = Parisinus Thuaneus 7647, saec. XII/XIII.

editiones et uaria

I = ed. de Jonge, Bâle, 1556, quae redire uidetur ad deperditum cod. Atrebatensem.
Lach. = Lachmann.
Lag. = Laguna.
Lu[1] = prim. ed. Lugdunensis, 1534.
Lu[2] = sec. ed. Lugdunensis, 1550.
Mey. = Meyncke.
S = ed. Sichard, Bâle, 1527, quae redire uidetur ad deperditum cod. quemdam.
Sc. = ed. Scaliger, Lyon 1573, quae redire uidetur ad amissum cod.
Ung. = Unger.

Éloge de Pison

Par où commencerai-je à dresser l'ordonnance du poème que j'entreprends, et quels titres de gloire vais-je chanter? J'hésite. D'un côté, ta noblesse m'inspire, Pison, et les noms sublimes de l'antique race de Calpus[1], qui brillent parmi les grandes familles romaines; par ailleurs, ta valeur me séduit comme ta vie admirable en tous points; si d'aventure la noblesse avait manqué à ta naissance, ta vie t'aurait tenu lieu de noblesse. Car à quoi bon des vestibules étayés par les portraits et les triomphes de ses aïeux[2], à quoi bon des fastes emplis de nombreux consuls, si l'on mène une vie chancelante?[3] Toute noblesse disparaît dans l'homme dont la gloire repose sur sa seule origine. Heureux sois-tu, toi dont l'âme égale la haute naissance et qui places en elle une partie et non la totalité de tes titres d'honneur[4]! C'est ta personne même que l'on devra chanter. En effet, faut-il rappeler que la maison calpurnienne tire son nom de Calpus et qu'elle a porté tout de suite le surnom illustre de Pison, pour avoir pilé l'orge humide d'une main calleuse[5]? Même si je voulais faire de tout une revue rapide, je ne le pourrais! Et la masse d'éther enflammé qui tourne autour de nous[6] rappellera dans douze mois les astres annuels avant que j'aie achevé d'évoquer les titres de gloire de tes aïeux et leurs rudes guerres[7]. Mais les bras guerriers de nos pères et les travaux des armes convenaient aux Quirites de jadis, et ils ont eu leurs poètes pour les célébrer de leurs chants. Nous aussi,

Laus Pisonis

Vnde prius coepti surgat mihi carminis ordo
quosue canam titulos, dubius feror. Hinc tua, Piso,
nobilitas ueterisque citant sublimia Calpi
nomina, Romanas inter fulgentia gentes;
hinc tua me uirtus rapit et miranda per omnes
uita modos; quae, si deesset tibi forte creato
nobilitas, eadem pro nobilitate fuisset.
Nam quid imaginibus, quid auitis fulta triumphis
atria, quid pleni numeroso consule fasti
profuerint, cui uita labat? Perit omnis in illo
nobilitas, cuius laus est in origine sola.
Felix, qui claris animum natalibus aequas,
et partem tituli, non summam, ponis in illis!
Ipse canendus eris: nam quid memorare necesse est
ut domus a Calpo nomen Calpurnia ducat
claraque Pisonis tulerit cognomina prima,
umida callosa cum pinseret hordea dextra?
Nec, si cuncta uelim breuiter decurrere, possim!
Et prius aetheriae moles circumuaga flammae
annua bis senis reuocabit mensibus astra,
quam mihi priscorum titulos operosaque bella
contigerit memorare; manus sed bellica patrum
armorumque labor ueteres decuere Quirites,
atque illos cecinere sui per carmina uates.

tit. de laude pisonis non tantum genere clari set etiam uirtute multiplici *F* in cruri de laude pis. *n* incerti de laude pis. *Meyn.* in Ciri de laude pis. *Baehr.* lucanus *in fine e in principio b* ad pisonem ad quem extat et horatii ars poetica *S* lucani poema ad calpurnium pisonem ex libro catalecton de laude Pisonis *Sc.* || Nichil est quod texitur ordine tantum (*Ciris* 339) *ante uersum* 1 *F* || 1-4 *om. b* || 5 hinc *aetS*: hic *n* || 6 deesset *abS*: -est *t* || tibi *abenS*: ubi *t* || forte *abetS*: fronte *n* || 12 felix *FISc.*: at tu *S* || claris *F*: tantis *SISc.* || 14-26 *om. F* || 17 umida *S*: fu- *Sc.* || 22 sed *SISc.*: sit *V* || 23 decuere *V*: doc- *SISc.*

nous chantons un Pison, mais qui brille de la gloire de la paix et que nous égalons à ses aïeux[8]. Même si les guerres se sont apaisées, la valeur pourtant n'est pas morte: on peut remplir des charges en servant sous la toge et on peut, sans effusion de sang, mener des guerres non cruelles devant un juge nommé par la loi. Ces charges procurent aussi la gloire d'avoir sauvé un concitoyen et elles couvrent les hauts portails des palmes de la victoire[9]. Allons, éloquent jeune homme, hausse-toi au-dessus des titres de gloire de tes ancêtres, au-dessus des honneurs et du renom de tes aïeux, dépasse l'éclat des armes par les exploits du forum[10]. C'est ainsi que, lorsque le grand Cicéron déployait sa vigueur, les lauriers cédèrent à l'éloquence, les armes à la toge[11]. Et cette même foule qui jadis, pour voir les triomphes fameux des Pisons, avait empli les rues en colonnes serrées, se presse à présent autour des forums encombrés[12], lorsque pour défendre les malheureux accusés, ton éloquence déploie ses accents. Que la lance les appelle tout tremblants au tribunal des décemvirs et leur ordonne de soutenir leur cause devant le jugement des centumvirs[13], ou que tu ruines avec une habileté consommée une accusation capitale, les forums mêmes résonnent des louanges que l'on t'adresse et tu mènes, Pison, la volonté du juge et son cœur endurci dont tu t'es emparé en vainqueur[14]. Il te suit de son plein gré là où tu l'amènes[15]; il pleure, si tu l'invites à pleurer, il se réjouit, si tu le forces à se réjouir et, lorsque tu le lui inspires, le juge prend une colère qui n'est pas la sienne. C'est ainsi que le cavalier thessalien sait diriger[16] la bouche écumante de sa bête d'un mors mobile[17], à découvert sur la plaine: tantôt, non content de lâcher

Nos quoque pacata Pisonem laude nitentem
exaequamus auis. Tamen, et si bella quierunt
non periit uirtus: licet exercere togatae
munia militiae, licet et sine sanguinis haustu
mitia legitimo sub iudice bella mouere.
Hinc quoque seruati contingit gloria ciuis,
altaque uictrices intexunt limina palmae.
Quin age maiorum, iuuenis facunde, tuorum
scande super titulos et auitae laudis honores
armorumque decus praecede forensibus actis.
Sic etiam, magno iam tunc Cicerone uigente,
laurea facundis, cesserunt arma togatis.
Sed quae Pisonum claros uisura triumphos
olim turba uias impleuerat agmine denso,
ardua nunc eadem stipat fora, cum tua maestos
defensura reos uocem facundia mittit.
Seu trepidos ad iura decem citat hasta uirorum
et firmare iubet centeno iudice causas,
seu capitale nefas operosa diluis arte,
laudibus ipsa tuis resonant fora duraque, Piso,
iudicis affectum possessaque pectora ducis
uictor. Sponte sua sequitur quocumque uocasti:
flet, si flere iubes, gaudet, gaudere coactus,
et te dante capit iudex, quam non habet, iram.
Sic auriga solet feruentia Thessalus ora
mobilibus frenis in aperto flectere campo,
qui modo non solum rapido permittit habenas

26-38 *om. b* || 26 tamen et *FISc.*: nec enim *S* || 27 non periit *FISc.*: occidit et *S* || 28 munia *F*: -nera *SISc.* || 30 hinc *FISc.*: hic *S* || contingit *FISc.*: -get *S* || 32-36 *om. F* || 35 uigente *ISc.*: iuuentae *S* iubente *Web. Baehr.* || 37 sed quae pisonum claros *S*: quaeque patrum claros quondam *FISc.* || 38 olim *SISc.*: omnes *F* || 41-43 *om. F* || 41-45 *om. b* || 44 duraque piso *V*: tu (*lac.*) piso *F* tu quoque piso a^2n^2*ISc.* dura piso nam *S* || 45 affectum *FS*: -tu *Lag.* || ducis *FISc.*: tentas *S* || 46 uictor *aentISc.*: -tus *bS* || sua *abetS*: tua *n* || 47 iubes a^1*betSc.*: -bet *a n* libet *S* || 48 quam *FISc.*: si *S* || 49-111 *om. b* || 50 mobilibus *FISc.*: nob- *n*.

les rênes au coursier impétueux, il l'excite du talon, tantôt il secoue avec habileté les souples commissures de la bouche[18] et à présent, faisant tourner la tête, il se met à ralentir la course effrénée pour décrire une volte[19]. Quel juge stupéfait ne fixe son attention sur ta physionomie? Qui peut rester maître de sa pensée, sans être influencé par toi? Qu'il te plaise en effet de lancer à la fois la grêle, la pluie et le feu nourri des éclairs que darde ta langue, ou que tu préfères condenser en un nœud des arguments serrés et enchaîner subtilement des paroles fougueuses, tu dépasses la force du fils de Laerte, la concision de l'Atride[20]; et si tu aimes mieux donner couleur à des mots pleins de douceur qui coulent en un flot limpide, en les ornant de fleurs qui ne se ferment pas mais restent grandes ouvertes[21], tu fais oublier la langue de miel de Nestor au charme célèbre[22]. Et pourtant, Pison, les forums avec leur jugement populaire ne sont pas les seuls à t'admirer; le sénat aussi t'accueille par des louanges sans nombre et la curie te rend des hommages bien mérités. Comment décrire dignement cette belle gloire qui t'échut en ce jour fameux où, devant le sénat silencieux, toi dont la pourpre comptait alors douze faisceaux, tu chantas d'un cœur reconnaissant la majesté divine de César[23]? Oui, si déjà mon esprit vigoureux avait la fermeté du chêne et si un souffle puissant gonflait mes jeunes années, j'oserais reprendre tes paroles en mes vers, Pison; mais ma nuque lasse vacille sous ce poids et mes membres tremblants fléchissent, le jarret coupé. Ainsi le petit oiseau de Pandion n'ose imiter le chant du cygne[24] et le voudrait-il, dans son effronterie, qu'il ne le pourrait; ainsi la voix du rossignol surpasse

18. Le terme *arte* a été fort discuté. Ullmann prétend lire *arce* dans tous les *Florilegia*. Verdière conteste cette opinion, pour les manuscrits de Paris et d'Arras. Quoi qu'il en soit, la leçon *arte* paraît plus probable que la restitution *alte* de Baehrens. Tous ces détails dénotent en effet chez Calpurnius une connaissance précise de l'équitation.

quadrupedi, sed calce citat, modo succutit arte
flexibiles rictus et nunc ceruice rotata
incipit effusos in gyrum carpere cursus.
Quis non attonitus iudex tua respicit ora?
Quis regit ipse suam, nisi per tua pondera, mentem?
Nam tu, siue libet pariter cum grandine nimbos
densaque uibrata iaculari fulmina lingua,
seu iuuat astrictas in nodum cogere uoces
et dare subtili uiuacia uerba catenae,
uim Laertiadae, breuitatem uincis Atridae;
dulcia seu mauis liquidoque fluentia cursu
uerba nec incluso sed aperto pingere flore,
inclita Nestorei cedit tibi gratia mellis.
Nec te, Piso, tamen populo sub iudice sola
mirantur fora; sed numerosa laude senatus
excipit et meritas reddit tibi curia uoces.
Quis digne referat, qualis tibi luce sub illa
gloria contigerit, qua tu reticente senatu,
cum tua bis senos numeraret purpura fasces,
Caesareum grato cecinisti pectore numen?
Quod si iam ualidae mihi robur mentis inesset
et solidus primos impleret spiritus annos,
auderem uoces per carmina nostra referre,
Piso, tuas; sed fessa labat mihi pondere ceruix
et tremefacta cadunt succiso poplite membra.
Sic nec olorinos audet Pandionis ales
parua referre sonos nec, si uelit improba, possit;
sic et aedonia superantur uoce cicadae,

52 succutit *entS*: -cedit *a* subripit a^2 torquet *ISc.*L^1 || arte a^1*et*: arce *a* alte *aut* acre *Baehr.* in auras *ISc.*L^1 || 58 lingua *nSISc.*: dextra *aet* || 59 iuuat *FISc.*: uiuat *e* || 61 uim *SISc.*: ui e^1 uir *e* || uincis a^2*nISc.*: -cit *aet* || 64 cedit *SISc.*: decid- *n* || 65 piso n^2*SISc.*: ipso *t* || 68-76 *om. F* || 69 reticente *ISc.*L^2: -tinente *S* || 72-83 *post uersum* 261 *ISc.* || 77-80 *om. b sed* 77-80 *coll. post uersum* 261 *in aent* || 77 sic *S*: sed *aentISc.* || 78 improba *aetSISc.*: -be *n* || 79 sic et aedonia *ISc.*L^1*S* (hediona): et pandionia *F*.

celle des cigales, lorsqu'elles jettent leurs cris stridents au soleil torride.

Aussi, Calliope[25], abandonne donc la gravité du forum et gagnons ensemble le seuil de Pison: il reste encore bien des sujets de louange à découvrir dans sa demeure même. C'est ici aussi qu'accourt de toute la ville une jeunesse désireuse d'écouter cet homme, chaque fois que le juge épuisé a ajourné les débats et que les querelles tumultueuse se sont tues[26]. C'est alors en effet qu'il s'entraîne comme un soldat avec des armes légères et qu'il exerce ses talents par des procès fictifs[27]. Mieux, c'est la Grèce éloquente qui coule d'une bouche romaine, tandis que se fait entendre pour la ville de Cécrops un rival de poids[28]. Témoin la ville qui fonda ses murailles sous les auspices de l'oiseau acidalien[29], Naples l'éloquente, qui fait revivre la citadelle de l'Eubée[30]. Quel éclat, dieux du ciel, quel éclat dans les paroles charmeuses de ses lèvres! Parfois, ce sont des expressions brillantes, fermes et éclatantes, qui emplissent les thèmes, parfois, c'est une pensée dépouillée de toute figure qui vole, rapide, une fois que le tour a reçu une secousse[31].

Vraiment, c'était déjà une grande qualité, quand bien même elle eût été la seule, que de charmer par l'éloquence le vénérable sénat, ou bien de supprimer les charges pesant sur des innocents, pour charger les coupables; mais, en plus, son visage serein, plein de gravité, émeut et il éblouit la vue par une apparence hors de pair. Sa physionomie est telle que nous ne pouvons la qualifier de triste ou de languissante, mais belle, d'une sévérité enjouée[32]: ce qui ressort en lui, c'est la belle parure d'une noblesse innée et des traits dignes de sa naissance. S'ajoutent à cela une loyauté pleine de justice, une liberté pleine de réserve et une âme pure de toute mauvaise rouille; son esprit lui-même a plus de richesse que l'or qu'il possède. Quel est celui de tes protégés,

stridula cum rapido faciunt conuicia soli.
Quare age, Calliope, posita grauitate forensi,
limina Pisonis mecum pete: plura supersunt,
quae laudare uelis inuenta penatibus ipsis.
Huc etiam tota concurrit ab Urbe iuuentus
auditura uirum, si quando iudice fesso
turbida prolatis tacuerunt iurgia rebus.
Tunc etenim leuibus ueluti proludit in armis,
compositisque suas exercet litibus artes.
Quin etiam facilis Romano profluit ore
Graecia, Cecropiaeque sonat grauis aemulus urbi.
Testis, Acidalia quae condidit alite muros,
Euboicam referens f*a*cunda Neapolis arcem.
Qualis, io superi, qualis nitor oris amoenis
uocibus! Hinc solido fulgore micantia uerba
impleuere locos, hinc exornata figuris
aduolat excusso uelox sententia torno.
Magna quidem uirtus erat, etsi sola fuisset,
eloquio sanctum modo permulcere senatum,
exonerare pios modo, nunc onerare nocentes;
sed super ista mouet plenus grauitate serena
uultus et insigni praestringit imagine uisus.
Talis inest habitus, qualem nec dicere maestum
nec fluidum, laeta sed tetricitate decorum
possumus: ingenitae stat nobilitatis in illo
pulcher honos et digna suis natalibus ora.
Additur huc et iusta fides et plena pudoris
libertas animusque mala ferrugine purus,
ipsaque possesso mens est opulentior auro.
Quis tua cultorum, iuuenis facunde, tuorum

81-83 *om.* *F* || 88 compositisque *FISc.*: -tusque *S* || 90 graecia *SISc.*: gretia *en* grat- *Web.* || aemulus *S*: -lem *F* || 91-93 *om.* *F* || 92 facunda *Ung.*: foec- *S* fec- *ISc.* || 94 hinc *aSISc.*: huic *e* hic *n* || 98 permulcere *FISc.*: perfulcire *S* || 99 onerare *SISc.*: honer- *aen¹t* honor- *n* || 101 insigni *FISc.*: -gnis *S* || 102 dicere *aetSISc.*: duc- *n*.

jeune homme éloquent, qui franchit ton seuil en homme pauvre, sans que ta bienveillance pleine de cœur l'accueille pour l'enrichir et l'aide par une somme inattendue[33]? Et ce qui aura plus de prix que tout don[34], c'est que tu l'aimes d'égal à égal et que ni la fortune ni la naissance de tes protégés ne te touchent: ce sont les qualités morales que l'on regarde en eux. Jamais ils n'ont à supporter de plaisanteries insolentes, jamais aucune attaque ne provoque soudain des éclats de rire. D'un même cours fidèle, l'amitié entoure grands et petits. Rare est la maison qui ne méprise pas un ami modeste, rare celle qui ne foule pas aux pieds avec dédain l'humble client[35]. Même s'il est évident que sa maison est irréprochable et sa vie sans tache, ses qualités resteront dans l'ombre avec sa pauvreté[36]. Personne ne cherche plus à s'entourer des compagnons que donne une affection toute pure, mais de ceux que l'on se procure par un salaire impie; personne ne dispense plus de récompense à un ami vrai[37], pour le guider d'égal à égal et être à son tour guidé par lui, mais on réchauffe un misérable d'une pauvre piécette, pour pouvoir exercer de honteuses plaisanteries devant les convives[38]. Une telle bassesse, une telle disgrâce sont bien loin de ta maison, honorable Pison. Toi, tu es doux et dépourvu de rudesse blessante, tu as mis de côté toute morgue et l'on te compte seulement comme l'un des amis d'un groupe d'égaux; tu montres l'exemple de la complaisance et tu cherches à gagner l'affection par l'affection. Ta maison tout entière retentit des talents variés de tes protégés; partout elle suscite le zèle, car tu n'aimes pas avoir une foule de clients rudes et grossiers qui, forts de misérables services, ne savent que te précéder en écartant le vulgaire. Ce sont les qualités multiples qui te charment:

33. La générosité de Pison est attestée par Tacite, *ann.*, 15,48,3: «Exercebat largitionem aduersum amicos et ignotos quoque» et le scholiaste de Juvénal, 5,109: «magnificentissime uixit meritos subleuare inopes... solitus».

limina pauper adit, quem non animosa beatum
excipit et subito iuuat indulgentia censu?
Quodque magis dono fuerit pretiosius omni,
diligis ex aequo, nec te fortuna colentum
natalesue mouent: probitas spectatur in illis.
Nulla superborum patiuntur dicta iocorum,
nullius subitos affert iniuria risus:
unus amicitiae summos tenor ambit et imos.
Rara domus tenuem non aspernatur amicum
raraque non humilem calcat fastosa clientem.
Illi casta licet domus et sine crimine constet
uita, tamen probitas cum paupertate iacebit.
Nullus iam lateri comitem circumdare quaerit,
quem dat purus amor, sed quem tulit impia merces;
nec quisquam uero pretium largitur amico,
quem regat ex aequo uicibusque regatur ab illo,
sed miserum parua stipe focilat, ut pudibundos
exercere sales inter conuiuia possit.
Ista procul labes, procul haec fortuna refugit,
Piso, tuam, uenerande, domum. Tu mitis et acri
asperitate carens positoque per omnia fastu
inter ut aequales unus numeraris amicos,
obsequium doces et amorem quaeris amando.
Cuncta domus uaria cultorum personat arte,
cuncta mouet studium; nec enim tibi dura clientum
turba rudisue placet, misero quae freta labore
nil nisi summoto nouit praecedere uulgo.
Sed uirtus numerosa iuuat: tu pronus in omne

111 censu *SISc. ut uid. e*: -sus t^2 || 113 diligis a^2e^2*ISc.*L^2: -git *FS* || colentum *nS*: client- *abetISc.* || 115 dicta *FISSc.*: uerba *b* || 120 illi a^1e^2n: illic *SISc.* illa *abet* || domus *F*: mens *ISc.* || 122 nullus ...lateri *F*: sed lateri nullus *SISc.* || iam *n*: tam *aet* cum *b* || 123 sed ...merces *om. F* || 126-128 *om. b* || 126 focilat *S*: munerat a^2*ISc. om. F* || pudibundos *FISc.*: -dus *S* || 128 ista... labes *FISc.*: ipse... liuor *S* || 131 ut *SISc.*: et *F* || 133-134 *om. b* || 133 cultorum *FISc.*: cunct- *t*.

quant à toi, la pente naturelle de ton esprit te porte à toutes sortes d'occupations, selon que des préoccupations sérieuses ont retenu ton attention ou que de plus légères te charment[39]. Car l'éloquence au front tendu ne plaît pas éternellement, une troupe guerrière ne reste pas toujours en armes et le son de la trompette qui glace d'effroi ne fait pas entendre nuit et jour son gémissement; le Crétois ne bande pas toujours son arc, mais il en retire le fer et détend les cornes, comme le soldat libère sa tête du casque et son flanc de son épée.

La nature même subit des alternances et règle son cours dans la variété, et elle déroule l'année en changeant de frondaisons[40]. L'éther n'est pas toujours chargé de nuages qui fondent en obscurcissant les astres d'or de terribles averses. L'hiver a une fin et sèche au printemps sa chevelure mouillée; le printemps s'enfuit devant l'été; dans le dos de l'été, attaque l'automne porteur de fruits, prêt à céder la place aux nuages et aux pluies. Même le père des dieux range ses armes de feu et, gagnant le banquet et la table servie par Ganymède, saisit les coupes de la main qui a brandi les foudres[41]. Il convient de suivre l'impulsion du moment: celui qui a soupesé le moment avec des poids précis sera soldat si la guerre l'appelle; si c'est la paix, il déposera les armes et revêtira la toge. Quant à Pison, le forum lui conviendra en temps de paix comme en temps de guerre les camps.

Jour heureux et digne d'être chanté par tout l'univers que ce jour qui, en te donnant le souffle de la vie, emplit ton cœur de dons innombrables! Merveilleuse est la gravité dont tu fais preuve au forum, merveilleux est ton enjouement, lorsque tu abandonnes la gravité pour un temps. S'il te prend fantaisie de composer en vers plaisants des chants qui coulent de source, ta page voit s'aligner sans peine un chant digne des Muses; ou si tu fais vibrer la lyre de tes doigts et du plectre d'ivoire, c'est une musique suave qui s'échappe alors d'un instrument digne d'Apollon et l'on croirait que tu as étudié avec

pectora ducis opus, seu te grauiora uocarunt,
seu leuiora iuuant. Nec enim facundia semper
adducta cum fronte placet, nec semper in armis
bellica turba manet, nec tota classicus horror
nocte dieque gemit, nec semper Gnosius arcu
destinat, exempto sed laxat cornua ferro,
et galea miles caput et latus ense resoluit.
Ipsa uices natura subit uariataque cursus
ordinat, inuersis et frondibus explicat annum.
Non semper fluidis adopertus nubibus aether
aurea terrificis obcaecat sidera nimbis.
Cessat hiems, madidos et siccat uere capillos;
uer fugit aestates; aestatum terga lacessit
pomifer autumnus, nimbis cessurus et undis.
Ignea quin etiam superum pater arma recondit
et Ganymedeae repetens conuiuia mensae
pocula sumit ea, qua gessit fulmina, dextra.
Temporibus seruire decet: qui tempora certis
ponderibus pensauit, eum si bella uocabunt,
miles erit, si pax, positis toga uestiet armis.
Hunc fora pacatum, bellantem castra decebunt.
Felix illa dies totumque canenda per orbem,
quae tibi, uitales cum primum traderet auras,
contulit innumeras intra tua pectora dotes.
Mira subest grauitas inter fora, mirus, omissa
paulisper grauitate, lepos. Si carmina forte
nectere ludenti iuuit fluitantia uersu,
Aonium facilis deducit pagina carmen;
siue chelyn digitis et eburno uerbere pulsas,
dulcis Apollinea sequitur testudine cantus

140 nec *FISc.*: non *S* || 142 gemit *abetS*: simul *n* fremit *Lag.* || nec *FISc.*: non *S* || arcu *FISc.*: -cus *S* || 143 ferro *F*: neruo *SISc.* || 146 *om. F* || frondibus *SISc.*: -ntibus *Lag. Baehr.* || 151 nimbis *FISc.*: nubibus *S* || 152-154 *om. F* || 157 uestiet *F*: gest- *SISc.* || 158 decebunt *nISc.L*[2]: doc- *aetS* || 159 orbem *FISc.*: aeuum *S.*

Phoebus pour maître[42]. Ne rougis pas d'avoir pincé la corde de la lyre, puisque la joie publique éclate avec les loisirs dans un monde plein de quiétude[43]; non, ne rougis pas: c'est ainsi, croit-on, que la lyre de Phoebus est pincée par des mains qui tendent aussi l'arc; le farouche Achille lui-même, à ce qu'on raconte, a joué de la lyre, alors que le héros fils de Priam[44] incendiait mille vaisseaux et que le son grave de la trompette couvrait la mélodie des cordes: le héros descendant de Nérée fit naître une musique suave des battements de ce pouce fameux qui lançait la terrible péliade contre l'ennemi[45].

D'ailleurs s'il te prend fantaisie de faire tournoyer les armes à force de bras, de prendre position pour avoir le pied ferme, les membres enfermés dans ta garde, pour en même temps, éviter et chercher à surprendre celui qui t'attaque[46], tes pieds sont si agiles que tu décris rapidement cercle sur cercle et tu presses le fuyard qui court à l'oblique; tantôt ton poing fougueux lui fouille la poitrine, tantôt tu frappes le flanc adverse d'un coup asséné à l'improviste. Et ton agilité n'est pas moindre si, d'aventure, tu choisis de renvoyer la balle au vol ou de la rattraper dans sa chute et, quand elle s'échappe, de la reprendre d'un coup surprenant[47]. Immobile, le peuple contemple ces spectacles et la foule entière, déjà couverte de sueur, abandonne soudain ses propres jeux[48].

Si d'aventure, las du poids des études, tu choisis pourtant de ne pas céder à la nonchalance mais de jouer à des jeux qui exigent du talent, c'est avec encore plus d'habileté que sur la table ouverte tu changes le pion de place et que les soldats de verre se font une guerre à outrance, pour que le pion neigeux bloque les noirs et que le noir bloque les blancs[49]. Mais qui devant toi n'a point tourné le dos? Mené par toi, lequel de tes pions a lâché pied? Ou lequel, au moment où il allait être perdu,

et te credibile est Phoebo didicisse magistro.
Nec pudeat pepulisse lyram, cum pace serena
publica securis exsultent otia terris,
nec pudeat, Phoebea chelys si creditur illis
pulsari manibus, quibus et contenditur arcus;
ipse fidem mouisse ferox narratur Achilles,
quamuis mille rates Priameius ureret heros
et grauis obstreperet modulatis bucina neruis:
illo dulce melos Nereius extudit heros
pollice, terribilis quo Pelias ibat in hostem.
Arma tuis etiam si forte rotare lacertis
inque gradum clausis libuit consistere membris
et uitare simul, simul et captare petentem,
mobilitate pedum celeres super orbibus orbes
plectis et obliquis fugientem cursibus urges;
et nunc uiuaci scrutaris pectora dextra,
nunc latus aduersum necopino percutis ictu.
Nec tibi mobilitas minor est, si forte uolentem
aut geminare pilam iuuat aut reuocare cadentem
et non sperato fugientem reddere gestu.
Haeret in haec populus spectacula, totaque lusus
turba repente suos iam sudabunda relinquit.
Te si forte iuuat studiorum pondere fessum
non languere tamen lususque mouere per artem,
callidiore modo tabula uariatur aperta
calculus et uitreo peraguntur milite bella,
ut niueus nigros, nunc et niger alliget albos.
Sed tibi quis non terga dedit? Quis te duce cessit
calculus? Aut quis non periturus perdidit hostem?

169 nec *aetn*^{1}: ne *n* || 171-172 *om. F* || 171 nec *SISc.*: ne *Baehr.* || si *SISc.*: sic *Baehr.* || 173 ipse fidem mouisse ferox *FISc.*: sic mouisse fides saeuus *S* || 174-175 *om. F* || 174 priameius *L*^{1}: primaeuus *S* || 176 illo *FL*^{1}: -le *S* || extudit *SISc.*: -tulit *F* || 178 arma tuis ... lacertis *SISc.*: armatos ... lacertos *F* || 180 captare *SISc.*: rap- *F* || 182 plectis *S*: flec- *ISc.* ducis *a*^{2} *om. n* || 183 et nunc *FISc.*: nunc quoque *S* || 185-187 *om. F* || 188 lusus *F*: ludos *SISc.* || 190-208 *om. F.*

n'a point causé la perte de l'ennemi? Ton armée a mille tactiques de combat: une pièce, en fuyant, s'empare elle-même de son poursuivant; une autre arrive de sa lointaine retraite où elle se tenait aux aguets, se jette hardiment dans la bagarre et surprend l'ennemi qui venait en faire sa pâture; celle-là subit des retards périlleux[50] et, avec l'air d'être bloquée, bloque elle-même deux ennemis; telle autre vole vers de plus grands desseins: après avoir réussi à enfoncer la ligne adverse, elle attaque brusquement les colonnes, jette bas le retranchement et sème la dévastation sur les remparts fermés[51]. Pendant ce temps, si âpres que soient les combats qui s'engagent contre des soldats coupés des leurs, avec ta phalange au complet, ou même amputée de quelques soldats, c'est toi qui remportes la victoire et la foule des captifs tinte dans tes deux mains[52].

Mais Titan ferait demi-tour, après avoir mesuré tout le parcours de l'Olympe, avant que mes vers ne réussissent à énumérer tant de titres de gloire. Heureux jeune homme, si digne d'une longue vie, rare ornement de ta race, assuré de mon dévouement, accepte et accueille ce gage d'une affection véritable: et si mes pages sont peu dignes de ta gloire, il suffit de l'intention[53]; je suis fier de mon cœur et non point de mes vers. Pour toi, contente-toi de m'accorder avec joie ta présence: peut-être que mes chants en deviendront plus grands. Et ta faveur à elle seule me donnera des forces, à elle seule mon espérance me donnera un esprit fécond: daigne m'ouvrir tes Pénates, c'est tout ce que je te demande. Car ce n'est pas la faim impérieuse de l'or qui rend riche et le sauvage désir de posséder qui m'auront poussé, c'est l'amour de la gloire. J'aime, noble Pison, vivre à tes côtés et consacrer ma vie à tenter de rivaliser avec tes vertus par mes chants[54]. J'irai plus haut, si tu m'ouvres le chemin de la renommée, si tu en dissipes l'ombre. À quoi sert le filon caché d'un métal précieux, s'il manque le mineur? Que peut bien faire le vaisseau qui croupit

Mille modis acies tua dimicat: ille petentem
dum fugit, ipse rapit; longo uenit ille recessu,
qui stetit in speculis; hic se committere rixae
audet et in praedam uenientem decipit hostem;
ancipites subit ille moras similisque ligato
obligat ipse duos; hic ad maiora mouetur,
ut citus e*c*fracta prorumpat in agmina mandra
clausaque deiecto populetur moenia uallo.
Interea sectis quamuis acerrima surgant
proelia militibus, plena tamen ipse phalange
aut etiam pauco spoliata milite uincis,
et tibi captiua resonat manus utraque turba.
Sed prius emenso Titan uersetur Olympo
quam mea tot laudes decurrere carmina possint.
Felix et longa iuuenis dignissime uita
eximiumque tuae gentis decus, accipe nostri
certus et hoc ueri complectere pignus amoris:
quod si digna tua minus est mea pagina laude,
at uoluisse sat est; animum, non carmina iacto.
Tu modo laetus ades: forsan maiora canemus.
Et uires dabit ipse fauor, dabit ipsa feracem
spes animum; dignare tuos aperire Penates,
hoc solum petimus. Nec enim me diuitis auri
imperiosa fames et habendi saeua libido
impulerint, sed laudis amor. Iuuat, optime, tecum
degere cumque tuis uirtutibus omne per aeuum
carminibus certare meis. Sublimior ibo,
si famae mihi pandis iter, si detrahis umbram.
Abdita quid prodest generosi uena metalli,
si cultore caret? Quid inerti condita portu,

203 ecfracta *Baehr.*: et fracta *SISc.* || 206 ipse *L¹mg.*: -sa *SL¹* || 213 et *FISc.*: tu *S* || hoc *SISc.*: hec *F* || 215 carmina *abetS*: -ne *n* || 216-224 *om. b* || 216 maiora *F*: meliora *SISc.*: || 221 impulerint *n*: -rit *aetISc.* -rant *S* || 224 umbram *bnSSc.*: unquam *aet* || 226-254 *om. b.*

enfermé dans le port, s'il manque de capitaine, quand bien même il porterait tous ses agrès et pourrait larguer ses voiles, en les déployant le long du mât bien rond par des secousses imprimées aux cordages? Le poète même dont les chants sur Énée retentissent à travers les peuples d'Ausonie, qui ébranle l'Olympe de son immense renommée et qui, de sa bouche romaine, rivalise avec le vieillard de Méonie[55], serait peut-être resté caché dans l'ombre de ce bois qu'il chante et n'aurait joué que d'une flûte stérile, inconnu des nations, s'il n'avait eu un Mécène; celui-ci pourtant n'ouvrit pas sa porte à un seul poète et ne confia pas ses divinités impériales au seul Virgile[56]: Mécène fit la gloire de Varius qui ébranlait la scène de son geste tragique[57], Mécène tira de l'ombre des poètes aux accents de tonnerre et révéla leurs noms aux peuples de la Grèce[58]. Il fit aussi connaître des chants qui résonnaient sur des cordes romaines et la lyre ausonienne du gracieux Horace. O glorieuse figure, toi qui mérites d'être révéré en tous temps, protecteur du chœur des Piérides, en sécurité sous ton égide, jamais les poètes n'ont craint la pauvreté dans leur vieillesse[59].

Aussi, s'il reste quelque place pour mes prières et si mes souhaite ont touché ton cœur, on se souviendra un jour de toi comme de mon Mécène, car je te chanterai par des vers bien frappés. Je peux livrer ton nom à une renommée éternelle, si toutefois un homme a le droit de s'engager par une telle promesse et si le dieu vengeur n'intervient pas[60]. Je n'ai que trop de courage, de volonté et mon esprit lui-même ose concevoir je ne sais quel dessein supérieur. A toi de tendre la main à celui qui nage dans les flots, à toi, Pison, de tirer au jour celui qui est obscur. Je suis d'une maison modeste, mais loyale, la fortune de mes parents est maigre, c'est là ce qui me plonge dans l'obscurité. Je puis dégager ma tête des ténèbres qui la couvrent et contempler un jour

55. Calpurnius reprend l'antithèse qui oppose traditionnellement Virgile à Homère.

si ductoris eget, ratis efficit, omnia quamuis
armamenta gerat teretique fluentia malo
possit et excusso demittere uela rudenti?
Ipse per Ausonias Aeneia carmina gentes
qui sonat, ingenti qui nomine pulsat Olympum
Maeoniumque senem Romano prouocat ore,
forsitan illius nemoris latuisset in umbra
quod canit, et sterili tantum cantasset auena
ignotus populis, si Maecenate careret,
qui tamen haud uni patefecit limina uati
nec sua Vergilio permisit numina soli:
Maecenas tragico quatientem pulpita gestu
euexit Varium, Maecenas alta tonantis
eruit et populis ostendit nomina Graiis.
Carmina Romanis etiam resonantia chordis,
Ausoniamque chelyn gracilis patefecit Horati.
O decus, in totum merito uenerabilis aeuum,
Pierii tutela chori, quo praeside tuti
non umquam uates inopi timuere senectae.
Quod si quis nostris precibus locus, et mea uota
si mentem subiere tuam, memorabilis olim
tu mihi Maecenas tereti cantabere uersu.
Possumus aeternae nomen committere famae,
si tamen hoc ulli de se promittere fas est
et deus ultor abest. Superest animosa uoluntas
ipsaque nescio quid mens excellentius audet.
Tu nanti protende manum, tu, Piso, latentem
exere. Nos humilis domus et sincera, parentum
sed tenuis fortuna sua caligine celat.
Possumus impositis caput exonerare tenebris

228 gerat *FS*: ferat *ISc*. || 229 demittere *ant*: dim- e *SISc*. || 237 permisit *bnSI*: prom- *aet* || numina *S*: nom- *FISc*. carm- *Lach.* somnia *Baehr.* || 239 euexit *aenISc*.: erexit *S* || uarium *ISc*.L^2: uarum *FS* || 242 patefecit *FSI*: prof- *V* prouexit *Lag.* || 243 in totum... aeuum *S*: et toto ...aeuo *FI* || 246 quod *bnt*: quo *ae* sed *Verd.* || 256-261 *om. b.*

nouveau, si seulement tu me donnes avec joie un signe d'acquiescement et si, avec ton âme limpide, tu souscris à mes vœux. J'ai, crois-moi, un cœur plus ferme que mes années, pourtant une parure juvénile commence seulement à ombrager mes joues et je ne suis pas encore entré dans mon vingtième été.

et lucem spectare nouam, si quid modo laetus
annuis et nostris subscribis, candide, uotis.
Est mihi, crede, meis animus constantior annis,
quamuis nunc iuuenile decus mihi pingere malas
coeperit et nondum uicesima uenerit aestas.

261 aestas *ISc.L*[1]*mg.*: aetas *FS*.

NOTES COMPLÉMENTAIRES

BUCOLIQUES

BUCOLIQUE I

P. 7

5. Faunus est un des plus anciens dieux italiques, fils présumé du roi mythique Picus et protecteur des troupeaux; comme tel, il était représenté avec des cornes (voir V,25), mais il était aussi devin réputé. Virgile en fait le père du roi Latinus (*Aen.*, 7,81), qui vient consulter son oracle fameux en sacrifiant des brebis dans la forêt d'Albunée aux vapeurs méphitiques, souvent localisée près de Prattica. Le bois de pins de Calpurnius est bien différent et on ne saurait parler d'imitation. Les sanctuaires de ce dieu champêtre devaient être nombreux. — Il faut conclure de ce passage que, pour entrer dans le sanctuaire de Faunus, il fallait être en état de pureté sexuelle. Cette exigence contraste avec le caractère débridé des cérémonies sacrées, stigmatisées par les auteurs chrétiens (Arn., 3,72). Faunus avait fini par être confondu avec Pan; il passait pour habiter la Sabine (Hor., *carm.*, 1,16,1). D'après le vers 20, certains arbres lui étaient manifestement consacrés. — Le refus amoureux de Leucè a pu avoir de son côté une cause religieuse, comme chez Tibulle, 1,3,25, où Délia se refuse pour satisfaire aux exigences d'Isis.

6. R. Verdière, *op. cit.*, p. 47-49, se fonde sur l'allusion de ce vers à une haute stature pour suggérer que le pseudonyme d'Ornytus désignerait le véritable frère du poète, Calpurnius Statura.

7. R. Verdière propose «iaoulis». En effet, le terme *iubila*, littéralement «cris de joie», semble bien être une harmonie imitative qui évoque les vocalises des montagnards. W.B. Sedgwick, *Jubilum*, dans *CR*, 1947, p. 48-49, mentionne Virgile, *buc.* 5,14, et définit les *iubila* comme des cris pour appeler le bétail et des refrains modulés dans le genre des *Jodler* qui entrecoupaient certaines poésies pastorales.

P. 8

8. La filiation de Faunus évoquée ici est bien celle d'un dieu primitif. Il s'y mêle aussi sans doute le postulat philosophique stoïcisant selon lequel le monde de l'éther était le domaine divin; *satus aethere* signifierait donc à peu près «venu de l'empyrée». Selon une tradition plus mythologique, Faunus était le fils de Picus, roi des

Latins. Sur ses pouvoirs prophétiques, voir *supra* note 5 et G. DUMÉZIL, *La religion romaine archaïque*, Paris, 1966, p. 339.

9. La correction *fatis* proposée par Ulitius à la leçon des manuscrits *fagis* paraît indiscutable.

10. Le thème de la renaissance de l'âge d'or est si banal dans la poésie latine qu'il est superflu de citer tous les poètes qui l'ont exploité en des termes proches de ceux de Calpurnius: on peut mentionner particulièrement Virg., *buc.* 4,6; *Aetna*, 9; Ov. *met.*, 1,27; 2,92; Claud. *in Rufin.*, 1,51.

11. Thémis, déesse de la Justice, passait pour avoir été bannie de la terre par la méchanceté des hommes, après l'Age d'Or. Les termes *squalore situque* sont des images qui évoquent les vêtements de deuil de la déesse découragée par l'exil. L'emploi de *squalor* au sens de «tenue de deuil» tout à fait négligée est courant chez Cicéron.

12. Il s'agit vraisemblablement du procès des Troyens, plaidé en grec par Néron devant Claude, peu avant ou peu après son mariage avec Octavie (Suét., *Nero*, 7; Tac. *ann.*, 12, 58,1). Selon Tacite, Néron avait rappelé avec brio l'origine troyenne de la lignée julienne issue d'Énée: «Romanum Troja demissum et Iuliae stirpis auctorem Aenean aliaque haud procul fabulis uetera facunde exsecutus». Néron se rattachait en effet aux Iules par sa mère Agrippine, petite-fille d'Auguste. Calpurnius met ainsi l'accent sur l'éclat de la naissance du jeune prince, ce qui ne saurait en aucun cas le blesser. Il ne semble pas y avoir lieu de comprendre avec R. Verdière «qui gagna sa cause avec l'appui des ancêtres maternels les Iules», ce qui serait une allusion voilée à l'accession au trône, favorisée par Agrippine.

13. Voir Virgile, *georg.*, 1,,490: «Romanas acies iterum uidero Philippi». En dépit de la victoire d'Octave sur les armées de Brutus et de Cassius, Philippes demeure, comme Pharsale, le symbole de la guerre civile honnie des Romains comme le gaspillage des forces vives de la patrie. Voir aussi Horace, *carm.* 1,2,23-25 et 2,7,10: «audiet ciuis acuisse ferrum/quo graues Persae melius perirent».

14. Cette expression condensée semble signifier que Rome en proie aux guerres civiles est forcément captive d'elle-même, comme chez Pétrone 119,50: «ipsa suis merces erat et sine uindice praeda», à moins qu'il ne faille y voir une allusion aux défaites des premiers temps de Rome: invasion des Gaulois, guerres samnites. En tout cas, triompher sur des concitoyens est une servitude; Calpurnius proclame ainsi l'unité indivisible de Rome.

P. 9

17. Cette critique virulente du règne de Claude peut être mise en parallèle avec l'*Apocolocyntose*, comme l'a souligné B. LUISELLI; *L'Apocolocyntosis senecana e la prima bucolica di Calpurnio Siculo*, *A&R*, 8 (1963), p. 44-52. Selon Suétone, *Claud.*, 29,4, Claude avait envoyé au

supplice trente-cinq sénateurs et plus de trois cents chevaliers romains et, parmi eux, de grands noms de la noblesse romaine. Les crimes de Claude sont aussi stigmatisés dans l'*Apocolocyntose*, 10,3-4 et 11,2: «tam facile homines occidebat quam canis excidit». De telles accusations, bel et bien fondées, expliquent le soulagement avec lequel on accueillit le jeune Néron et justifient l'enthousiasme de Calpurnius, certainement partagé par bien des citoyens de haut rang. De plus, plusieurs critiques ont noté que l'éloge des temps nouveaux correspondait point par point au discours-programme de Néron pour sa première année de règne (voir l'Introduction p. xx).

18. Le mythique Age d'Or correspondait dans le Latium au règne de Saturne. Selon une légende, Saturne-Cronos, chassé du ciel par son fils Jupiter, aurait été exilé sur terre dans le Latium, où il aurait construit les murs cyclopéens de la citadelle de Saturnia et aurait fait régner l'Age d'Or. On suppose l'assimilation d'un dieu oriental à un dieu latin de caractère champêtre. Le Saturne latin gardera d'ailleurs son caractère de dieu de l'abondance. Le règne de Saturne est chanté par Tibulle, 1,3,35-48.

19. Numa, successeur de Romulus, fameux par ses entretiens avec la nymphe Égérie, avait organisé la vie religieuse des Romains. G. Dumézil, *op. cit.*, note 8, p. 158, y reconnaît l'incarnation de la fonction religieuse, l'une des trois fonctions indo-européennes illustrées par les premiers rois de Rome. Ce roi-prêtre passait pour avoir institué le collège des Vestales, le temple de Janus et un calendrier religieux divisant l'année en douze mois et distinguant les jours fastes et néfastes. On en possède des fragments, qui, sans remonter à Numa sans doute, seraient tout de même d'origine ancienne.

20. Le peu de respect de Claude à l'égard du droit est noté par Tacite, *ann.*, 12,60. En particulier, il livrait aux chevaliers l'ensemble du pouvoir juridique. L'espoir d'un retour à la légalité s'exprime également dans l'*Apocolocyntose*, 1,1,23: «Felicia lassis/saecula praestabit legumque silentia rumpet».

21. Sur cette comète, voir Introduction, p. xxi. En dépit des controverses, il semble bien s'agir de la comète de 54, qui, selon Suétone, *Claud.*, 46, passait pour avoir présagé la mort de Claude. Dans l'imagination populaire, les comètes sont généralement de mauvais augure. Calpurnius s'attache à ranger cette étoile dans une catégorie bénéfique, puisque son éclat n'est pas rougeoyant, comme l'est habituellement celui des comètes. Pline, *nat. hist.*, 2,22, distingue différents types d'étoiles et qualifie les comètes d'astres «horrentes crine sanguineo». — Ici, Calpurnius souhaite surtout effacer des mémoires le souvenir fâcheux des phénomènes météorologiques qui accompagnèrent l'assassinat de César et dont Virgile se fait l'écho dans les *Géorgiques*, 1,488 sq.: «diri toties arsere cometae»; voir aussi Dion Cassius 45,17 et Lucain, 1,522 sq. Il faut avouer que le rapprochement

n'était pas tout à fait sans objet. Tibulle, 2,5,71, qualifie sans hésitation la comète accompagnant la mort de César de «belli mala signa». Cependant, selon Pline, *nat. hist.*, 2,23. Auguste aurait estimé qu'elle était de bon augure pour lui. Ceci peut fort bien tenir lieu de précédent à l'interprétation favorable de Calpurnius.

P. 10

23. Le passage est obscur et les traductions variées. M. Hermann, *op. cit.*, p. 148, propose: «avant d'avoir vu dans leur crépuscule une aurore»; J. Hubaux, *op. cit.*, p. 212: «lorsqu'elle aura vu des aurores qui seront des couchants» et R. Verdière, *op. cit.*, p. 135: «lorsque le couchant aura vu derrière lui se lever les aurores», ce qui est plus satisfaisant. En effet l'idée exprimée paraît bien être celle d'une continuité dynastique, gage de paix. Le règne suivant sera déjà assuré lorsqu'on décrétera l'apothéose de l'empereur défunt. Ainsi, il n'y aura aucun risque de troubles ni d'interrègne. C'est en fait l'apologie de la rapidité avec laquelle Néron prit le pouvoir après l'assassinat de Claude. On était allé jusqu'à retarder l'annonce de sa mort pour permettre d'achever les préparatifs du nouveau règne: Tac., *ann.*, 12,68-69. Il n'est donc pas nécessaire de supposer avec R. Verdière qu'*ortus* remplace *orcus*, ce qui signifierait que les empereurs ne devraient plus être divinisés avant d'être accueillis aux Enfers, thème, il est vrai, de l'*Apocolocyntose*.

24. Sur l'identification possible de Mélibée, voir Introduction, p. XXVI et *virg. buc.*, 3,73: «diuum referatis ad aures».

BUCOLIQUE II

26. Certes, Calpurnius n'est pas totalement original dans cette peinture de la nature tout entière assistant à la joute. Un motif analogue se trouve chez Virgile, *buc.* 10,9-30, mais utilisé différemment, car, chez Virgile, la nature joue le rôle de consolatrice. La description des espèces animales ou divines se fait également en termes traditionnels; on pourrait multiplier les références. Cependant, la participation de tout ce qui les entoure au combat poétique situe la joute des deux jeunes gens dans le plus vaste des théâtres et lui confère des dimensions surhumaines. Les deux poètes se placent aux confins du monde des dieux et des hommes, en raison de leur familiarité avec la nature, avec qui ils communiquent doublement, comme pasteur ou jardinier et comme poètes. La note d'humour du vers 14, qui oppose les Dryades au pied sec et les Naïades au pied humide, souligne l'universalité de ces rapports qui sont d'ordre poétique bien plus que religieux. — Les phénomènes évoqués, arrêt des fleuves et des vents, sont de ceux qu'on attribue couramment à la magie; on y reconnaît la topique des *adunata*.

P. 15

28. Silvain est une divinté italique champêtre. Ici, c'est lui qui confère la vocation poétique, comme Phoebus chez Horace, *carm.*, 3,4,15-20. Mais Silvain, divinité mineure, convient mieux pour de modestes bergers. Sur ces divinités de la fertilité, voir P. POUTHIER, *Ops et la conception divine de l'abondance dans la religion romaine jusqu'à la mort d'Auguste*, Paris 1981, p. 45 sq.

29. Flore est la déesse des fleurs et des jardins. Calpurnius la présente comme une déesse du printemps, ce qu'elle était apparemment aussi, ainsi qu'on peut le voir sur une fresque de Stabies. Ici, l'image est celle de l'herbe nouvelle. La critique a généralement préféré à la leçon des manuscrits *parienti* la correction *pallenti*, qualifiant la couleur «verdâtre» du gazon nouveau. La leçon *parienti* fournit cependant une notation aussi valable du printemps, celle de la pousse rapide de l'herbe, devenue «féconde».

30. Pomone, déesse des fruits, est présentée dans ce diptyque comme la déesse de l'automne (*matura*).

31. Palès est la divinité des troupeaux, dont la fête, les *Palilia* ou *Parilia*, chantée par Ovide, *fast.*, 4,721, était célébrée le 21 avril, jour anniversaire de la fondation de Rome. Voir G. DUMÉZIL, *op. cit.*, note 8, p. 374.

P. 16

32. Voir Virgile, *georg.*, 4,142-143: «arbos/miraturque nouas frondes et non sua poma». Depuis l'Empire, en raison des raffinements culinaires, on s'était livré à toutes sortes d'expériences horticoles, produisant, par des techniques de greffage, des croisements d'espèces diverses, comme le note ici Calpurnius, ou des plants hors du commun par leur taille ou par leur aspect. Chez Virgile, *georg.*, 2,32-34, le poirier donne des pommes et le prunier des cornouilles. Pline l'Ancien s'élève violemment contre ces pratiques anti-naturelles, *nat. hist.* 19,19. On récolte également en toute saison en utilisant des types de serres.

33. Varron, *res rust.*, 2,2,15-17, suggère des soins analogues, mais qui sont loin d'être identiques. Il ne mentionne pas la coupe du fourrage: «Cum depulsi sunt agni a matribus, diligentia adhibenda est, ne desiderio senescant».

34. Voir Perse, 1,113-114: «pueri, sacer est locus, extra/meite».

P. 17

36. Voir *supra* note 31.

37. Si les Lares sont les protecteurs par excellence du domaine et de la famille, Priape représente aussi une vieille divinité italique protectrice des jardins et des vignes et symbolisant la génération. Sa statue de bois, peinte en rouge et armée d'une serpe, était parfois placée dans les jardins comme épouvantail: Tibulle, 1,1,17-18, «pomosisque ruber

custos ponatur in hortis/terreat ut saeua falce Priapus aues»; *carm. priap.*, 83,6-8.

38. Les moutons de Tarente passaient pour fournir une laine supérieure. Parce que la laine ordinaire ne lui suffit pas, Trimalchion enrichit son troupeau par un apport de béliers de Tarente: Pétrone, *Sat.*, 38,2, «arietes a Tarentino emit et eos culauit in gregem»; voir aussi Varron, *res. rust.* 2,2,18; Columelle, *res rust.* 4,3; 2,2-3. Selon Varron et Horace, *carm.* 2,6,10, «dulce pellitis ouibus Galaesi flumen», l'usage était d'envelopper ces brebis d'une peau, pour protéger leur laine très fine et très précieuse.

P. 18

39. Il n'y a pas lieu de corriger ce verbe *nutanti*, qui signifie ici «trembloter». Il a déjà été employé au sens de «clignoter» dans la bucolique 1,10; voir *supra* note 22.

40. C'est le moment de l'année situé entre l'équinoxe de printemps et la mi-été, qui est recommandé par Varron pour la tonte des brebis, *res. rust.*, 2,11,6.

41. Les figues de Chios étaient très appréciées, selon Martial, 13,23: «Chia seni similis Baccho, quem Setia misit/ipsa merum secum portat et ipsa salem». Voir aussi Varron, *res. rust.*, 1,14.

42. Nous avons écarté la leçon *decembri* de *N* et *G*, généralement adoptée par les éditeurs. En effet, la leçon *nouembri* de *PHV* paraît beaucoup plus en accord avec les connaissances botaniques de Calpurnius. La maturité des chataîgnes se fait bien avant décembre et Amyntas ne saurait s'y tromper, même si le groupement des chataîgnes et des noix peut être un souvenir de Virgile, *buc.*, 2,52.

43. La comparaison se trouve aussi chez Martial, 10,42,3, «celantur simili uentura Cydonia lana». L'image rappelle également Virgile, *buc.* 2,51: «tenera lanugine mala» et *ibid.* 53, «cerea pruna». Mais, que Calpurnius mêle heureusement ses souvenirs littéraires ou plutôt qu'il se réfère à une observation directe, l'image des coings *cerea*, luisante et duveteuse à la fois, est beaucoup plus riche et originale que l'application que Virgile faisait du même adjectif aux prunes. Elle fait naturellement partie de l'univers d'un bon jardinier qui sait regarder ses plantes.

BUCOLIQUE III

45. Le *ruscus*, i.f. (ou *ruscum*, i,n.) est une plante épineuse diversement identifiée. Elle est mentionnée par Virgile, *buc.*, 7,42, «horridior rusco» et *georg.*, 2,413: «aspera rusci uimina»; voir aussi Columelle, 12,7,2 et Pline, 21,86. Actuellement le *ruscus* est le nom botanique du fragon ou petit houx, dont l'aspect bas et trapu correspond mal aux *uimina* ou «branches flexibles» décrites par Virgile. On a également proposé d'y voir le houx ou l'ajonc.

46. La formule rappelle Virgile, *Aen.*, 4,569: «uariam et mutabile semper femina» et Ovide, *her.*, 5,109-110. Sur cette image de l'infidélité amoureuse, voir l'étude d'A.M. Guillemin: «*Un cliché de la poésie élégiaque et de la langue politique: ἀνεμώλιος uentosus*», *Mélanges Paul Thomas*, Bruges, 1930, p. 394-406.

47. *Spatiosus* est un adjectif imagé qui dépeint souvent chez les poètes la façon dont les bovidés s'étalent à l'ombre: Ov., *am.* 421, «spatiosum... taurum»; Sen., *Troad.*, 830-831, «hic recumbens/spatiasus antro»; Mart., 11,47,3, «spatiatur in umbra» etc. Mais chez Calpurnius, l'adjectif n'est que l'une des touches picturales d'un tableau rustique.

48. Au sens propre, les *palearia* sont les fanons, ou bandes de peau flasque, qui pendent du cou des bœufs. Le terme a choqué. On peut estimer comme Forcellini, qu'il désigne simplement la bouche même du bœuf. Mais Calpurnius choisit généralement le mot qui fait image.

P. 27

50. Calpurnius se montre toujours soucieux d'introduire une note d'humour, même aux moments les plus sérieux, voir *buc*, 1,33-36. Ce trait correspond à sa conception du style de l'églogue. Il reflète aussi une véritable connaissance de la campagne et des mœurs des génisses, toujours promptes à l'évasion.

51. L'élément matériel compte dans la psychologie campagnarde. Là où certains commentateurs ont cru voir une maladresse, il faut plutôt être sensible au réalisme de Calpurnius, comme dans la deuxième bucolique, où les deux rivaux faisaient valoir leurs richesses. Les bergers de Calpurnius ne sont nullement ceux de l'*Astrée* et sont même bien moins policés que ceux de Virgile, voir *infra* vers 30.

52. Pareille action n'est pas sans précédent dans la *Bucolique*; on pense à la *bucolique* 14 de Théocrite, où Kynisca reçoit une gifle de son amant jaloux. Ici, la correction est plus sévère et correspond au caractère mal dégrossi de Lycidas, plus près du rustre que de l'amant courtois, qui, selon Tibulle, doit surtout se garder de brutaliser sa maîtresse: 1,6,73-74, «uenerit iste/si furor, optarim non habuisse manus». Lycidas ignore l'*Ars amandi* et Phyllis a fini par lui préférer un amant plus délicat. Le réalisme du vers 30 se souvient peut-être d'une notation analogue chez Ovide, *met.* 3,481: «nudaque marmoreis percussit pectora palmis», mais le contexte est bien différent. Chez Ovide, Narcisse se frappe la poitrine de désespoir, tandis que le geste de Lycidas est l'expression d'une rage érotique tout à fait brutale qui veut détruire l'objet de sa jalousie (v. 35). Iollas devra le rappeler au sens de la courtoisie galante (v. 37 sq.).

53. La réflexion achève de dessiner la psychologie profonde du personnage. Au fond, il est plus jaloux de Mopsus que de Phyllis. Le

véritable mobile de cette jalousie est d'ordre poétique. Mopsus, qui fabrique des chalumeaux, est qualifié de façon mordante d'*anhelo* «à l'haleine courte», c'est à dire sans souffle poétique (voir *infra*, v. 60). Ainsi, le sens est plus riche que de comprendre cet adjectif au sens de «qui fait le fanfaron» (Korzeniewski) ou de faire d'*anhelo* un verbe signifiant «j'aspire à» (Verdière). Par rapport à la bucolique précédente, les types de rivalité sont inversés. Ici, ce n'est pas l'amour qui fait naître la rivalité poétique, qui est fondamentale; il vient seulement l'aiguiser.

P. 28

54. C'est la loi de la courtoisie galante, telle que l'ont prônée Tibulle et Ovide. Fin psychologue, Iollas se garde de heurter Lycidas en face.

55. Le terme «Camènes», anciennement divinités des sources et des eaux, est couramment utilisé en poésie à la place de «Muses». La remarque confirme les hautes prétentions poétiques de Lycidas et donne la mesure de son amour-propre blessé.

56. La méthode n'est pas d'une réalisation facile, mais Calpurnius sauvegarde, comme dans la première bucolique, le mythe des paroles rustiquement gravées sur de l'écorce, matériau bien plus poétique que le parchemin et qui participe de l'univers anti-urbain de la littérature pastorale.

57. Le retournement des *adunata* n'a pas toujours suscité la faveur des commentateurs, qui sont allés parfois jusqu'à les juger «stupides». Pourtant ce style est bien dans la manière à la fois recherchée et naïve de Lycidas. C'est aussi une reprise plus élaborée de l'élan des vers 72 et 75 de la deuxième bucolique: «si uenias Crocale». Avec le retour de Phyllis, l'univers bucolique retrouve son sens. Némésien a repris ce mouvement dans *buc.*, 2,44-49: «te sine, uae misero mihi, lilia fusca uidentur/pallentesque rosae nec dulce rubens hyacinthus/... At si tu uenias, et candida lilia fient/purpuraeque rosae nec dulce rubens hyacinthus».

P. 29

59. Beauté, richesse, Lycidas suit l'argumentation qui était déjà celle des rivaux de la deuxième bucolique, mais avec plus de naïveté et de brutalité. Il a déjà fait allusion aux cadeaux dont il couvrait Phyllis (v. 9). Sa richesse se compte évidemment en bovins, comme dans le croquis caricatural d'Horace, *carm.*, 2,16,33-34: «Te greges centum Siculaeque circum/mugiunt uaccae». Là où le Corydon de Virgile, *buc.*, 2,19-22, procédait par allusions discrètes: «nec...quaeris/quam diues pecoris», Lycidas insiste lourdement sur ses avantages de riche fermier.

60. L'image fraîche du lait caillé qui tremble est une de celles qui

séduisent le plus Calpurnius et il sait l'exprimer sans monotonie verbale: voir *buc.*, 2,77 «calathos nutanti lacte coactos».

61. Le lupin ou «herbe aux loups», aux graines noires, devait fournir des offrandes funèbres que les pauvres tentaient de dérober, ainsi que le suggère Catulle 59,2-3: «saepe quam in sepulcretis/uidistis ipso rapere de rogo cenam». Comme le pois chiche, le lupin était peu estimé. Martial en dit, 5,78,20: «et feruens cicer et tepens lupinus/ parua est cenula». Mais de nombreuses légumineuses, cultivées ou sauvages, pouvaient se substituer à l'absence de pain, qui était pourtant l'aliment principal du pauvre.

BUCOLIQUE IV

66. Ce désir est apparu déjà dans le *uaticinium* de Faunus dans la première bucolique, dont Calpurnius disait, en des termes presque semblables, 1,29: «nihil armentale resultat». Calpurnius entend par là mettre ses pas dans ceux des grands poètes qui l'ont précédé: Virg., *buc.*, 4,37-45; Ov., *met.*, 1,89-112; Tib., 1,3,35-48. Dans la bucolique I, Calpurnius a déjà célébré l'Age d'Or sous son aspect de Paix. L'adjectif *togata* rappelle l'adage cicéronien *cedant arma togae*, (*laud. Pis.*, 36) ainsi que la «gentem...togatam» de Virgile, *Aen.*, 1,282. La toge est le vêtement civil et romain par excellence, qui exprime ici le retour à une vie normale, pleine de dignité, et aux occupations du forum réglées par le droit.

P. 37

67. Cette affirmation est comprise par R. Verdière comme un «serment d'allégeance» à la personne de Néron. En réalité, la *pietas* a un sens beaucoup plus vaste et signifie plutôt l'attachement à la cité, le patriotisme qui pousse Corydon à se réjouir de la paix, là où il aurait pu craindre une guerre civile.

68. Conseil souvent donné par les poètes latins: Juv., 7,27, «frange, miser, calamos»; Mart., 9,73,9, «frange leues calamos». Ces deux poètes (3,164-165 et 3,38,9-10) ont également gémi sur la difficulté de se faire un nom en littérature. Dans le *De laude Pisonis*, 254-255, on trouve une allusion au mal qu'ont les jeunes poètes à se tirer de l'ombre.

69. Ces propos sont fort amers et aussi fort réalistes. N'est pas Virgile qui veut. Sans un Mécène, Pison sans doute en l'occurrence, le poète ne peut se garder de la faim et la tâche sans prestige d'un simple paysan vaut beaucoup mieux. Malgré le déguisement pastoral, ces vers confirment que Calpurnius était d'origine modeste.

70. J. Hubaux (*op. cit.*, p. 183) voit dans ce *deus* un haut personnage de la cour impériale. De fait, compte-tenu du langage du temps, le mot ne saurait désigner que le nouveau prince, c'est-à-dire Néron, tout à fait favorable aux arts.

71. Exactement d'«épeautre». Cette variété choisie de froment passe pour être très rustique et se cultiver en tous terrains. Elle entrait aussi dans la composition des gâteaux sacrés offerts aux dieux (*far*). Le terme souligne donc la générosité de Mélibée.

72. Fruits sauvages, mauve, faînes sont les ressources des paysans les plus pauvres. Dans la *bucolique* III, Lycidas méprisait Mopsus d'avoir recours à de tels expédients.

73. Il est peu probable que Corydon fasse ici allusion à une bergère de son entourage. Il s'agit plutôt d'une référence à Virgile, *buc.*, 1,5: «resonare doces Amaryllida siluas», ce qui est une élégante façon d'évoquer les joies de la poésie bucolique, auxquelles, grâce à Mélibée, Corydon peut se consacrer. Sur l'identification de Mélibée, voir Introduction p. XXVI. R. Verdière, dans *Qui est le Mélibée de Calpurnius?*, *RPh* 1977, p. 15-21, pense qu'il pourrait s'agir réellement du parc de la femme du mécène Pison, ainsi désignée sous le nom d'Amaryllis.

P. 38

74. Géryon est le géant à trois corps (Hor., *carm.*, 13,7-8), qui régnait sur l'Hibérie et à qui Hercule enleva ses bœufs. L'assassinat du roi de Maurétanie par Caligula en 40 avait provoqué un soulèvement. La campagne ne s'acheva que sous Claude en 42. Elle avait sans doute donné lieu à des expéditions ravageant la plaine de la Bétique. Ces allusions espagnoles ont suggéré la correction *Baetis*, qui représente le Guadalquivir, de la leçon *bactrus* des manuscrits N^2 et *V*, le manuscrit *H* donnant *bethys*; cette correction paraît probable, d'autant plus que la Bactriane n'est pas une région occidentale. C'est sur ce passage que s'appuient certains commentateurs pour soutenir que Calpurnius était originaire d'Andalousie (voir Introduction). R. Verdière va jusqu'à avancer que Calpurnius évoque ici des «souvenirs d'enfance» et que le *nuper* signifie qu'il avait songé à retourner dans «sa Bétique natale». De fait, Calpurnius fait simplement allusion à une guerre, où, en désespoir de cause, il aurait pu s'engager, mais ne mentionne nullement l'Espagne comme son pays natal. En revanche, si Mélibée représente Sénèque, ces références pourraient être destinées à évoquer la patrie de son protecteur.

75. L'expression paraît confirmer que cette région qu'il considère comme le «bout du monde» n'est point sa patrie; il reviendra sur ces termes au vers 49. D'autres écrivains considèrent plutôt que le «bout du monde» est la Bretagne: Cat., 11,11; Virg., *buc.*, 1,66; Hor., *carm.*,

1,35,29; Tac., *Agr.*, 30. L'horreur des voyages et des expéditions militaires en pays lointain est un des thèmes favoris de la poésie latine.

76. Il ne faut pas prendre ceci au pied de la lettre. Calpurnius poursuit la fiction de la pastorale sous le ciel d'Ibérie. Les troupeaux ibères étaient réputés: Mart., 5,37,7, «quae crine uicit Baetici gregis uellus»; 8,28,5-6; 9,61,1-4 etc. Plus réelle est la crainte de ne pouvoir percer, qui a été maintes fois exposée par Calpurnius, voir *supra* note 68.

77. Voir note 75. Sur le *deus* déjà mentionné au début du poème, voir note 70.

78. Le passage évoque singulièrement la première *géorgique*, 351-353, où Virgile reconnaît «les vents à venir»: «Atque haec ut certis possemus discere signis/aestusque pluuiasque et agentis frigora uentos» ce qui semble justifier la leçon *discere* et non *dicere*; voir aussi les vers 437 sq, où l'on présage le jour qui vient à partir du lever du soleil «sol quoque et exoriens.../signa dabit». H. Bardon, qui pense que Mélibée est Sénèque, trouve dans ces vers 53-57 confirmation de sa thèse. De nombreux commentateurs l'ont suivi dans cette voie. Les vers 53-55 seraient une allusion aux *Quaestiones naturales*, le vers 56 et le corymbe de Bacchus feraient mention de ses tragédies et le laurier d'Apollon de ses poèmes lyriques. R. Verdière croit plutôt avec quelques autres qu'il s'agit de Pison et voit dans le vers 53 une allusion à la qualité d'Arvale de ce dernier. Sur ce problème, voir l'Introduction p. XXVI.

79. Pour R. Verdière, ces *montes* sont les sept collines de Rome. C'est oublier que l'ensemble des *Bucoliques* se passe dans la campagne latine et que Corydon, dans la septième bucolique, la quitte justement pour aller à Rome. — Pour la plupart des commentateurs, Tityre représente Virgile, comme dans les *Bucoliques* de ce poète, voir Introduction p. XXV. Iollas, selon Wernsdorf, serait un poète qui a suggéré à Calpurnius d'écrire des églogues. L'Hybla est une montagne de Sicile connue pour ses abeilles et qui représente ici la patrie de Théocrite: le chalumeau de l'Hybla est l'image de la poésie pastorale. Virgile disait, de façon analogue, *buc.*, 10,51: «carmina pastoris Siculi modulabor auena». Némésien reprendra ces vers, *buc.*, 2,82-84: «cantamus auena/qua diui cecinere prius, qua dulce locutus/Tityrus e siluis dominam peruenit in Vrbem».

P. 39

82. Le tour *scimus quia*, attesté par les manuscrits, ne peut être considéré comme un trait de langue tardive, mais plutôt comme un tour familier (*Syntaxe* d'A. Ernout, p. 254). Il existe depuis Plaute dans la langue populaire et apparaît chez Pétrone: *sat.*, 46, «dixi quia mustela comedit».

83. C'est une référence amusée à la *deuxième bucolique* de Vir-

gile, que Calpurnius choisit pour illustrer la poésie pastorale et amoureuse, non sans humour, puisqu'il joue sur le nom de Corydon, qui est l'amant chez Virgile, 2,1: «Formosum pastor Corydon ardebat Alexim». On ne peut guère en tirer argument pour déceler les mêmes penchants chez Calpurnius.

84. Calpurnius fait ici clairement allusion à la quatrième *Bucolique*, 4,3: «si canimus siluas, siluae sint consule dignae». La bucolique est dédiée à Pollion et chante l'Age d'Or. Mélibée oppose donc les deux sources d'inspiration de Virgile et conseille à Corydon le ton de la quatrième *Bucolique*, que Calpurnius avoue ainsi ouvertement prendre pour modèle.

85. Cette invitation à chanter des couplets amébées paraît justifier la correction de Barth *ducite*, généralement adoptée, le terme étant repris par *reducite*. Cependant, la leçon des manuscrits *dicite* peut également reprendre *incipe* au vers 78.

P. 40

86. Cette formule *ab Ioue principium* se trouve textuellement dans Virgile, *buc.*, 3,60, où elle était déjà un écho de Théocrite, 17,1. De fait, cette invocation est classique chez les poètes latins: Hor., *carm.*, 1,12,13-14; Ov., *met.*, 10,148; *fast.*, 5,111; Val. Max., 1,17. Elle est ici rejetée par Calpurnius qui préfère se placer sous l'invocation de la divinité terrestre.

87. Pour l'identification de cet arbre, on a proposé le chêne, dont on tressait des couronnes que l'on offrait pour avoir sauvé la vie d'un citoyen au combat, et qui reprendrait l'association au vers 89 de Phoebus et de Jupiter. Mais il s'agirait plutôt, comme le pense R. Verdière, du myrte, image de l'*ouatio*, après Virgile, *buc.*, 2,54: «et uos, o lauri, carpam, et te, proxima myrte» et aussi Horace, *carm.*, 3,4,19: «sacra/lauroque conlataque myrto».

88. Contrairement aux autres éditeurs, nous conservons la leçon de la plupart des manuscrits *habes*, *habere* s'employant couramment au sens de «se trouver». La leçon de *H abes* ne paraît pas meilleure, pas plus que la correction *ades* de Burmann et Verdière, qui correspondrait de façon lointaine, au *Caesar, ades* du vers 148.

89. Pour soustraire son fils nouveau-né à la voracité de son père Cronos, Rhéa avait envoyé Zeus en Crète, où il était confié aux soins de deux nymphes et des Kourètes qui exécutaient autour du berceau des danses bruyantes, en frappant leurs boucliers d'airain, afin de couvrir les vagissements du nouveau-né. Selon J. Hubaux, *op. cit.*, p. 21, la source du thème serait l'*Hymne à Zeus*, de Callimaque. Mais ce qui importe ici, c'est l'application que Calpurnius en fait à Néron.

90. Nous conservons strictement l'ordre des manuscrits. Constatant le nombre impair des strophes de cette bucolique, G. Hermann fut le

premier à supposer une lacune, ce qui amène les éditeurs successifs à bouleverser arbitrairement l'ordre des strophes. Ceci a été fait fort diversement. G. Giarratano, suivi par R. Verdière, a fixé ici la lacune qu'il attribue à Amyntas et a déplacé la strophe 11 avant la strophe 3. Baehrens intercale ici la strophe 11; Leo place la strophe 13 après la strophe 3, Schenkl la strophe 3 après la strophe 11, en supposant une lacune après la strophe 8; Korzeniewski place ici les vers 132-136 et place une lacune après la strophe 7.

91. La leçon de la plupart des manuscrits *pharsaliae* a été maintes fois corrigée, parce qu'elle surprenait, ne serait-ce que parce que la seconde syllabe est comptée comme brève. Cet abrègement apparaît pourtant chez Catulle, 64,37. Déjà J. Hubaux, *op. cit.*, p. 258, en conservant le texte, y voyait l'image des menaces de guerres civiles dissipées par l'arrivée de Néron et comprenait le rapprochement *pharsaliae cannae* comme une sorte de calembour, faisant allusion à la bataille de Cannes. R. Verdière, *op. cit.*, p. 37, pense également qu'il s'agit d'une référence à la guerre civile, comme à la *Pharsale* de Lucain. Mais il n'est guère possible de préciser quels seraient les perturbateurs ainsi visés vers l'année 55, à moins qu'il ne s'agisse des partisans de Britannicus. Il faut surtout rapprocher ce passage de la première bucolique, 58-59, où la venue du «nouveau dieu» conjurait déjà le spectre de la guerre civile. Ici, l'expression est plus forte et plus imagée: les *sibila* des roseaux sont l'image des sifflements des spectres tués dans la plaine de Pharsale qui trouvent enfin l'apaisement. Si l'on conserve la leçon *pharsaliae*, ce sens paraît meilleur que celui qui comprend *soluerunt sibila* comme «émirent des sifflements», ce qui pourrait suggérer une renaissance de la poésie bucolique.

P. 41

92. Ce passage a une très nette couleur lucrétienne: brebis aux pis gonflés, agneaux excités. Il rappelle *rer. nat.* 1,255-259, où Lucrèce peint le renouveau de la nature au printemps: «candens lacteus umor uberibus manat distentes».

93. Palès, déesse des troupeaux, est comme Faunus une divinité italique, ici assimilée au printemps; voir *supra* note 31. Calpurnius se veut le chantre des campagnes latines.

94. Comme les arbres se taisaient devant Orphée.

95. R. Verdière rapproche ce passage de l'allusion au figuier Ruminal, faite par Tacite, *ann.*, 13,58. Après avoir perdu ses branches, il donna de nouveaux rejetons, et ceci en 58. Il paraît plus naturel de voir simplement ici la peinture du printemps, fleurs, parfums, montée de sève, renouveau de la terre à l'arrivée du jeune dieu.

96. Le passage a intrigué les commentateurs. En fait, la législation sur les trésors n'est pas claire. Il semble que, sous la République, un

trésor appartenait à qui le trouvait. J. HUBAUX et M. HICTER, *Le fouilleur et le trésor*, dans *Mélanges de Vischer*, 2 (1949), p. 425-437, s'appuient sur ce passage pour établir qu'il existait sous Claude une disposition qui privait le découvreur éventuel d'un trésor d'une pareille bonne fortune. Selon Juvénal, 4,37, on pouvait avoir de sérieuses difficultés avec l'administration impériale. J. Hubaux date la réforme de Néron, à laquelle il est fait allusion ici, entre 58 et 62, et par là même croit pouvoir repousser la composition de la quatrième bucolique à l'année 65, date des *Quinquennalia*. On peut rapprocher ce texte de Pétrone, *Sat.*, 38,8-9, où l'enrichissement d'un affranchi est attribué à l'invention d'un trésor: «quom Incumboni pilleum rapuisset, et thesaurum inuenit»; voir aussi *ibid.* 88,*8* et 127,6. Néron lui-même fut le jouet d'un visionnaire qui croyait avoir vu en songe le fabuleux trésor de Didon (Tac., *ann.*, 16,1 et Suet., *Ner.*, 31).

P. 42

97. La leçon des manuscrits *HV saginata*, d'un verbe signifiant «se gaver», parait préférable à la correction habituelle *paganica*, d'après *paganida*, leçon du seul manuscrit *N*.

98. Bromius est un des surnoms de Bacchus. Sous la protection du prince, l'aisance revenue permet d'honorer les deux grandes divinités des cultures. Les réjouissances reprennent: après la scène de vendanges de la *première bucolique*, Calpurnius esquisse ici une scène de foulage des raisins, tout à fait dionysiaque. Les jeux dont il est question sont les fêtes populaires des *Compitalia*, célébrées dans les carrefours (*compita*). Elles avaient lieu en hiver, après les *Saturnales*, vers le début de janvier. Les *Compitalia* avaient été institués par Servius Tullius; c'était la fête des petites gens et des esclaves, qui rendaient un culte particulier aux *Lares compitales*. Néron est ainsi présenté comme le protecteur des humbles.

99. Il s'agit de la danse à trois temps dont parle Horace, qui se danse «à la mode des Saliens»: *carm.*, 4,1,28 «in morem salium ter quatient humum». L'adjectif *laetus*, avec son idée d'opulence, qui est donné par plusieurs manuscrits, nous paraît préférable à *lentus*; «souple, flexible», moins compatible avec le gazon. *Laetus* donne au passage une couleur lucrétienne: *rer. nat.*, 1,257, «per pabula laeta», couleur qui apparaissait déjà du vers 102 au vers 104.

100. La leçon des manuscrits *lyeus* représente un des surnoms de Bacchus. Il parait normal ici d'adopter la leçon *lycaeus* des éditions anciennes, qui est l'épithète traditionnelle de Pan, habitant d'un mont d'Arcadie, le Lycée: voir Virgile *buc.*, 10,15. Pan est ici parfaitement distingué de Faunus, divinité latine à laquelle il s'est de bonne heure assimilé.

101. Cf. l'opposition des Dryades et des Naïades, *buc.*, 1,13.

L'Oréade est une divinité des montagnes; elle n'a plus à craindre les cruautés du règne précédent, sous un prince acquis à la clémence: *buc.*, 1,68.

102. R. Verdière place ce vers à la suite des vers 130-131, pour obtenir l'acrostiche *et date*, qui serait repris du début du vers 140.

103. Ce souhait se trouve aussi dans l'*Apocolocyntose*, 4,1,14: «uincunt Tithoni, uincunt et Nestoris annos». Mais il est trop banal pour qu'on puisse parler de contamination: cf. Mart., 8,2.

104. Le culte rendu au *numen* des empereurs remonte à Auguste et on trouve déjà chez Virgile, *buc.*, 4,49, l'expression «cara deum suboles, magnum Jouis incrementum». Sur cette assimilation de Jupiter et du souverain, voir J. BEAUJEU, *La religion romaine à l'apogée de l'Empire*, Paris 1955, p. 69 et L. CERFAUX, J. TONDRIAU, *Un concurrent du christianisme, le culte des souverains dans la civilisation gréco-romaine*, Paris, 1957. Le souhait de Calpurnius implique un culte rendu dès ici-bas à l'empereur déifié, de façon qu'il n'ait aucune envie de remonter vers les dieux.

P. 43

106. Tous les commentateurs ont insisté sur l'adulation sans mesure à laquelle se livre Calpurnius et qui dépasserait tous les exemples analogues, comme Hor., *carm.*, 1,12,51-52; Luc., 1,45-52; Stat., *silu.*, 4,3,128-129. Mieux vaudrait sans doute faire la part de formules quasi officielles et noter à nouveau l'amour que Calpurnius, comme Horace, voue à la paix civile et qui justifie l'enthousiasme qu'il éprouve pour le jeune empereur.

107. Les «essaims péligniens» sont une allusion à Ovide, né à Sulmone, dans les Abruzzes, pays des Péligniens. La comparaison peut surprendre; elle peut se rapporter aux supplications qu'Ovide adresse à Auguste, dans les *Tristes*.

108. La plupart des éditeurs, après Schenkl, ont supposé une lacune après ce vers. R. Verdière va jusqu'à deux vers. En réalité, les manuscrits fournissent des leçons qui ne nécessitent pas ces conjectures. Le leçon *o mihi*, fournie par *H* et *V*, donne au vers un sens exclamatif qui contraste avec celui du vers suivant, que l'on choisisse la leçon *tereti* «élégant» ou *tenero* «tendre, frêle». L'asyndète sert à présenter plus discrètement la demande de grâce qui est ainsi faite indirectement. Si l'on admet une lacune après la leçon: «olim quam tereti decurrent», il faut supposer, comme Giarratano et Verdière, une expression du type: «quae triuiale».

109. La correction d'Heinsius *ouilia* pour *uilia* paraît justifiée, parce que Calpurnius fait de nouveau référence au début de la bucolique (v. 25), où il évoquait les soins du troupeau; le vers annonce par antithèse le vers 162 *spreto ouili*. Cependant, la leçon *uilia*, au sens de «tâches grossières», n'est pas tout à fait exclue.

110. Même espoir évoqué à la fin de la *première bucolique*.

111. Jeu de mots. Il y avait à la fois sur le Palatin un temple d'Apollon et le palais de l'empereur, assimilé lui-même au dieu protecteur des Muses, comme au vers 87. Par ailleurs, ce vers identifie Mélibée comme un familier du palais impérial; voir Introduction p. XXVI.

BUCOLIQUE V

114. Ce début de bucolique n'est pas original. Outre le début de la *première* et de *la septième bucolique* de Virgile, il évoque Ovide, *am.*, 3,5,7: «ipse sub arboreis uitabam frondibus aestum». Cependant, l'expression en a paru si heureuse à Némésien qu'il reprend textuellement ce vers dans *buc.*, 3,2.

115. Le vers pourrait être une transposition du *Culex*, 50: «tondebant tenero uiridantia gramina morsu». La leçon *germina* donnée par le seul manuscrit *N* paraît cependant préférable à *gramina*, les chèvres ne se nourrissant guère de gazon; le terme est d'ailleurs utilisé au vers 19.

P. 49

116. Quoiqu'il n'y ait aucune imitation littérale, c'est à Lucrèce que fait penser cette association du renouveau printanier et du règne universel de Vénus. Mais l'attraction qui s'exerce sur tous les animaux est ici perçue avec le réalisme d'un chevrier.

117. Sur Palès, divinité des troupeaux, voir *supra* note 31; il s'agit sans doute d'un sacrifice de *lustratio*, comme chez Tibulle 1,1,34-35: «hic ego pastoremque meum lustrare quotannis/et placidam soleo spargere lacte Palem».

118. Cf. Hor., *carm.*, 3,8,4; «positusque carbo in caespite uiuo».

119. Cf. Ov., *fast.*, 3,284: «farraque salsa facis».

120. C'est la méthode préconisée par Virgile, *georg.*, 3,400-401: «quod surgente die mulsere horisque diurnis/nocte premunt». Cependant, il paraît discutable, pour rétablir le parallélisme, de corriger la leçon des manuscrits *implebis* en *in tenebris*. Les seaux écumants apparaissent aussi chez Virgile: «quam magis exhausto spumauerit ubere mulctra», mais les images de Calpurnius revêtent une densité originale.

121. Conseil de prudence. À vouloir céder à l'appât du gain, on risque de soustraire, pour la fabrication du fromage, un lait dont les jeunes agneaux ont besoin: voir Virgile, *georg.*, 3,176-178 et *buc.*, 3,6:

«lac subducitur agnis». Mais l'expression *niueos agnos* paraît propre à Calpurnius.

122. C'est l'attitude souvent évoquée par l'idylle ou la bucolique: Tib., 1,31 «non agnamue sinu pigeat fetumue capellae/desertum oblita matre referre domum»; Var., *res rust.*, 2,2,15. Le berger ramenant la brebis sur ses épaules est représenté dans la statuaire par le type de l'Hermès criophore, à l'origine de la représentation chrétienne classique du *Bon Pasteur*.

P. 50

123. Les références aux peintures poétiques de la rosée seraient multiples: Lucr., 2,315 «herbae gemmantes rore recenti»; 5,461-462; Virg., *georg.*, 3,323-326; *peru. Ven.*, 15-18 etc. Mieux vaut être sensible à la simplicité picturale de l'image de Calpurnius. Celui-ci évite les recherches de style, quelque peu précieuses, qui accompagnent généralement cette évocation des gouttes de rosée.

124. La leçon *decliui* des manuscrits N^2V paraît préférable à *declini*, comme au premier vers de la première bucolique.

125. Si l'on adopte la leçon la mieux attestée et la plus logique, *incipiet*, il devient nécessaire de choisir aussi la leçon de N^2 et *V*, *sēraeque merendae*, au lieu de la leçon de *N* et *G*, *sĕrique premendi*, qui offre peut-être un sens plus cohérent. Cependant, la leçon précédente est défendue par J. MOORE-BLUNT, *A note on Calpurnius Ecl. 5,61*, dans *A.C.*, 96 (1977), p. 192-195. Il est vrai que, selon Festus, 59, le terme *merenda* peut aussi désigner la nourriture du bétail.

126. L'usage de cette tonte pour les camps et l'habillement des pauvres marins est développé par Virgile, *georg.*, 3,311-313: «nec minus interea barbas incanaque menta/Cinuphii tondent hirci, saetasque comantis/usum in castrorum et miseris uelamine nautis».

127. Calpurnius suit la méthode préconisée par Virgile, *georg.*, 3,452: «Non tamen ulla magis praesens fortuna laborum est/quam si quis ferro potuit rescindere summum ulceris os». Les maladies des moutons se trouvent aussi chez Virgile, *georg.*, 3,440-469, qui cite particulièrement la gale; elle se répand lorsque les ronces ont déchiré la peau des bêtes.

P. 51

128. Le soufre vif est cité par Virgile, ainsi que la scille et le bitume, *georg.*, 3,449: «uiuaque sulpura/Idaeasque pices et pingues unguine ceras/scillamque elleborosque grauis nigrumque bitumen». Le soufre vif est du soufre non purifié, tel qu'on le trouve dans les «solfatares», et qu'on peut donc se procurer aisément. Le bulbe de scille, ou oignon marin, est encore utilisé en médecine, en particulier pour lutter contre

l'oedème des jambes. Le bitume était tantôt liquide et jaunâtre, tantôt solide et noir. R. Verdière identifie le bitume à l'*ichtyol*, produit utilisé dans les maladies de la peau, et qui provient d'une roche bitumeuse malodorante, d'origine animale, contenant des produits sulfurés et phosphorés.

129. Sur la poix du Bruttium, voir Pline, 16,53. Elle servait aussi de pâte épilatoire: Juv. 1, 9,12-15. Virgile préfère la poix de l'Ida, *supra* note 128, mais, après la tonte, il utilise un mélange de tous les ingrédients.

130. La leçon des manuscrits *V* et *H* que nous conservons, a suscité l'incrédulité des éditeurs modernes. La leçon *uiui* est confirmée par une note en marge de *H*, *uiuum argentum*. Si l'on adopte la leçon *durae* des manuscrits *NG*, on est amené à corriger, comme Giarratano, la leçon *massae* en *malthae*, correction adoptée par presque tous les éditeurs suivants. Aussi ingénieuse qu'elle soit, la restitution est hardie; d'ailleurs le malthe est un type de bitume et le bitume est déjà mentionné au vers suivant. Le mélange est certainement plus complexe. On peut penser à l'écume d'argent ou litharge, dont, chez Virgile, on enduit le corps des bêtes après la tonte: *georg.*, 3,449: «et spumas miscent argenti...».

131. Le *galbanum* est une plante ombellifère, du type des férules, originaire d'Orient: Plin., 12,126. Les plantes de cette famille comportaient des espèces aromatiques, comme le *silphium*, qui était de vente courante (voir le mime du *Marchand de Silphium* apprécié de Trimalchion, dans Pétrone *Sat.* 35). Virgile mentionne le *galbanum* avec le bois de cèdre, *georg.*, 3,414-415: «disce et odoratam stabulis accendere cedrum/galbaneoque agitare graues nidore chelydros».

132. Voir Pline, 8,50 et Columelle, *agr.*, 3,4. Cette méthode permet de produire de l'ammoniaque.

BUCOLIQUE VI

136. Sur l'identification d'Alcon avec Néron par R. Verdière, voir Introduction, p. XXVII.

137. Tous les manuscrits confirment la leçon *leaenae*, ou une graphie voisine. Il n'y a donc pas lieu de corriger en *lacaenae*, malgré la renommée des chiens de Laconie. R. Verdière pense qu'il s'agit du nom de la chienne, ainsi nommée à cause de son courage. Le passage pourrait être imité d'Ovide, *fast.*, 5,177: «catulosque leaenae». Juvénal, 8,34-36, se moque de la mode qui consiste à donner des noms de fauves aux animaux domestiques: «nomen erit pardus, tigris, leo». On peut songer aussi à un croisement analogue à la «semifera proles» de

Grattius Faliscus, *cyneg.*, 253. Pollux, 5,38, mentionne un produit de chien et de lion. De tels croisements devaient être fort rares.

138. Le chant du *bubo*, hibou ou grand duc, était présage de mort. Voir Virgile, *Aen.*, 4,46: «ferali carmine bubo».

139. Pour justifier une identification possible avec Néron, R. Verdière note que le prince a porté quelque temps la «barbe philosophique».

P. 57

140. Par *improbe*, Lycidas reprend, de façon sarcastique. le *probare* d'Astyle. Le goût du calembour chez Calpurnius a été noté par J. HUBAUX, *op. cit.*, p. 237, qui y voit un trait caractéristique de l'époque de Néron. Calpurnius sait concilier les traits de l'épigramme hellénistique et l'ironie, un peu lourde, du paysan latin.

141. Astyle suggère, de façon mordante, que Lycidas bégaie.

142. Nouveau jeu de mots sur *improbe* et *exprobrare*; voir *supra* note 140.

143. L'allusion est aussi perfide que vague.

P. 58

145. Pour R. Verdière, cette description qui «sent l'école» est une mouture de Virgile, *Aen.* 7,483 sq et d'Ovide, *met.*, 110 sq., s'inspirant lui-même de Virgile. Le croissant de lune serait repris d'Horace, *carm.*, 4,2,57-58. Calpurnius aurait conjugué l'ensemble, avant Ronsard, dans ses *Eglogues*, 1,18-44. Certes, il y a là trois *ekphraseis* de cerfs apprivoisés, parés par la main de l'homme, mais il importe peu que Calpurnius ait puisé tel ou tel détail chez ses prédécesseurs. Sa description du cerf est beaucoup plus recherchée et procède d'une esthétique de la surcharge, tout à fait originale.

146. Malgré l'étymologie de πετάννυμι «déployer», notée par R. Verdière, le nom du cheval Pétasos est manifestement proche de πέτομαι «voler» et du verbe latin *peto*. Il signifie, en un grec de fantasie, «celui qui s'élance» et les sonorités du nom évoquent également le fameux Pégase, nom que donnent plusieurs manuscrits.

147. Après le vers 52 ou le vers 53, certains manuscrits alourdissent cette énumération déjà longue d'un vers assez plat qui contraste avec la richesse des images calpurniennes. Pour cette raison, le vers n'est vraisemblablement pas de Calpurnius. Les meilleurs manuscrits ne le présentent pas. Par ailleurs, on trouverait aisément des descriptions parallèles, en particulier chez Stace, *Theb.*, 9,687: «colla sedent nodis» et *silu.*, 2,1,51: «sine pondere ceruix». Mais chez Calpurnius la réunion des divers traits qui composent le portrait du cheval demeure parfaitement originale.

P. 59

148. Les descriptions de grottes qui auraient pu inspirer Calpurnius ne manquent pas, et en premier lieu chez Virgile, *Aen.*, 1,165-167: «horrentique antrum nemus imminet umbra/fronte sub aduersa scopulis pendentibus antrum/intus aquae dulces uiuoque sedilia saxo»; voir aussi Ovide, *met.*, 3,157-160: «nam pumice uiuo/et leuibus tophis natiuum duxerat arcum»; *fast.*, 2,315. Mais la description de Calpurnius, plus contournée et qui unit les redondances aux images surchargées, la minutie à la complexité, rappelle plutôt les poètes de l'*Anthologie* et évoque déjà l'architecture baroque des descriptions de Claudien.

P. 60

149. Le nom *Acanthis* signifie «le Chardonneret». Il a suscité des explications variées. R. Verdière souligne que le mot est toujours du genre féminin et propose d'y voir une poétesse du temps, ou encore de comprendre en *Acanthis* le titre de l'œuvre d'Astyle présentée au jugement de Mnasylle. Il propose même d'identifier le jeune poète avec un poète padouan, Arruntius Stella, auteur d'une *Colombe*. On a aussi songé à une sorcière, d'après Properce, 4,63. M. Hermann propose simplement un pastoureau, ce qui est l'hypothèse la plus plausible. Quoi qu'il en soit, il s'agit d'une allusion perfide de Lycidas, qui déchaîne Astyle.

150. Bien qu'on ait proposé de faire de *Thalea* un nominatif, la construction la plus probable est d'en faire un adjectif apposé à *silua*. On peut y voir une allusion à Thalea ou Thalia, nymphe sicilienne aimée de Jupiter, qui mit au monde des jumeaux, les *Palici*: Macr., *sat.*, 5,19. Près de l'endroit où naquirent les enfants se trouvaient des petits lacs, détecteurs du mensonge et du vol. En ce cas, il s'agit d'un *lucus* sicilien. Mais il est plus tentant de voir plutôt ici une référence à Thalie, muse de la comédie et aussi de la poésie pastorale, qui s'apparente à la comédie par sa mise en scène. Elle est mentionnée à ce titre au début de la *sixième bucolique* de Virgile: «Prima Syracosio dignata est ludere uersu: nostra, nec erubuit siluas habitare Thalia». Servius donne la forme *Thalea* comme étant la bonne. Il est possible que Calpurnius ait condensé les vers de Virgile, pour désigner un bois où les concours de poésie bucolique se placent sous le patronage de Thalie, de telle sorte que la Muse y est désormais présente, comme sur la scène d'un théâtre.

151. R. Verdière propose de corriger *simulare* en *stimulare* ou *aemulare*. Ceci ne paraît pas indispensable. La leçon des manuscrits est beaucoup plus insultante pour Astyle, qui est ainsi traité méchamment de «jeunot» ou d'«efféminé», capable seulement d'imiter un comportement viril en n'importe quelle circonstance.

BUCOLIQUE VII

153. L'expression *pallente corymbo* paraît assez stéréotypée. On la trouve chez Virgile, *buc.*, 3,39, dans le *Culex*, 144 et 405. Elle désigne les fruits en ombelles du lierre: Pline, *nat. hist.*, 16,146. À la suite de Castiglioni, plusieurs éditeurs rattachent cette expression à *donauimus*, en rajoutant au v. 11 la copule *et* (voir apparat critique); ils font ainsi des «grappes de lierre» la récompense du vainqueur, au même titre que le chevreau. Si l'on garde strictement le texte des manuscrits, il faut comprendre, de façon plus syntaxique, que Stimicon chante couronné de lierre, représentation classique des bergers dans la peinture hellénistique.

154. Cette purification des bergeries a été recommandée dans la *bucolique* 5,89-90. Ici, elle semble avoir lieu aux *Palilia* d'avril, déjà évoquées 2,63 et 5,25, où les fêtes donnaient lieu à des concours musicaux.

P. 65

156. Apollon avait gardé les troupeaux d'Admète, roi de Thessalie, devenant ainsi le «patron» des bergers. Il avait été mis en scène dans l'*Alceste* d'Euripide. On a parfois suggéré d'entendre par Palès et Apollon le couple Octavie Néron, mais l'assimilation est bien forcée.

157. On a parfois reconnu en cet amphithéâtre le Colisée; les jeux auraient alors été donnés par Domitien. Sur ces datations, voir Introduction, p. XXIII. Il est beaucoup plus probable, comme l'indique le terme *trabibus*, qu'il s'agisse de l'amphithéâtre de bois élevé par Néron en 57, à proximité du Champ de Mars, et qui est mentionné par Tacite, *ann.*, 13,31,1: «Nerone iterum L. Pisone consulibus, pauca memoria digna euenere, nisi cui libeat laudandis fundamentis et trabibus, quis molem amphitheatri apud campum Martis Caesar extruxerat, uolumina implere». Voir aussi Suet., *Ner.*, 13,2: «munere, quod in amphitheatro ligneo regione Martis campi intra anni spatium fabricato dedit».

158. Il semble que l'amphithéâtre ait conservé la répartition établie par Auguste. Celui-ci avait distingué trois *caueae*. Celle du bas, *ima*, était réservée aux sénateurs et aux chevaliers; la *media* était destinée aux hommes, mais non aux petites gens vêtus de sombre, voir Suét., *Aug.*, 44,3: «sanxitque ne quis pullatorum media cauea sederet». Il restait donc la *summa cauea*, où se trouvaient aussi reléguées les femmes, ainsi placées par suite de désordres quand elles étaient assises au milieu des hommes: Ov., *ars am.*, 1,96-163 et *am.*, 3,2,1 et 19. Auguste avait pris en toutes circonstances des mesures en accord avec sa politique d'ordre moral.

159. Le texte suggère que chevaliers et tribuns étaient si nombreux qu'ils débordaient de l'*ima cauea* et occupaient même les sièges qui ne

leur étaient pas destinés. Néron, en 63, attribua aux chevaliers des places spéciales au cirque: Tac., *ann.*, 15,32,2; Suet., *Ner.*, 11,3; Plin., *nat. hist.*, 8,6;7,21. On en a tiré argument pour dater cette bucolique de 63 au plus tôt. R. Verdière fait remarquer que cette législation concerne le cirque et non l'amphitéâtre et que d'ailleurs, en dépit de Tacite: «namque ad eam diem indiscrete inibant, quia lex Roscia nihil nisi de quattuordecim ordinibus sanxit», des places furent réservées pour les chevaliers dès Tarquin l'Ancien: Liv., 1,35,8. Cette mesure devait être vite caduque, puisque après Auguste, Claude dut encore réserver les premiers rangs aux sénateurs, jusque là mêlés au peuple: Suet., *Claud.*, 21,7. Mais il n'est dit nulle part qu'il était interdit aux notables de se mettre ailleurs; le texte de Calpurnius indique que chevaliers et tribuns se sont mis où ils ont trouvé de la place, peut-être parce que l'attribution de places officielles n'avait pas encore eu lieu. On ne peut donc faire reposer la datation de cette bucolique sur l'édit de Néron de 63. Voir Introduction, p. XXIV.

160. Le premier amphithéâtre était de forme ovale: Plin., *nat. hist.*, 36,15,117. Il était constitué de deux théâtres de bois tournant sur pivots pour se faire face, manœuvre qui plaisait beaucoup à la foule.

P. 66

161. Le *balteus* était une large allée destinée à permettre la circulation des spectateurs: Tert., *spect.*, 3. Le *porticus* était la galerie couverte qui correspondait aux dernières places de l'amphithéâtre.

162. Nous préférons la leçon de *N* et *V peragit*, «achève», qui complète *finis harenae*, à la leçon plus plate, *praebet*, adoptée généralement par les éditeurs.

163. Cette machine, couverte d'ivoire, était destinée à protéger le *podium*, sorte de balcon qui s'avançait au-dessus de l'arène, où se tenaient l'empereur et les hauts dignitaires. Ce balcon était aussi parfois protégé par un fossé rempli d'eau. Après avoir longtemps regardé le spectacle dans une loge fermée, l'empereur avait fait découvrir entièrement le *podium*: Suet., *Ner.*, 12. Le mur de marbre séparait l'arène des spectateurs des premiers rangs pour contenir les fauves.

164. Ces filets défensifs renforcent la protection du mur de marbre. Tout ce luxe peut paraître excessif pour un amphitéâtre de bois, mais il correspond bien au goût et à la démesure de celui qui fit bâtir la Maison Dorée. C'est aussi un goût du temps. L'attrait pour la somptuosité, les métaux et les pierres précieuses, se manifeste également dans le *Festin de Trimalchion*. Calpurnius décrit certainement un spectacle auquel il a assisté.

165. Il s'agit des lièvres des neiges, qui existent toujours dans les Alpes et en Scandinavie.

166. Par le terme collectif de taureaux, Calpurnius désigne un

certain nombre de bêtes sauvages pour lesquelles la langue latine n'a pas de termes propres. D'ailleurs, le paysan ne saurait les connaître. Il évoque d'abord un animal à bosse, le zébu ou le buffle; le zèbre, d'origine asiatique, avait été introduit en Égypte à époque très ancienne, mais l'animal à longue crinière est plutôt l'auroch ou urus, qui habitait encore les forêts d'Europe centrale il y a quelques siècles. Le fauve à barbe raide désigne vraisemblablement le bison d'Europe, proche de l'auroch, qui existe encore en Europe de l'Est.

P. 67

169. Une telle machinerie pour faire sortir les fauves existait probablement aussi au Colisée. Ici, l'arène va également se couvrir d'arbres imitant un paysage naturel. Sur ce goût, voir Apulée, *infra*, note 170.

170. La leçon des manuscrits *V* et *H croceo* est très supérieure à la leçon de *N subito*, généralement adoptée. De telles aspersions de safran étaient courantes dans les spectacles. Pétrone, *sat.*, 60, inonde de safran les invités de Trimalchion et Apulée, *met.*, 10,30,1, décrit une montagne de bois peuplée d'arbustes et de chèvres que l'on inonde d'un vin mêlé de safran. C'est la reproduction d'un type antique de prodige favorable: Macr., *sat.*, 3,7 et surtout *Virg.*, *buc.*, 4,44-47 «iam croceo mutabit uellera luto». Cette aspersion prodigieuse est censée produire ici la soudaine apparition des arbousiers, eux-mêmes implicitement comparés aux arbres mythiques à fruits d'or, comme ceux du jardin des Hespérides; l'adjectif *aureus* peut aussi désigner la couleur des arbres après l'aspersion.

171. L'allusion à Apollon protecteur des Muses est attendue. La référence à Mars s'explique sans doute par les succès contre les Parthes. En 55, le Sénat avait décidé de faire voter des *supplicationes* en l'honneur du prince, de lui décerner l'*ouatio* et la robe triomphale et enfin de lui dresser une statue dans le temple de Mars: Tac., *ann.*, 13,8,1. Si les bustes qui nous restent de Néron (Musée du Louvre ou Musée du Capitole) sont assez peu flatteurs, le visage du jeune Néron n'était pourtant pas dépourvu de beauté, s'il faut en croire Suétone, *Ner.*, 51,1: «uultu pulchro magis quam uenusto».

ÉLOGE DE PISON

P. 88

1. *Calpus* ou *Calpur* passait pour être le petit-fils de Numa: Fest., 47. Par *Calpus*, la *gens* Calpurnia prétendait donc descendre de Numa Pompilius: voir Horace, *ars poet.*, 292 «Pompilius sanguis». *Calpus* pouvait être d'origine étrusque, mais la gens Calpurnia était en fait de souche plébéienne. Elle avait pour surnoms Bestia, Bibulus, Fabatus, Flaccus et Piso. R. VERDIÈRE, *Autour d'un nouveau fragment des Annales de L. Calpurnius Piso Frugi, source du De laude Pisonis de Titus Calpurnius Siculus*, dans *Latomus*, 29 (1970), p. 134-136, pense que le détail étymologique, Piso venant de *pisendo*, aurait été puisé chez un vieil annaliste, ainsi que l'allusion de Pline l'Ancien, *nat. hist.* 18.

2. L'atrium des Pisons était fameux par sa galerie d'ancêtres: Martial, 4,40,1: «Atria Pisonum stabant cum stemmate toto»; le terme *fulta* suggère les colonnes auxquelles étaient attachés en grand nombre portraits et ornements triomphaux.

3. Il s'agit des fastes consulaires, par lesquels les Romains désignent l'année d'après le nom des consuls.

4. Le thème de la vraie noblesse, qui apparaît déjà chez Salluste, est devenu un leit-motiv des moralistes impériaux, particulièrement sous l'influence du stoïcisme: Sénèque, *epist.* 44,5, «non facit nobilem atrium plenum fumosis imaginibus»; voir aussi *Pan. Messala*, 28-30 et Juvénal, 8,1-3.

5. Weber rapporte *prima* à *cognomina*, comprenant que la *gens Calpurnia* a connu le surnom de Pison en premier lieu. Le sens est peu différent. Il s'agit dans les deux cas d'un argument en faveur de l'antiquité du surnom de Pison: voir Pline, *nat. hist.*, 18,10, «cognomina etiam prima inde... Pisonis a pisendo». Calpurnius donne la même étymologie de *piso* ou *pinso* à partir du mot *pinsare* signifiant «piler» et tire Calpus de *callosus*. Ces étymologies ne sont guère plus fantaisistes que celles dont se contentent la plupart du temps les grammairiens latins. Ce sont des surnoms de paysans laborieux, qui s'accordent assez bien avec les autres surnoms de la *gens*, *supra* note 1. Tout en ayant l'air de saluer la noblesse de la race, Calpurnius note au passage que les membres de cette *gens* illustre ont commencé par travailler de leurs mains aux tâches les plus humbles: on humidifiait l'orge avant de la piler. Il y a ici, peut-être sous l'influence de Sénèque, un dédain voilé du prestige de la race au profit du véritable mérite.

6. La métaphore qui désigne le soleil a une allure scientifique qui

n'est pas sans évoquer la physique stoïcienne: voir Lucain, 9,495, «aethereae... flammae».

7. Les titres de gloire des aïeux de Pison devaient consister principalement en deux lois, l'une de L. Calpurnius Piso Frugi contre les concussionnaires, l'autre de L. Calpurnius Piso, frappant d'incapacité politique les candidats déjà condamnés. Quant aux titres militaires, ils étaient dans l'ensemble assez peu glorieux; R. Verdière remarque justement qu'à part une participation d'un Calpurnius Pison à la conquête de la Médie, en 13 av. J.C., les autres expéditions où l'on mentionne des membres de la *gens* furent de lamentables échecs: tentative d'expédition contre Carthage, en 148 av. J.C., vaine opposition à Jules César, campagne de Jugurtha, aventure de Sertorius. Peut-être Calpurnius ne se souciait-il pas de rappeler ces «hauts faits».

P. 89

8. Dans les *Bucoliques*, Calpurnius développera l'idée que la gloire des armes appartient aux époques révolues. Au temps de Néron correspond la gloire infiniment préférable de la paix. Aussi Calpurnius ne souhaite-t-il pas reprendre les thèmes des chants héroïques d'autrefois. Cicéron, *tusc.* 4,2; *Brutus*, 19,75, Varron, 76, Valère-Maxime, 2,1,10, font mention de ces chants épiques. On peut aussi songer au *Bellum Punicum* de Naevius.

9. Les plaidoiries qui avaient été couronnées de succès étaient honorées par des palmes que l'on suspendait à la porte de l'avocat: Juvénal, 7,118; Martial, 7,286 «excolat et geminas plurima palma fores». Elles sont ici mises en parallèle avec les palmes qui récompensaient le général victorieux.

10. Ce thème de la surenchère sur les exploits des aïeux est inhérent à tout panégyrique. Il est superflu de lui chercher des racines littéraires. Il apparaît cependant déjà dans le *Panégyrique de Messala*, 31,32.

11. Calpurnius reprend exactement le précepte de Cicéron lui-même, *off.*, 1,77, «cedant arma togae, concedat laurea laudi». Wernsdorff a montré que Calpurnius avait sous les yeux un texte de Cicéron portant la leçon *lingua*, que présentent certains manuscrits, au lieu de *laudi*, ce qui explique l'adjectif *facundis* chez Calpurnius.

12. *Ardua* a été diversement interprété. Weber, le rapportant à *turba*, pense que la foule regarde en levant la tête; R. Verdière imagine la foule perchée sur les colonnes. Il est plus plausible d'y voir un qualificatif des forums et une nouvelle allusion à l'encombrement qui rend difficile l'accès aux forums, devenus trop étroits pour la foule.

13. Les *decemuiri stlitibus iudicandis* et les *centumuiri* étaient des tribunaux permanents d'origine très ancienne. Les premiers étaient surtout compétents dans les questions de liberté, les seconds dans des affaires de propriété. Devant le tribunal des centumvirs était plantée

une lance, symbole du pouvoir judiciaire. Les deux tribunaux ont pu être fondus l'un dans l'autre par la loi Julia: Suétone, *Aug.*, 36, montre que les décemvirs convoquaient la cour des centumvirs, «ut centumuiralem hastam... decemuiri cogerent». Les jeunes avocats s'illustraient souvent devant ce tribunal qui exigeait une grande connaissance du droit.

14. Le texte du vers 44 nous est parvenu altéré et les restitutions proposées, si ingénieuses qu'elles soient, ne sont pas satisfaisantes; la leçon *duraque* est celle du manuscrit *V*, aujourd'hui disparu; malgré la rudesse de la construction *duraque possessaque pectora*, cette leçon apparaît comme la moins improbable.

15. Cf. *buc.*, 1,13: «quo me cumque uocas, sequor» et *ibid.*, 6,35: «et ferre iugum sequiturque uocantem». C'est la pratique de la rhétorique cicéronienne: *Brut.*, 188, conforme à l'art de *movere*, à la façon d'un comédien, tel que le définit Antoine dans *de orat.* 2,185-188.

16. Le terme *auriga* paraît bien signifier ici «cavalier», ce qu'implique la description (*calce citat*). Suétone, *Claud.*, 21,7, nous apprend que les cavaliers thessaliens étaient très appréciés au temps de Claude. Ils parurent dans le *Circus Maximus* chevauchant des taureaux.

17. Il peut s'agir ici d'un mors composé de branches mobiles, pour éviter de blesser la bouche du cheval en retenant trop brusquement la bête. Les Romains se servaient aussi d'un mors garni de pointes, ou *lupata frena*: Virgile, *georg.*, 3,208; Horace, *carm.*, 1,8,6.

P. 90

19. R. Verdière comprend *gyrus* comme «un terme technique servant à désigner la piste oblongue du *Circus Maximus*» et imagine une manœuvre de départ avant de «regagner les coursiers lancés à bride abattue sur la piste». Il est plus probable que Calpurnius évoque seulement ici l'habileté à décrire des voltes, souvent admirée des Romains. Le mépris de cette pratique chez les Germains étonne Tacite, *Germ.*, 6: «nec uariare gyros in morem nostrum docentur».

20. Il s'agit de Ménélas, dont Homère vante l'éloquence, *Il.*, 3,215, avec celle d'Ulysse, 3,221-223.

21. Cicéron évoque déjà les «fleurs de l'éloquence»: *de orat.*, 3,96, «quasi uerborum sententiarumque floribus» et 2,188; voir aussi *Brut.*, 66. Mais la métaphore devient image concrète chez Calpurnius.

22. L'éloquence de Nestor, «plus douce que miel» est célébrée par Homère, *Il.*, 1,249. Les trois héros homériques, Ulysse, Ménélas et Nestor, servaient d'exemples pour trois types d'éloquence, définis par Quintilien, 12,10,64 et Aulu-Gelle, 6,14,7: «magnificum in Ulixe et ubertum, subtile in Menelao et cohibitum, mixtum moderatumque in Nestore».

23. Calpurnius se réfère ici à une coutume répondant à un sénatus-

consulte d'Auguste. Le consul entrant en fonction devait prononcer devant le sénat un discours d'actions de grâces. Le discours de Pline, publié, devint le *Panégyrique de Trajan*, amorce d'un genre littéraire cultivé particulièrement par les panégyristes gaulois, entre 289 et 389.

24. La fille de Pandion, roi d'Athènes, Philomèle ou Procnè selon les versions, avait été changée en rossignol, pour échapper à son mari Térée. Pour plusieurs éditeurs (Unger, Verdière), il s'agirait ici de l'hirondelle, d'après Lucrèce, *rer. nat.*, 3,6: «quid enim contendat hirundo/cycnis». Mais le vers 79 désigne nommément le rossignol, car le cri de l'hirondelle n'est nullement mélodieux. Calpurnius semble s'identifier au *Pandonius ales*, qui ne saurait s'égaler au cygne, représenté par Pison. Le chant du cygne mourant est un thème de la poésie antique, légende qui aurait été répandue par Aristote. Le chant du rossignol l'emporte pourtant sur celui des cigales. Leur évocation permet à Calpurnius une échappée bucolique qui détend habilement la lourdeur un peu pesante de l'éloge de Pison.

P. 91

25. Calliope est surtout la Muse de la poésie épique et de l'éloquence mais elle peut aussi, comme ici, présider à la poésie narrative.

26. Les affaires sont dites *prolatae* quand il y a suspension des débats; il y a *iustitium*, «vacances», particulièrement au moment de la moisson et des vendanges. Claude, (Suétone, *Cal.*, 14,7) avait permis aux juges de prendre des vacances pendant l'hiver et au début de l'année.

27. Il s'exerçait sans doute à la déclamation, en développant les débats par des *controuersiae*, imaginaires et complexes. Cet exercice, pratiqué dans les écoles de rhétorique était très prisé: Tacite, *dial.*, 35.

28. Cécrops est le roi légendaire fondateur d'Athènes.

29. La fontaine d'Acidalie en Béotie, où se baignaient les Grâces, était consacrée à Vénus. L'oiseau de la déesse était la colombe. Sur cette légende de la fondation de Naples, voir Stace, *silu.*, 3,5,79-80.

30. Les Eubéens de Chalcis avaient fondé Cumes sur la baie de Naples et Parthénopée, qu'ils détruisirent puis rebâtirent sous le nom de Néapolis: voir Virgile, *aen.*, 6,2. De son origine grecque, Naples continue de garder une réputation de culture brillante: Virgile, *georg.*, 4,653; Martial, 5,78. Cette réputation est justifiée par des jeux comparables aux grands jeux de la Grèce: Strabon, 5,246, évoque ses concours musicaux, poétiques et sportifs; voir aussi Stace, *silu.*, 2,2,6; 3,5,92; 5,3,113. R. Verdière pense qu'il s'y joignait des concours d'éloquence en langue grecque. De fait, l'art de s'exprimer couramment en un grec littéraire était déjà rare. Ce sera un talent d'Apulée de passer en souplesse du latin au grec dans un même discours.

31. Sur ce sens imagé de *excusso*, voir au vers 229 *excusso rudenti.*

Le tour, selon une image métaphorique tirée de l'art du potier, façonne l'épigramme qu'il «libère» ensuite pour qu'elle vienne frapper l'oreille des auditeurs.

32. A travers les éloges traditionnels que Calpurnius décerne à Pison, cette «sévérité enjouée» révèle que le trait dominant de la physionomie de Pison était une gravité presque triste; c'était là souvent le signe d'une appartenance stoïcienne ou chrétienne. Selon M. HERMANN, *op. cit.*, p. 179-180, certains conjurés de 65 étaient soupçonnés de christianisme. Cet enjouement pouvait alors paraître rassurant, à moins qu'il ne s'agisse simplement d'une composition littéraire de Calpurnius sur le modèle de l'*homo diuinus*, souvent qualifié d'*hilaris*. Déjà Cicéron, *rep.*, 6,12, représentait Scipion *leniter arridens* et Pline, *ep.*, 6,16,12 depeint son oncle *hilaris*, en pleine éruption du Vésuve.

P. 92

34. La construction *magis pretiosius* est une licence, peut-être imputable à des raisons métriques. Ailleurs Calpurnius écrit *grata magis*, *buc.*, 7,18.

35. Martial, 3,30; 3,46; 8,42, et surtout Juvénal, 10,46: «defossa in loculos quos sportula fecit amicos», dépeindront durement la condition misérable des clients réduits à la sportule qu'ils viennent chercher chaque matin, en échange de leurs respects: Juv., 3,152-153 «nil habet infelix paupertas durius in se quam quod ridiculos homines facit».

36. Même note chez Pétrone, 84,4: «nescio quomodo bonae mentis soror est paupertas» et Juvénal, 1,74. Mais Calpurnius semble parler ici d'expérience. On trouve encore des accents aussi amers dans les *Bucoliques*. L'orgueil et l'amertume du jeune Calpurnius expliquent suffisamment son attitude à l'égard de Pison. Fidèle aux grandes traditions des mécènes augustéens, Pison savait traiter ses clients comme des amis, tout en les garantissant du besoin.

37. Ce thème de la *uera amicitia* évoque Sénèque. Dans les *Lettres à Lucilius*, celui-ci oppose amitié mondaine et véritable amitié: celle-ci n'a rien à voir avec la condition sociale et l'on peut trouver un ami même parmi ses esclaves.

38. Sur les avanies subies par les clients pauvres au cours des banquets, il suffit de lire Juvénal, *supra*, note 36, et 5,14: «fructus amicitiae magnae cibus» Pétrone montre aussi Trimalchion brocardant certains de ses invités, mais de façon relativement retenue, puisque dans l'ensemble ils ne sont pas des *clientes*.

P. 93

39. En dépit de son extérieur plutôt sévère (*supra* note 32), Pison, s'il faut en croire Tacite, ne se faisait pas remarquer par son austérité:

ann., 15,48,3 «...sed procul grauitas morum». La légèreté reprochée à Pison éclate ici dans la seconde partie de la phrase.

40. La leçon *frondibus* des éditions anciennes est beaucoup plus riche que la correction de Beck et Baehrens. Elle illustre de façon imagée l'inversion des saisons. Tout ce passage annonce le poète des *Bucoliques*. Même si les images ne sont pas toutes originales, ce «ballet des saisons» ne constitue nullement une réunion de plagiats.

41. Ganymède, échanson de Zeus, apparaît dans l'*Iliade*, 5,266 et 20,231-235. Les dieux l'enlevèrent à cause de sa beauté, pour qu'il participât aux banquets de l'Olympe. Ce n'est que par une forme tardive de la légende, peut-être due à Leschès de Lesbos, que Zeus se serait pris de passion pour le bel adolescent. Calpurnius va ici chercher très haut une excuse au goût des plaisirs que l'on reconnaissait à Pison.

P. 94

42. Tacite signale plutôt la vocation théâtrale de Pison: *ann.*, 15,65 «ut Nero cithara, ita Piso tragico ornatu canebat», ce que confirme aussi le scholiaste de Juvénal, 5,109. Ici, il semble bien être fait mention de la poésie lyrique, où s'illustrait Néron, et ce pourrait être une flatterie indirecte à l'égard du jeune prince, qui ne fut apparemment pas le seul à chanter en public.

43. Ce thème de la *pax* et de l'âge d'or retrouvé est central dans les *Bucoliques*, surtout 1,46-88. Il était exploité par Néron dans l'éloge funèbre de Claude: Tacite, *ann.*, 13,2, voir Introduction.

44. Hector, qui, dans l'*Iliade*, profite de la retraite d'Achille sous sa tente pour incendier la flotte grecque.

45. La lance d'Achille (*pelias* sous ent. *hasta*) portait ce nom pour une double raison: elle avait été offerte par le centaure Chiron en cadeau de noces à Pélée, père d'Achille; et, de plus, elle avait été prise sur la cime du Pélion; elle avait des vertus salvatrices, puisqu'elle guérit Télèphe de la blessure qu'elle lui avait faite.

46. La leçon *captare* des éditions anciennes, qui s'oppose exactement à *petentem*, paraît supérieure à la leçon *raptare* des florilèges. Ce sont les manœuvres d'escrime décrites par Virgile, *aen.*, 12,743.

47. Le jeu de balle était très à l'honneur à Rome, chez les femmes comme chez les hommes. Des jeunes filles y jouent sur une mosaïque de Piazza Armerina et Trimalchion, *sat.*, 27, s'y exerce avant le bain. Horace y joue également, *sat.*, 1,6,126. Le terme *geminare* est employé par Horace, *carm.*, 1,16,8, au sens de «frapper à coups redoublés». La tactique ainsi indiquée, de même que les termes *reuocare cadentem*, semble correspondre à celle du jeu de paume ou du jeu de pelote.

48. Néron lui-même permettait à la plèbe d'assister à ses exercices: Suétone, *Ner.*, 10,5 «ad campestres exercitationes suas admisit et plebem».

49. Le jeu des *latrunculi* ne devait pas être sans analogie avec le jeu de dames et le jeu d'échecs. Selon R. Verdière, le jeu est proche de la πεττεία des Grecs. Le vainqueur était proclamé *imperator*. Isidore de Séville, *orig.*, 18,67, fournit quelques renseignements sur la marche des pions. C'est à ce jeu que Trimalchion paraît jouer avant de passer à table. Il est accompagné d'un esclave portant des dés, qui semblaient donc intervenir dans ce jeu, peut-être pour déterminer l'avance des pions.

P. 95

50. Le sens n'est pas clair. On peut comprendre que le soldat a l'air stoppé dans son avance par d'autres pions qui le menacent. Plusieurs éditeurs, à la suite de G. Martin, ont attribué à *mora* le sens technique d'«échec» et ont compris le passage ainsi: «celui-là subit un double échec», c'est-à-dire court un danger crucial, exposé à ses adversaires. L'interprétation est séduisante, mais ce sens de *mora* n'est nulle part attesté et il dérive d'une analogie peut-être excessive avec notre propre jeu d'échecs.

51. Le terme technique de *mandra* est aussi employé par Martial, 7,72,8. A ce propos, H.J. Isaac pense que le *latro*, ou soldat, était une pièce supérieure aux simples pions ou *mandrae*. Dans son sens habituel *mandra* signifie une troupe de bétail. Ainsi que l'a bien vu G. Martin, le terme paraît désigner ici une rangée de pions inférieurs qui jouait le rôle d'un rempart protecteur pour les pièces de plus grande valeur: voir R.G. AUSTIN, *Roman board games*, dans *G. et R.*, 1934, p. 50-61. Une manœuvre analogue est encore indiquée par *deiecto uallo*. Le but du jeu semblait être de ravager la cité adverse, figure qui apparaissait aussi dans le jeu grec correspondant.

52. Pison vainqueur a les deux mains pleines des pions confisqués. Le verbe *resonat* se justifie parce que les pions sont de verre.

53. Même excuse dans *buc.*, 4,14-15: «at certe ualeat pietate probari», proche du *Panégyrique de Messala*, 1-8.

54. Certains commentateurs ont voulu déchiffrer ce passage comme une sollicitation à l'adoption, ce qui est peu probable. Le sens peut parfaitement se comprendre comme un appel au mécénat, en qualité de *cliens*. Pison se laissait facilement toucher par les poètes, comme le confirment Martial, 4,40,1; 12,36,8; Juvénal, 5,108-109; Tacite, *ann.*, 15,48; voir *supra* notes 36 et 42. De plus, Calpurnius suggère subtilement un parallèle entre les relations amicales de Virgile et de Mécène, en rejetant à l'arrière-plan toute basse préoccupation d'intérêt.

P. 96

56. Le passage a été contesté. La leçon des *florilegia*, *nomina*, n'est

pas impossible: «il ne confia pas son nom au seul Virgile», mais elle fait redite avec le vers 241. *Numina*, leçon de *S*, désigne de façon très générale l'ensemble des puissances romaines chantées par Virgile, qu'elles soient d'essence divine ou simplement impériales. De la même façon, Calpurnius écrira dans *buc.*, 4,10-11: «sed magna numina Romae/non ita cantari debent...». L'expression recouvre la grande poésie qui chante les destins de Rome et par laquelle Calpurnius paraît tenté, comme il le sera aussi dans les *Bucoliques*. Il fait également une allusion implicite au cénacle de Mécène, où s'élaborait la mystique impériale, mais qui demeurait largement ouvert. Calpurnius mentionne ici ses membres les plus éminents avec Virgile, Varius et Horace, mais oublie, assez étrangement, Properce.

57. L. Varius Rufus édita *l'Eneide*. Ami de Virgile, il était aussi l'auteur d'un *De morte Caesaris* et d'un *Panégyrique* d'Auguste. Mais il était surtout connu par sa tragédie de *Thyeste*, jouée après Actium, qui lui valut d'Auguste un présent d'un million de sesterces.

58. La leçon des manuscrits *nomina* a été fort discutée. Il n'y a pourtant pas de raison majeure de la modifier. On peut comprendre que les poètes révélés par Mécène écrivaient en langue grecque.

59. Les Muses portent parfois le nom de Piérides, ou habitantes du Piérus, mont de Thessalie qui leur était consacré.

60. C'est le rappel traditionnel du dieu qui punit les mortels ambitieux ou par trop outrecuidants. Celui-ci est généralement assimilé à Némésis: Sénèque, *Herc. fur.*, 385; Ovide, *met.*, 14,693-694. S'en souvenir est une précaution qui ramène à la modestie et qui garantit du courroux divin.

INDEX NOMINUM

Acanthis: *buc.* 6,76.
Achilles: *laud.* 173.
Acidalius: *laud.* 91.
Aegon: *buc.* 6,83.
Aeneius: *laud.* 230.
Africus: *buc.* 5,101.
Alcippe: *buc.* 3,31,33.
Alcon: *buc.* 6,1,6,18,21.
Alexis: *buc.* 4,75.
Alphesiboeus: *buc.* 2,94.
Amaryllis: *buc.* 4,38.
Amyntas: *buc.* 4,17,78,81.
Aonius: *laud.* 165.
Apollineus: *laud.* 167.
Apollo: *buc.* 4,9,57,72,87; 6, 16; 7,22,84.
Astacus: *buc.* 2,1,2.
Astylus: *buc.* 6,7,74.
Atlantiacus: *buc.* 4,83.
Atrida: *laud.* 61.
Ausonius: *laud.* 230,242.

Baccheus: *buc.* 4,55.
Baetis: *buc.* 4,42.
Bellona: *buc.* 1,47.
Bromius: *buc.* 4,123.
Brutia (pix): *buc.* 5,80.

Caesar: *buc.* 1,82; 4,87,94,97, 143.
Caesareus: *buc.* 4,132; *laud.* 71.
Calliope: *laud.* 81.
Callirhoe: *buc.* 3,25.
Calpurnius: *laud.* 15.
Calpus: *laud.* 3,15.
Camenae: *buc.* 3,42; 4,46.
Canthus: *buc.* 5,1,7,112.
Cecropius: *laud.* 90.
Ceres: *buc.* 4,122.
Chius: *buc.* 2,81.
Cicero: *laud.* 35.
Corydon: *buc.* 1,8; 4,1,22,64, 81; 7,1,19,73,78.
Cresius: *buc.* 4,95.
Crocale: *buc.* 2,1,52,56,71,75.
Cureticus: *buc.* 4,96.

Daphnis: *buc.* 2,94.
Dictaeus: *buc.* 4,97.
Dorylas: *buc.* 2,96.
Dryades: *buc.* 2,14.

Euboicus: *laud.* 92.
Euri: *buc.* 2,16; 5,53.

Faunus: *buc.* 1,9,15,33,91; 2,13; 4,61,133; 5,26.
Flora: *buc.* 2,32.

Ganymedeus: *laud.* 153.
Geryon: *buc.* 4,41.
Gnosius: *laud.* 142.
Graecia: *laud.* 90.
Graius: *laud.* 240.

Horatius: *laud.* 242.
Hyblaeus: *buc.* 4,64.

Iberi: *buc.* 4,44.

Idas: *buc.* 2,1,2,27,61.
Iollas: *buc.* 3,7,13,24; 4,59; 6,91.
Iulii: *buc.* 1,45.
Iuppiter: *buc.* 4,82,89,93,142; 5,45.

Ladon: *buc.* 1,18.
Laertiades: *laud.* 61.
Lar: *buc.* 2,64; 4,154; 5,26.
Latialis: *buc.* 1,64.
Leuce: *buc.* 1,13.
Lucanus: *buc.* 7,17.
Lycaeus: *buc.* 4,132.
Lycidas: *buc.* 3,1,8,18,22,32, 46,50,55,91; 6,1,17,74,81.
Lycotas: *buc.* 6,26; 7,4,55.

Maecenas: *laud.* 235,239,248.
Maeonius: *laud.* 235.
Mars: *buc.* 1,55; 7,84.
Mauri: *buc.* 4,40.
Meliboeus: *buc.* 1,94; 4,6,29, 36,39,70,158.
Menalca: *buc.* 4,11.
Micon: *buc.* 5,1; 6,91.
Mnasyllus: *buc.* 6,28,46,48, 75,79,86.
Mopsus: *buc.* 3,9,26,32,35,59, 73,91; 6,85.
Musa: *buc.* 4,23,56; 6,60.

Nais: *buc.* 2,14; 4,69,135.
Neapolis: *laud.* 92.
Nereius: *laud.* 176.
Nestoreus: *laud.* 64.
Numa: *buc.* 1,65.
Nyctilus: *buc.* 6,1,3,6.
Nymphae: *buc.* 2,34.

Olympus: *buc.* 4,83; *laud.* 209,31.
Oreas: *buc.* 4,136.
Ornytus: *buc.* 1,4,13,24,89.

Palatinus: *buc.* 4,159.
Pales: *buc.* 2,36; 4,106; 5,25; 7,22.
Pan: *buc.* 4,133.
Pandion: *laud.* 77.
Parilia: *buc.* 2,63.
Pelias: *laud.* 177.
Pelignus: *buc.* 4,151.
Penates: *laud.* 218.
Petale: *buc.* 6,9,34,74.
Petasos: *buc.* 6,51.
Pharsalius: *buc.* 4,101.
Philippi: *buc.* 1,50.
Phoebeus: *laud.* 171.
Phoebus: *buc.* 4,89,159; *laud.* 168.
Phyllis: *buc.* 3,9,10,24,32,34, 39,45,50,61,65,70,91; 6,74.
Pierius: *laud.* 244.
Piso: *laud.* 2,16,25,37,44, 65, 75,82,253.
Pomona: *buc.* 2,33.
Priameius: *laud.* 174.
Priapus: *buc.* 2,65.

Quirites: *laud.* 23.

Roma: *buc.* 1,50,87; 4,10.
Romuleus: *buc.* 1,66.

Saturnus: *buc.* 1,64.
Satyri: *buc.* 2,13.
Silvanus: *buc.* 2,28.

Stimicon: *buc.* 6,83; 7,9,13.

Tarentinus: *buc.* 2,69.
Tarpeius: *buc.* 7,24.
Tartareus: *buc.* 1,52.
Thaleus: *buc.* 6,77.
Themis: *buc.* 1,44.
Thessalus: *laud.* 49.
Thyrsis: *buc.* 2,9,21,97; 7,11, 15.
Titan: *laud.* 209.
Tityrus: *buc.* 3,19,74,97; 4,62, 64,161,163.

Varius: *laud.* 239.
Venus: *buc.* 5,22.
Vergilius: *laud.* 237.

TABLE DES MATIÈRES

Introduction VII
I L'homme VII
Époque et origine VII
Milieu et carrière XI
II L'œuvre XIII
Présentation XVIII
Chronologie des Bucoliques XIX
Les personnages XXIV
III La poésie de Calpurnius XXVIII
Bucolique et politique XXVIII
Imitation et création XXXII
Pastorales et scènes de genre XXXVI
IV Les manuscrits et les éditions modernes XLII
Les manuscrits perdus XLII
Les manuscrits existants XLIII
Les florilèges XLVIII
Les éditions anciennes L
Les éditions modernes LI
Sigla LIII

Bucoliques 1
Bucolique I 2
Texte et traduction 6
Bucolique II 11
Texte et traduction 14
Bucolique III 21
Texte et traduction 26
Bucolique IV 31
Texte et traduction 36
Bucolique V 45
Texte et traduction 48
Bucolique VI 53

Texte et traduction 56
Bucolique VII 61
Texte et traduction 64

ÉLOGE DE PISON 69
INTRODUCTION 71
Calpurnius et le *De Laude Pisonis* 71
Destinataire et date de composition 76
La tradition manuscrite 79
Les éditions 82
Plan 83
Sigla 87
Texte et traduction 88

NOTES COMPLÉMENTAIRES 99
Bucoliques 99
Éloge de Pison 123

INDEX NOMINUM 131

Ce volume,
de la Collection des Universités de France,
publié aux Éditions Les Belles Lettres,
a été achevé d'imprimer
en janvier 2003
sur presse rotative numérique
de Jouve
11, bd de Sébastopol, 75001 Paris

N° d'édition : 4746
Dépôt légal : janvier 2003

Imprimé en France